权威·前沿·原创

皮书系列为
“十二五”“十三五”“十四五”国家重点图书出版规划项目

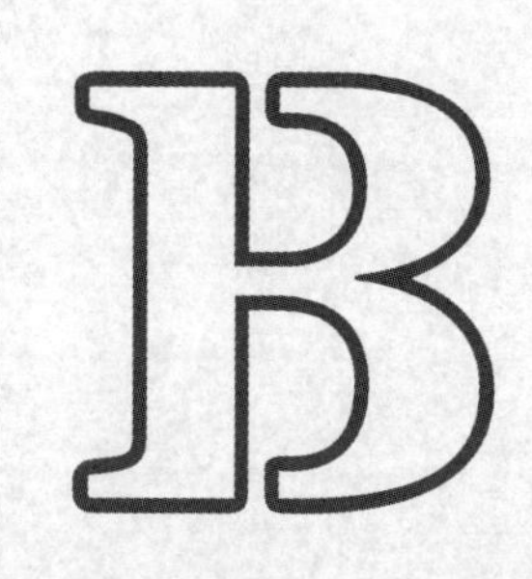

智库成果出版与传播平台

河北传媒发展报告（2022）

ANNUAL REPORT ON MEDIA DEVELOPMENT OF HEBEI (2022)

技术变革与传媒发展

主　编／康振海
执行主编／张　芸
副主编／韩春秒

社会科学文献出版社
SOCIAL SCIENCES ACADEMIC PRESS (CHINA)

图书在版编目（CIP）数据

河北传媒发展报告．2022：技术变革与传媒发展/
康振海主编．--北京：社会科学文献出版社，2022.5
（河北蓝皮书）
ISBN 978-7-5201-9809-7

Ⅰ．①河… Ⅱ．①康… Ⅲ．①传播媒介-产业发展-
研究报告-河北-2022 Ⅳ．①G219.272.2

中国版本图书馆 CIP 数据核字（2022）第 035275 号

河北蓝皮书
河北传媒发展报告（2022）
——技术变革与传媒发展

主　　编／康振海
执行主编／张　芸
副 主 编／韩春秒

出 版 人／王利民
责任编辑／高振华
文稿编辑／孙玉铖
责任印制／王京美

出　　版／社会科学文献出版社·城市和绿色发展分社（010）59367143
地址：北京市北三环中路甲 29 号院华龙大厦　邮编：100029
网址：www.ssap.com.cn
发　　行／社会科学文献出版社（010）59367028
印　　装／天津千鹤文化传播有限公司

规　　格／开　本：787mm×1092mm　1/16
印　张：21.75　字　数：325 千字
版　　次／2022 年 5 月第 1 版　2022 年 5 月第 1 次印刷
书　　号／ISBN 978-7-5201-9809-7
定　　价／128.00 元

读者服务电话：4008918866

河北蓝皮书（2022）
编辑委员会

主编简介

康振海 中共党员，1982 年毕业于河北大学哲学系，获哲学学士学位；1987 年 9 月至 1990 年 7 月在中共中央党校理论部中国现代哲学专业学习，获哲学硕士学位。

三十多年来，康振海同志长期工作在思想理论战线。曾任河北省委宣传部副部长；2016 年 3 月至 2017 年 6 月任河北省作家协会党组书记、副主席；2017 年 6 月至今任河北省社会科学院党组书记、院长，河北省社科联第一副主席。

康振海同志著述较多，在《人民日报》《光明日报》《经济日报》《中国社会科学报》《河北日报》《河北学刊》等重要报刊和社会科学文献出版社、河北人民出版社等发表、出版论著多篇（部），主持完成多项国家级、省部级课题。主要代表作有：《中国共产党思想政治工作九十年》《雄安新区经济社会发展报告》《让历史昭示未来——河北改革开放四十年》等著作；发表了《从百年党史中汲取奋进新征程的强大力量》《殷切期望指方向 燕赵大地结硕果》《传承中华优秀传统文化 推进文化强国建设》《以优势互补、区域协同促进高质量脱贫》《在推进高质量发展中育新机开新局》《构建京津冀协同发展新机制》《认识中国发展进入新阶段的历史和现实依据》《准确把握推进国家治理体系和治理能力现代化的目标任务》《奋力开启全面建设社会主义现代化国家新征程》等多篇理论调研文章；主持“新时代生态文明和党的建设阶段性特征及其发展规律研究”“《宣传干部行为规范》可行性研究和草案初拟研究”等多项国家级、省部级立项课题。

摘 要

2021 年是中国共产党成立 100 周年，也是“十四五”规划开局之年，在党和国家历史上具有里程碑意义。本书全面记录了 2021 年河北省传媒业面对新形势、新使命、新要求的创新实践，聚焦媒体深度融合过程中的亮点、热点、难点问题，客观总结成绩与经验，深刻剖析障碍与不足，借鉴先进经验，提出对策建议，以期为促进河北省传媒业高质量发展提供理论参考与智库服务。

全书由总报告、分报告、专题篇、调研篇四部分组成。总报告系统梳理了 2021 年河北省传媒业发展的现状与特点，重点分析了河北省传媒业在精品内容生产、人才管理、全媒体传播工程建设、盈利模式等方面的具体实践，并就媒体深度融合过程中面临的主要障碍，积极借鉴国内外先进经验，从增强互联网思维、推进移动端智能融合、建设全媒体人才队伍、探索产业运营路径及优化地市媒体管理等方面提出对策建议。分报告深度分析了 2021 年河北省报业、广播电视事业、主流新媒体、图书期刊业、影视业、广告业等重点传媒行业的现状特征，预测未来发展趋势并提出具体建议。专题篇针对主流媒体融合、县级融媒体中心综合服务功能开发与实现、主流媒体建党百年重大主题报道、新冠肺炎疫情“加试”期主流媒体的传播创新、年度网络舆情、政务微博网络结构、传媒业内容供给侧改革及自媒体柔性化治理等河北省传媒业重大现实问题，进行深入研究阐释，并结合实际提出对策建议。调研篇对“学习强国”河北学习平台、河北省红色文化资源全媒体传播、大学生社交媒体使用及涉疫应急科普等具体传播情况展开深度调研与实证对策研究。

关键词： 传媒业　全媒体　产业创新　智能化

Abstract

The year 2021 marks the centenary of the founding of the Communist Party of China and the first year of the "14th Five-Year Plan" . It is a milestone in the history of the party and the country. This book comprehensively records the innovative practices of Hebei's media industry in the face of new situations, new missions, and new requirements in 2021, focusing on the highlights, hot spots, and difficult issues in the process of in-depth media integration, and objectively summarizes achievements and experiences, deeply analyze obstacles and deficiencies, draw on advanced experience, and put forward countermeasures and suggestions, in order to provide theoretical reference and think tank services for promoting the high-quality development of Hebei media industry.

The book consists of four parts: general report, topical reports, special reports, and survey reports. The general report systematically sorts out the status quo and characteristics of the development of the media industry in Hebei Province in 2021, and focuses on analyzing the specific practices of the media industry in Hebei Province in terms of quality production, talent management, construction of all-media communication projects, and profit models, and discusses the process of media in-depth integration. The main obstacles faced in the process, actively learn from advanced experience at home and abroad, and put forward countermeasures and suggestions from the aspects of enhancing Internet thinking, promoting intelligent integration of mobile terminals, building an all-media talent team, exploring industrial operation paths, and optimizing local and municipal media management. The topical reports deeply analyze the current situation and characteristics of key media industries such as newspapers, radio and television, new media, books and periodicals, film and TV, and advertising in Hebei

Province in 2021, predicts future development trends and puts forward specific suggestions. The special reports focuse on major practical issues in the media industry in Hebei Province, such as mainstream media convergence, county-level integration of media, theme reports of the centenary of the founding of the party, communication innovation of mainstream media during the "Extra Test" of the COVID－19 pandemic, annual network public opinion, government affairs microblogs, content supply side reform, and flexible self-media governance, and conducts in-depth research and interpretation, and put forward countermeasures and suggestions based on the actual situation. The survey reports conducts in-depth investigations and empirical countermeasures research on the specific dissemination of the Hebei learning platform of "Learning Power", the all-media dissemination of red cultural resources in Hebei Province, the application of college students' social media, and COVID－19 emergency science popularization.

Keywords: Media Industry; All Media; Industry Innovation; Intelligence

目录

Ⅰ 总报告

Ⅱ 分报告

Ⅲ 专题篇

Ⅳ 调研篇

CONTENTS

Ⅰ General Report

Ⅱ Topical Reports

Ⅲ Special Reports

Ⅳ Survey Reports

总报告

General Report

B.1

2021年河北省传媒业发展报告

张芸 韩春秒*

摘 要： 2021年，站在“两个一百年”奋斗目标的历史交汇点上，河北省传媒业聚焦建党百年、抗击新冠肺炎疫情、京津冀协同发展、高标准建设雄安新区、筹备北京冬奥会等重点工作，用心、用情、用力书写河北省经济社会发展的时代篇章，持续做大做强主流思想舆论。深入推进精品内容生产、人才管理及考核激励机制改革，加快建设全媒体传播工程，探索传媒产业新型盈利模式等，推进媒体深度融合发展。2022年，“十四五”规划进入关键期，河北省传媒业既要积极应对外界深刻而复杂的变化，又要在借鉴国内传媒业先进经验的基础上，在增强互联网思维、推进移动端智能融合、建设全媒体人才队伍、探索产业运营路径及优化地市媒体管理等方面，创新求变，加快构建高质量发展的现代传媒体系。

* 张芸，河北省社会科学院新闻与传播学研究所所长、副研究员，主要研究方向为新闻传播实务、媒体融合；韩春秒，河北省社会科学院新闻与传播学研究所副所长、副研究员，主要研究方向为乡村传播、自媒体治理。

关键词： 传媒业 全媒体 舆论引导 智能化 河北

一 2021年河北省传媒业整体发展情况

（一）内容生产持续发力，筑牢事业发展根基

1. 建党百年主题宣传奏响主旋律

庆祝中国共产党成立100周年、开展党史学习教育活动是贯穿2021年的政治主题，也是宣传思想工作的主线。从2021年3月13日开始，河北省主流媒体统一开设“在习近平新时代中国特色社会主义思想指引下——学党史 悟思想 办实事 开新局”专栏专题，精心开展“奋斗百年路 启航新征程”重大主题宣传，用多样的视角、生动的笔触、翔实的内容、新颖的形式书写建党百年主题报道的华彩篇章。

河北日报报业集团发挥党报时政报道优势，精心采制特刊、消息、通讯、综述、评论、理论、长图、H5、视频等全媒体报道产品，营造党史宣传报道的浓厚氛围。“沿着高速看中国”系列报道、“新青年对话老党员”大型专题报道、系列微纪录片《红色档案印初心》、系列文献纪录片《红色“冀”忆》、系列微视频《理论微课堂》等重点作品产生广泛影响。系列微纪录片《红色档案印初心》，生动再现河北党史中的重大事件和人物，全网总阅读量突破5000万次，被列为河北省庆祝建党100周年文化精品报道。聚焦“我为群众办实事”主题，在《河北日报》头版推出“办好急难愁盼事基层走访”系列报道，《省委书记与村支书的倾心交谈》《三位“书记”一本账》等一系列新闻特写，成为全网阅读量达1.3亿次的“刷屏爆款”。

河北广播电视台整合广播电视和新媒体平台资源，统筹推进建党百年新闻宣传、融媒活动、主题节目生产。截至2021年11月，广播、电视、新媒体平台共播发建党百年新闻报道1700余篇次，累计浏览量超1000万次。推出一系列大型直播活动，壮大主题报道声势。2021年5月12日，联合中央

广播电视总台推出《今日中国·河北篇：百年路继往开来 协同奋进新时代》、“庆祝中国共产党成立100周年地方成就巡礼”《这就是中国·河北篇》两场巡礼式大型直播，全面呈现党的十八大以来河北贯彻新发展理念、构建新发展格局的生动实践。“七一”前夕，“奋斗百年路 启航新征程”大型直播特别节目《今日河北》创造了持续14天在电视端和新媒体端同步直播的历史。

长城新媒体集团采用手绘长卷、视频、融媒访谈等形式，进行故事化讲述、可视化呈现、交互式引导，推出一系列优秀融媒作品。系列报道《河北！从“新”出发·向总书记报告》，追随党的十八大以来习近平总书记到河北考察调研的足迹，回访总书记给河北回信的关切之地，深度呈现当地干部群众牢记总书记嘱托、拼搏奋进所创造的美好生活。“沿着高速看中国”系列报道用蹲点调研报告的形式讲述平凡人的故事，触摸时代脉搏。“老英雄红色故事报告会”系列活动被中宣部《新闻阅评》称为“广大青少年喜闻乐见的党史学习教育融媒教材”，被收录为河北省党史学习教育的视频学习资料。融媒作品《雄关漫道真如铁——百年风华图景志》，以“长图+视频”的形式再现中国共产党波澜壮阔的百年风华，引发“现象级”关注，成为河北省党史学习教育的特色教材。“四史”宣传教育活动推出的歌曲《岁月征程》MV，全网传播量达5亿次。

河北出版传媒集团编辑出版了《中国共产党百年发展历程》、《中国共产党河北历史》、“最美奋斗者丛书”、“闪耀的红星——红色革命英烈故事系列丛书”、《中国塞罕坝》、《特别支部》等一大批精品主题出版物。集团旗下各报刊传媒公司利用报刊及新媒体矩阵，推出系列专版、专刊，策划开展“建党百年”融媒体报道，持续营造浓厚的文化氛围。

市县两级新闻媒体结合地方实际，挖掘本地特色资源，推出了一系列视角新颖、感染力强的原创作品。《廊坊日报》、廊坊广播电视台统一开设“廊坊·党史上的今天”“天天学党史”等专栏。沧州广播电视台创新节目形态，策划制作《我是共产党员》《党啊，请接受我的爱!》大型系列短视频、微广播，选取200名优秀共产党员代表，展示普通共产党员的时代风采。

武强县融媒体中心开发年画红色资源，制作推出《透过年画看党史》系列融媒体产品，点击量突破百万次。涿州市融媒体中心以学党史、办实事为主题，开展10余场《行涿州》直播活动，走进乡村收集民意，现场解决民生问题。该直播在新华社“现场云”、视频号同步播出，总浏览量超过50万次。

2. 抗疫宣传报道彰显社会责任

2021年初，河北省石家庄、邢台、廊坊等地突发新一轮本土新冠肺炎疫情。全省新闻舆论战线迅速行动，加强组织调度，派出精锐力量深入抗疫一线，统筹做好信息发布、舆论引导、舆情应对等重点工作，为成功应对疫情提供了强有力的支持与保障。

河北日报报业集团组成100多人的采编队伍，全力奋战在抗疫报道一线。截至2月10日，集团全媒体平台共发布相关稿件3.7万余篇（条），总阅读量57.91亿次，90余个新媒体产品单个点击量超过千万次，成为疫情新闻报道的重要信源。《河北日报记者藁城探访｜他们，坚守在疫情“暴风眼”》，通讯《党旗下的坚守》《越危险，我们越要留下来》等多篇来自一线的权威报道，让受众及时了解疫情防控的最新动态。发挥新闻评论的举旗定向作用，策划推出“抗疫快评”专栏，邀请全国20家省级党报的评论员撰写河北抗疫评论23篇，全网总阅读量超过9000万次，为打赢疫情防控歼灭战凝聚了强大正能量。短视频栏目《值班老总读报》连续推出《打好防控歼灭战，每个人都是战士》等9期“战疫”特别节目，全网总播放量超过2500万次。针对疫情防控堵点、舆情热点和薄弱环节，及时回应阐释，发布辟谣类、科普类稿件120多篇，采写《闭环管控期间滞留在石部分外地人员住宿难》等6篇内参，发挥了新闻媒体的监测预警功能。

河北广播电视台打破广播、电视、新媒体部门建制，统筹全台9个广播频率、7个电视频道以及新媒体客户端，开办特别节目，推出专题策划，制作融媒产品，在“端、网、微”等平台及时发布疫情动态和防控措施。截至2021年1月26日，全平台累计发稿32038篇（条）、网络直播200余场，全网总浏览量达48.82亿次。打通新闻节目通道，推出《同心抗疫、众志成城》《抗疫快报》《抗疫进行时》三档大型抗击疫情特别直播节目，并与

《河北新闻联播》及早晚新闻贯通，打造全天候新闻节目带。广播、电视和新媒体端每天播出疫情相关信息超过130小时，成为公众居家隔离了解外界信息的主要渠道。利用视听节目制作的专业优势，策划制作一系列大型直播特别节目。2021年1月17日，推出12小时大型全媒体直播节目《同心抗疫·同舟共“冀”》，报道了40多个抗疫人物，全程进行70多次直播连线，全网浏览量超过3000万次。在做好新闻报道的同时，还制作了《我是石家庄》《希冀》《一座城一条心》等134个公益宣传片，摄制《我爱石家庄》等8个主题MV，播出抗疫公益广告4000余条次，发挥了公益宣传的社会动员功能。

2021年1月2日，石家庄发现本轮新增新冠肺炎确诊病例后，长城新媒体集团迅速启动新闻宣传应急机制，在各端口首页首屏开设“全力以赴打好疫情防控歼灭战”专题，以“冀云战疫快报”海报、冀云图解、H5、动漫、微视频等全媒报道形式，及时报道疫情走势和防控信息。从石家庄闭环管理的第一天就开设《我们在一起！2021河北战“疫”全记录》不间断网络专题直播，以常态化直播与慢直播结合的方式全程记录河北抗疫动态。“河北疫情实时动态”登上“学习强国”总平台首页推荐频道，使用量超过2.6亿次。《72小时1025万人核酸检测是怎样做到的》《内防疫情扩散，河北做了哪些安排?》等专场直播汇聚权威信息，浏览量迅速超过百万次。以新闻发布会直播为重点，联合全国百家媒体建立网络直播矩阵。每场发布会全网观看量都在1800万次以上，最多的达3000多万次，成为河北疫情防控的重要外宣平台。

面对突发的疫情，河北出版传媒集团发挥行业优势，依托“河北教育资源”云平台、“冀教学习”App等在线平台，免费向广大师生提供优质在线教育和各类文化资源，使用人次超过2069万；统筹旗下报刊传媒单位集中开展“抗疫”报道，总阅读量达16亿次。

3. 精品内容生产实现创新突破

河北省新闻宣传思想战线利用先进传播技术赋能策、采、编、发、评生产流程，创新话语体系、表达方式，原创品牌内容的影响力和渗透力不断增强。在深入宣传贯彻习近平新时代中国特色社会主义思想，聚焦“三件大事”、服务全省中心工作中，涌现一大批正能量转化为“大流量”的精品力作。

河北日报报业集团围绕精品党报目标，突出言论评论和深度新闻报道特色，打造《新闻纵深》《本报调查》《追访》等深度报道栏目品牌。作为河北日报报业集团重点建设的全媒体短视频栏目，《值班老总读报》持续在“用小切口呈现大主题、用小故事讲清大道理”上下功夫，力求将党委、政府中心工作和群众的关注点、兴趣点、兴奋点结合起来，创新网络表达形式，栏目传播力、引导力、影响力、公信力进一步提升。2021 年全网平均每期阅读量超过 530 万次，《铁腕拆违，势在必行》的单期全网阅读量近 2000 万次，成为报社视媒内容产品的“爆款”。

河北广播电视台将新技术、新手段、新包装综合运用到视听内容生产的全过程，用优秀作品为受众提供更优质的阅听体验。河北广播电视台新闻综合频率携手北京、天津新闻广播连续八年推出《对话京津冀》特别节目，从百姓视角解读政治、经济、社会议题，已成为全国两会全媒体品牌节目。2021 年推出新媒体产品《主播说两会》，由 4 位当值主播录制竖屏版短视频，深度解读两会报告，畅议民生热点，已经播发的 16 篇原创作品阅读量近 500 万次。精心制作党史题材纪录片《初心李大钊》，先后在央视国际频道和河北卫视播出。广播剧《点亮星星之火》受到青年受众的好评。

长城新媒体集团强化新媒体基因，精心打造“长城视频”“冀云海报”“手绘长卷”等特色新媒体品牌。在雄安新区成立四周年之际推出的《长城视频丨创意三维视频：瞰见雄安》，多维度展现雄安新区的未来发展图景，被“学习强国”总平台、人民网等多家媒体转载。融媒专题“我们的‘全村福’”为全省 206 个深度贫困村拍摄全村大合影，为典型脱贫户拍摄全家福，中宣部称赞“为纪录小康办了一件很有价值和意义的事”。《微视频丨雄安·塔吊下的日与夜》获得第三十一届中国新闻奖短视频专题报道三等奖，这是 2018 年中国新闻奖增设媒体融合奖项以来，河北新闻界首次斩获该殊荣（见表 1）。

表1　第三十一届中国新闻奖河北获奖作品

作品名称	获奖项目与等级	刊播单位	作者/主创人员	编辑
我和保国天天说话	文字通讯与深度报道二等奖	河北日报报业集团	潘文静、冯阳	曹阳葵、吴艳荣
青山不老	副刊作品二等奖	河北日报报业集团	曹铮、林凤斌、刘萍	韩莉、崔立秋、曹阳葵
河北脱贫攻坚图景志	新闻漫画二等奖	长城新媒体集团（“长城24小时”客户端）	刘超瑞、韩彤鹤	张国锋、曹朝阳
守住长城	电视新闻专题二等奖	河北广播电视台	集体	陆平、张刚
河北:全国首部反对餐饮浪费地方性法规今起实施	文字消息三等奖	长城网	赵娇莹、张登峰、王日成	董亚青、张琳、曹玉光
2020年12月28日《河北日报》开路先锋2~3版	新闻版面三等奖	河北日报报业集团	张灵、时兆华、展茂光	张润芳、徐国栋
微视频丨雄安·塔吊下的日与夜	短视频专题报道三等奖	长城新媒体集团（“长城24小时”客户端）	曹朝阳、张梦琳、李全、刘志成	张国锋、周杨

资料来源：《第三十一届中国新闻奖评选结果揭晓》，中国记协网，2021年11月7日，http：///www.zgjx.cn/cnnewsaward2021publicly/index.htm。

2021年，河北出版传媒集团深入推进以出名书、建名社、培育名编辑和出版名家为主要内容的“四名工程”建设，精品出版物创作实现新突破，推出了《中国民间故事通览》《中华技艺书系·定瓷》《河北艺术史·书法卷》等高端学术文化精品，打造了一批销售超十万册甚至百万册的畅销、常销读物。《中国民间文学史》《人民的艺术——中国革命美术史》《匠心》《王羲之王献之书法全集》获第五届中国出版政府奖提名奖。30种出版物入选2021年农家书屋重点出版物推荐目录。冀版精品好书的社会影响力和品牌美誉度进一步提升。

地市级媒体发掘地方特色，精品内容生产不断迈上新台阶。石家庄广播电视台拍摄的4K超高清纪录片《滹沱筑梦》，紧扣生态治理与高质量发展的时代主题，凭借深刻的立意、生动的叙事、精美的画面和丰富的影像，荣获中国广播电视大奖2019—2020年度广播电视节目奖。

（二）体制机制更具活力，激发事业发展内生动力

体制机制是传媒业改革创新的基础，也是核心动力。2021年，河北省传媒业瞄准传媒发展前沿，大胆探索、革故鼎新，破除制约事业发展的深层次壁垒，加大自我改革力度，内容生产、人事、薪酬、管理等体制机制改革取得创新性突破，传媒业高质量发展的内生动力更加强劲。

1. 建立优质内容生产引导机制

河北日报报业集团围绕精品党报目标，突出言论评论和深度新闻报道特色，加大内容供给侧改革力度，为正能量导入“大流量”。依托两个中国新闻名专栏“燕赵论坛”“纵横谈”，在互联网平台分别开设“青园锐见”微信公众号、“河北日报”客户端“观点”频道、河北新闻网“慷慨歌”网络评论专栏，形成新媒体评论矩阵。为了补齐视频生产短板，组建视频工作室，建立起重点视频专业生产、日常视频全员生产的生产机制，实现了视频产品在重大主题和战役性报道中全覆盖。

河北广播电视台强化传播技术对内容生产的赋能作用，在重大新闻报道中实行宣传调度联动、节目编排调控、节目监听监看、数据分析服务等一系列统筹协调机制，让技术部门全程参与节目制作。为适应专业化、垂直化的受众市场需求，河北广播电视台在2019年组建小吴工作室、家政女皇工作室等11家第一批工作室的基础上，2021年又组建了10家第二批工作室，赋予工作室更加灵活的选人用人、财务支配、自主运营、绩效分配等权力，进一步增强品牌节目的内容生产力和市场竞争力。

长城新媒体集团以推进打造名记者、名编辑、名网端、名栏目为主要内容的“四名工程”建设为抓手，聚焦扩大优质内容产能，开展业务培训，提升全媒体采编专业技能。多次邀请业界权威专家学者授课，使员工及时更新知识结构，强化新媒体思维。举办“周末加油站”学习活动，建立业务交流研讨机制，通过马克思主义新闻观教育提升宣传报道工作水平。

河北出版传媒集团出台《关于加强报刊出版管理的意见》，指导报刊单位运用互联网思维推进数字化建设。河北河青传媒有限责任公司深化“媒体＋出版”改革，2021 年河青融媒体矩阵粉丝数已突破 2352 万人，总浏览量达 245 亿次，媒体传播力和影响力位居全国同行业前列。

2. 创新人才管理机制

面对信息传播技术迅速迭代，传媒业人才队伍年龄结构、知识结构转型任务艰巨，复合型、领军型人才短缺的形势，河北省传媒业大力创新人才引进、培养和使用机制，不断强化优秀人才储备，提高人才队伍竞争力和创造力。

2021 年，河北日报报业集团修订实施《河北日报报业集团公开招聘工作实施办法》《河北日报报业集团劳务派遣用工管理规定》，按照事企分开、统一管理、分类指导的原则，进一步拓宽人才引进渠道，全面加强选人用人制度建设；制定《河北日报新闻采编首席岗位评聘管理办法》，加快培养一批名记者、名编辑、名评论员。河北广播电视台引导“采、编、播、技”人员向全媒体人才转型，特别是加快推进主持人队伍转型，鼓励主持人向网络主播转型，提升知名度。长城新媒体集团不断探索适合新媒体发展的人才战略，完善干部人事管理机制，构建能者上、优者奖、庸者下、劣者汰的干部管理体系。按照按需引进、人尽其才，公开平等、竞争择优，目标考核、协议管理等原则，加大人才引进力度，面向全国公开招聘中层干部。目前已与中国传媒大学、河北工业大学、河北大学等高校建立战略合作协议，共建后备人才储备基地。

3. 完善考核激励和薪酬机制

为加快主力军向主阵地转移，河北省新闻战线以考核激励机制为导向，完善一体化运行机制。

河北日报报业集团聚焦评论、教育、体育等领域，成立跨部门的融媒体工作室，为新媒体产品生产提速扩容。改革绩效考核办法，对全媒体平台实行一体化考核，倒逼采编人员将工作重心向互联网平台转移。河北广播电视台制定采编、导演等一线人员的新媒体量化考核指标，提高融媒内容生产、品牌打造、影响力指标的考核权重，将粉丝量、发稿量、点击量、转评赞等新媒体数据纳入部门内部绩效考核。长城新媒体集团结合岗位设置和工作职责，从领导班子到普通员工层层分解目标任务，建立“全员考核、精准考核、科学考核”机制，并实行“基础工作量＋亮点工作＋单项奖”的绩效考核模式。根据考核等级，坚持“多劳多得、少劳少得、不劳不得、优劳优酬”的分配原则，建立以个人贡献率为核心、以正向激励为目的的绩效管理体系。

（三）加快媒体深度融合，建设全媒体传播工程

1. 以自主平台建设提升主流舆论传播力

建设自主可控的新媒体平台是主流媒体深度融合的关键环节。河北省主流媒体以客户端为依托，通过技术升级不断提升平台的内容聚合、功能拓展与资源调度能力，实现传统平台与新媒体平台之间的互联互通。

河北日报报业集团集中全员力量办好“河北日报”客户端，各采访部门直接领办客户端专业频道，日常报道实现“先端后报”，将新闻客户端打造成融合传播的“航母型”平台。“河北日报”客户端凭借“实时、深度、观点”的党媒特质，累计下载量超过1300万次，成为河北移动端第一权威发布平台。为适应移动社交媒体的用户需求，以“河北日报”微信公众号、微博号和头条号、抖音号等平台号为重点，对党报优质内容进行精加工、轻传播，壮大社交新媒体矩阵。截至2021年底，集团新媒体用户总数超过1.2亿人。

河北广播电视台整合全台新媒体资源，全力打造“冀时”App，壮大自主平台。一方面，对传统广播电视频率频道做“减法”，“消肿瘦身”；另一方面，在新媒体端做“加法”，为所有广电平台嫁接新媒体出口，确保全台节目生产部门优先向“冀时”客户端供稿。截至2021年11月，“冀时”客户端下载量超1300万次，成为河北省年度下载量增长幅度最大的媒体客户端。为解决第三方新媒体账户数量多、小而散的状况，河北广播电视台打通管理壁垒，合并同类号，淘汰僵尸号，做强垂直号，通过集约化运营，提高河北广电新媒体端口的辨识度，形成相互引流、同频共振的良性发展局面。

长城新媒体集团用先进技术为融合发展赋能，主导建设的河北省县级融

媒体技术总平台——冀云·融媒体平台，运用人工智能、大数据、云计算等新技术，满足所有媒体单位的内容产品生产需求，构建起资源整合、多元应用、协调联动、数据挖掘、一体运营的省级新闻宣传管理“一张网”，支撑宣传管理部门对省市主流媒体和县级融媒体中心的统一宣传管理、资讯发布和内容监管。2021 年，“冀云”客户端下载量达 1200 万次，系列客户端下载量突破 2500 万次，成为河北省内最大的新媒体传播平台。

河北出版传媒集团稳步推进融合出版中心项目建设，“冀知”平台、冀版中小学国家课程数字教材开发等首批项目进展顺利，“河北教育资源”云平台、“冀教学习”App 等在线平台的用户人数和社会影响力大幅攀升。集团主办的“北洋之家”微信公众号在全国产生广泛影响，全年共有 20 余篇讲好中国故事的原创文章被“人民日报”“新华社”“共青团中央”“学习强国”等国家级新媒体平台转发，成为极具成长力的文化类新媒体。在中央网信办主办的中国正能量 2021“五个一百”网络精品征集评选展播活动中，“北洋之家”微信公众号共有三项评选内容入围投票展播，入选数量位居全省前列。

2. 以用户思维深化拓展服务功能

河北省主流媒体坚持用户思维，融资源、聚优势，深化拓展“媒体 + 政务 + 服务”功能，助力推进社会治理体系和治理能力现代化。

河北日报报业集团聚合政务服务资源，持续用力打造全网问政平台“阳光理政”。截至 2021 年 11 月，已有省市县乡四级 5000 多家党政部门和民生热点单位入驻，网页、微博、微信、客户端、小程序等多平台通道 24 小时接收网民留言，累计解决网民诉求 20 万件，成为省内最具影响力的网络问政平台和各级党政领导干部践行网上群众路线的重要阵地。集团正在建设的智媒中心项目将深化拓展大数据、人工智能等新技术应用，建设包括新闻图片、全媒体数据分类齐全的媒资数据库，为开展数据产品整合营销、版权运营合作、舆情等服务打下基础。

长城新媒体集团利用冀云·融媒体平台在全国领先的资源汇聚、技术引领等综合优势，积极开发政务、商务、民生服务功能。运用人工智能等新技术，做强做优舆情、大数据等专业服务，为党委、政府的科学、精准决策提供智力支持。积极回应群众关切，让民生服务平台化。2021 年建成河北省首家由新闻媒体主办的心理咨询平台“河北在线心理咨询平台”，为 1000 余万人次提供心理咨询服务。自主开发上线河北“扫黄打非”举报平台、社区综合治理“红色管家”、新时代文明实践中心线上平台，以及全省记者证申领资格培训及考试系统等政务平台。截至 2021 年底，“冀云”客户端接入生活缴费、医疗健康、交通出行等 76 类超过 280 项具体服务功能。

河北省出版传媒集团的融合出版中心建设项目被纳入河北省“十四五”发展规划和全省文化产业发展重点工程，积极构建以“冀知”平台为牵引、以精品内容为支撑、以技术设施为保障的线上线下一体化服务体系。

3. 用优势资源释放融合发展效能

河北省各级主流媒体充分运用融合发展成果，整合发挥全平台资源优势，培育融合发展新动能。

河北日报报业集团加快主力军挺进主阵地步伐，让党报的政策解读、深度报道、权威评论等优势助力新媒体发展。2021 年初，“河北日报”客户端推出“独家”栏目，针对疫情防控中暴露出的问题，先后刊发《石家庄现 5 次“假阴”转阳案例，如何解读？专家回应三个关键问题》《农村为何成疫情“重灾区”，如何加强防控？专家分析来了》等 17 篇原创新媒体深度报道，及时解疑释惑，被《人民日报》《北京日报》等转载，总点击量达 1180 万次。

河北广播电视台推进阵地向互联网专场转移、内容向移动端转型、技术向智能化转向、人才向全媒体转岗的融合发展战略，升级扩容融媒体基础平台建设，实现“中央厨房”、云高清制作系统的互联互通、资源共享，为新媒体中心注册账号、为融媒体平台与新媒体中心素材推送和内容共享提供技术支撑。设立融媒节目创新创优扶持基金，研究制定广电节目融媒转型标准，促进传统采编资源与新媒体生产要素有机融合，推动存量节目向融媒节目升级。探索出五种全媒体节目类型，由传统节目转型而成的全媒体节目体系日臻完善（见表 2）。

表2 河北广播电视台全媒体转型节目类型及代表节目

节目类型	代表节目
全媒体直播节目	《冀时大直播》
电商带货节目	《冀有好物》《向上吧生活》
垂类内容开发节目	《非常大中医》《名医来了》
大屏迁移小屏类新媒体节目	《冀时帮》
互联网衍生类节目	《建楼开讲》衍生《歪楼正说》 《老郑说车》衍生《郑在说车》

长城新媒体集团精心运营“学习强国”河北学习平台和冀云·融媒体平台，广泛聚集资源、吸附用户，打通内容生产链路，共享传播渠道，催生强大的融合传播效应。2021年11月30日，河北省11个“学习强国”市级学习平台全部上线，成为全国第二个市级学习平台全覆盖的省份。2021年入驻“冀云号”的单位和个人已达到6000多个，每天发稿数千篇（条）。2021年初，河北省本轮新冠肺炎疫情发生以来，冀云·融媒体平台联合93家市县融媒体中心开设“战疫”频道，同步推出“冀云时间·一起战疫”专题，大型网络直播节目《冀云·河北战“疫”》在全省首开融媒联动战“疫”宣传网络直播新模式，单期最高单篇点击量超过6600万次。为迎接2022年北京冬奥会，依托云“中央厨房”处理系统建设河北省冬奥报道媒体素材库，构建全省各新闻单位全员信息共享，具备图文、音视频制作等多功能的宣传网络。

河北出版传媒集团加强数字出版建设，《匠心》《王羲之王献之书法全集》获第五届中国出版政府奖音像电子出版物提名奖，“史学双璧”（《史记》《资治通鉴》）多媒体出版工程入选国家新闻出版署“百佳数字出版精品项目献礼建党百年专栏”。同时，积极利用新媒体平台加大对冀版重点出版物的推介力度。截至2021年11月，《名编荐书》短视频已发布46期内容，被“新华社”客户端和“学习强国”总平台多次转载，总阅读量超1600万次，成为河北出版新IP。金秋书市期间，在“河北省新华书店”官方抖音直播间开展“读好书 跟党走”每日一讲系列活动，邀请知名编辑和作者讲述《中国共产党河北100年人物故事》、“最美奋斗者丛书”等冀版精品图书。

（四）探索新型盈利模式，传媒产业稳中有进

媒体深度融合正在重构传媒生态链，传媒产业格局也面临结构性调整。河北省传媒业积极适应产业变革，转变经营模式，在多元经营、产业延伸、跨界合作中探索新的盈利空间。

河北日报报业集团积极调整产业结构，拓展营收渠道。截至2021年11月初，集团广告总收入约1700万元，预计全年可达2025万元。其中“河北日报”微信公众号、客户端的全年广告收入接近200万元。在巩固传统广告市场的同时，开发独有政务资源，积极培育新型产业增长点。与河北省数字经济联合会合作，共同运维河北数字经济网、河北省数字经济联合会网站；与河北省农业农村厅实施战略合作，整合双方涉农宣传资源，成立冀农融媒体中心，探索新型主流媒体建设与产业发展相互促进的实现路径。河北新闻网通过互联网信息挖掘定制、舆情监测和大数据舆情分析，为机关和企事业单位提供专业的舆情服务，2021年该项服务营收达到1000万元以上。

河北广播电视台创新节目经营模式，打通节目上下游产业链条，采用全媒体宣推、广告植入、线下活动等全案策划，有效吸纳聚拢政府行业资源，成功推出《我中国少年》第四季全案策划类节目，构建了以品牌节目为核心，辐射上游行业企业、下游受众人群的内容经营新模式。

长城新媒体集团积极应对疫情对传统传媒产业的不利影响，转变经营方式，调整产业结构，不断提升新媒体盈利能力。2021年，以大数据产品及服务、新型电商、大型活动、融媒建设、网站技术运维和服务等为主要内容的新媒体收入是传统产业收入的近2倍，集团产业发展进一步向高效益、高附加值转型。

2021年，河北出版传媒集团推出了一大批市场反响良好的常销书和畅销书。《特种兵学校》系列2021年共销售160万册，累计销售码洋超3.2亿元。在第二十八届北京国际图书博览会上，签订版权输出协议和合作出版项目13项，冀版图书市场认可度和核心竞争力进一步增强。

二 河北省传媒业高质量发展面临的突出问题

（一）互联网思维有待深化，触网拥网意识亟待加强

2021 年，河北省传媒业深度植入互联网基因，一体化发展催生出更为显著的融合质变效应，带动传媒业生态链、创新链、产业链整体延伸。互联网作为社会发展的基础变量，对传媒业的影响更为直接、深入和持久。但是，由于地域经济文化发展基础不同，河北省传媒业的区域发展差异较为明显，在某些地区和领域，互联网思维的应用还不充分，特别是市县级传媒机构还有被动应付的心态，触网拥网意识不强。有些虽然建立了移动优先的发展导向，但大多停留在形式上，没有建立切实可行的机制措施。

（二）融合发展机制存在堵点，地市级以及县级媒体发展受制约

体制机制改革是推进媒体深度融合的关键。在政策主导和市场倒逼下，河北省传媒业加大体制创新力度，但仍有一些沉疴痼疾需要攻克，在地市级以及县级媒体改革中尤为突出。地市级媒体既没有省级媒体强大的资源获取能力，又缺乏县级融媒体中心的政策支持，在激烈的媒体竞争中纷纷遭遇生存困境，不得不削减员工工资，有些甚至长期拖欠员工工资。县级融媒体中心在发展过程中也暴露出体制机制上的一些不足。比如，县级融媒体中心作为公益一类事业单位，发放绩效奖励、稿费缺少政策依据，涉嫌违规导致激励考核机制不能有效发挥作用。全省多数县级融媒体不具备独立的企业法人资质，无法建立现代企业制度，开展资本化运作。

（三）技术支撑引领力不足,智能化水平仍需提升

随着 5G 信息技术在传媒领域的应用不断普及，先进技术对传媒发展的驱动作用越来越强。相对于现代传媒业发达省份，河北省传媒业的技术力量整体较弱，支撑融合发展的关键技术主要依靠服务外包完成，严重影响传媒

产品的更新迭代。基于5G、AR/VR、人工智能、云计算、物联网、区块链等先进技术的内容产品还不够丰富，传媒业的智能化场景开发应用较为欠缺，参与智慧城市、智慧社区等“智媒+”项目的程度较低，特别是对于雄安新区未来智慧之城的建设定位，传媒业亟须提升与之相匹配的智能化水平，提供更丰富、更完善的智媒体服务。

（四）全媒体建设尚有短板，专业领军人才紧缺

由于河北省传媒业人才年龄结构不合理、知识结构老化，现行传媒教育体系与业界需求之间尚不能完美对接，建设全媒体人才体系存在年轻人才储备不足、专业人才短缺的弱项。调研发现，河北省传媒业高质量发展急需新媒体技术研发、内容开发、大数据、资本运营等高端专业人才。一些传媒机构对年轻干部和专业人才培养重视程度不够，人才机制缺乏创新，特别是对新媒体平台关键人才、特殊人才的选拔使用、薪酬机制还不灵活，导致紧缺人才引进难、优秀人才留住难，成为制约传媒业创新发展的关键因素。

（五）产业规模化程度低，传媒面临经营压力

受河北省经济结构转型、实体经济下滑、疫情持续影响等因素制约，河北传媒产业传统广告收入增幅收紧。虽然新媒体市场蕴含较大的成长空间，但尚缺乏稳定、持久、高效的新型盈利模式，特别是新媒体对传媒产业的贡献率不高，传媒产业格局仍需进一步优化。相对于经济发达地区，河北省主流媒体对事业发展的资金投入明显不足，产业要素开发利用率和资本化运作水平较低，导致新媒体平台的资源聚集、吸附效应不能充分发挥，相应的技术服务、政务服务、商务服务功能不完善，产业升级压力较大。

三　2021年传媒业发展的先进经验与趋势

（一）互联网思维引爆“中国节日”，成为内容传播新景观

互联网时代的内容创作与传播，需要把握媒体融合发展的大趋势，契合

互联网时代的要求，把握互联网语境下的内容创作特点，进行符合互联网规律的传播。河南广播电视台“中国节日”系列节目的“破圈”，成为省级党媒运用互联网思维的成功范本。

2021 年，河南广播电视台推出了春晚《唐宫夜宴》，该场晚会在内容策划与生产中充分融入互联网思维，优先在河南广播电视台自有 App、河南广播电视台的“大象”客户端等移动端播出，并将“小而精”的节目进行拆条，向全网推送、持续发力，与广大网友有效互动。《唐宫夜宴》依托亮眼的文化创新表达与社交媒体的裂变传播迅速火爆，顺利“出圈”，不到两天时间全网点击量突破 5 亿次。随后，河南广播电视台以中国传统文化中内容最为饱满的“中国节日”为时间节点，又相继推出《元宵奇妙夜》《清明奇妙游》《端午奇妙游》《七夕奇妙游》《中秋奇妙游》等一系列节目，全网浏览量有的达到 65 亿次。“中国节日”的成功“出圈”，再次印证互联网思维的重要性。

一是内容创作要依托互联网思维。首先，要追求奇观的视效，让视觉有灵魂、技术有思想。其次，要有反套路的创新叙事，尤其在文化传承中要增添烟火气与人情味。最后，要有独特的元素，河南广播电视台紧密结合地域文化资源，“烹制”出独一无二的节目“味道”。二是内容推广亦须深谙互联网传播规律。“中国节日”的推广遵循了以下规律。首先，在形式上做到了长、短视频相结合。在策划研发阶段制作精彩长视频，网端渠道则通过短视频进行有效传播，结合网络反馈及时进行微调，最终推出精益求精的视频内容。其次，在平台上实现了广电与社交平台相结合。广电平台生产的内容拆条后通过社交平台发布，引发舆论关注，再由广电平台背书确认，从而获得流量与口碑的双赢。最后，在推广上实现了话题引领和网络评论相结合。设置了诸多细节的“中国节日”首播后，通过话题引领与弹幕、网友解析、网友评论等形成互动，通过互动激发用户的兴趣，引发裂变式传播，不断增强节目的长尾效应。

（二）“智能融”助力移动端，做强全媒体传播新阵地

以 5G、大数据、虚拟现实、人工智能等为代表的新一代信息技术的应

用，为传媒行业提供了强大的技术支撑，将媒体与用户融合交互的方式代入传媒发展新阶段。“智能融”是媒介融合的重要抓手，移动端早已成为媒介竞争的重要战场。

一方面，智能新技术快速融入传媒领域。2021 年初，人民日报社技术部与阿里云、中国移动发布 AI 编辑部 2.0，升级上线云上精编、智能审核、智能海报、多模搜索与一键特写等新功能。人民网智慧党建体验中心引入 VR 产品，VR 党建一体机可实现 720°全景学习，智慧沙盘可通过移动、旋转实现党建内容沉浸式交互。3 月 1 日，新华社推出全球首个 5G 沉浸式多地跨屏访谈，通过“裸眼 3D”可实现记者与异地采访对象面对面的交流。3 月 18 日，“新甘肃 5G 智慧电台”上线，利用 AI 技术，通过智能抓取、编排、播报与分发，实现对新闻、路况、天气、资讯等的全天候播报。6 月 10 日，上海报业集团与华为签署信息流生态战略合作协议，探索将智能生产、分发、运营等技术覆盖智媒应用的更多场景，持续探索更加精准、敏捷、高效的数据模型与推荐算法，挖掘媒体采编与先进技术的协同效应。

另一方面，移动端的主阵地地位进一步提高。第 48 次《中国互联网络发展状况统计报告》显示，截至 2021 年 6 月，我国手机网民规模达 10.07 亿人。为了更好地顺应移动传播的大趋势，央视适时调整，尝试将传播重点从传统电视端转向新媒体客户端。9 月 25 日，“央视新闻”App 推出的《总台独家直播｜晚舟，欢迎回家!》，截至当天晚上 11 点，这次直播获得 4.3 亿次的总观看量。[①] 央视这次的收视“井喷”可看作央视从“大屏”转战“小屏”的一次标志性胜利。上海报业集团组建以来，全力推进以传统主流媒体转战互联网主阵地为大方向的媒体深度融合战略。截至 2020 年底，上海报业集团拥有 269 个网络端口，包括客户端、网站、微博、微信公众号、手机报等多种新媒体形态，共计覆盖用户 4.96 亿人。同时，集团所属东方网拥有客户端、网站、微博、微信公众号等 44 个端

① 钱亦蕉：《媒体思维急待进行“适屏”转换》，《青年记者》2021 年第 20 期。

口，覆盖用户2.28亿人，入驻第三方平台账号43个。全媒体传播格局初步形成。[①]

（三）全媒体人才的留、引、育，激发媒介融合新动力

媒体竞争关键是人才竞争，媒体优势核心是人才优势。“十四五”时期，我国将加快推进媒体深度融合发展，建立全媒体传播体系，这对全媒体人才培养提出了更高要求。全媒体传播体系指综合运用图文、音视频等媒介表现形式来全方位、立体化展示传播内容，并通过纸媒、声像、网络、通信等传播手段传输内容的一种新的传播形态。全媒体人才指具有互联网思维，具备全媒体决策统筹、创意创造、生产制作与运营维护等相关能力，能够满足全媒体流程与平台发展要求的专门人才。

当前，国内传媒全媒体人才建设的经验做法可概括为三个方面。

一是对内留才，用好人才存量。体制机制改革，调动媒体人工作积极性。红星新闻在日常管理与考核上，实行全员聘任制，强调全员的业务能力和岗位责任。昆山市融媒体中心实行同岗同责，身份管理向岗位管理转变，同时采取竞聘上岗、双向选择机制，增设首席、资深岗位晋升通道，完善分配考核制度，提高新媒体岗位的吸引力。深圳广电提高新媒体考核分数比例，制定各类项目奖励及个人盈收分成制度，激发内生动力。

二是向外引才，提升人才增量。全媒体时代，大数据、5G、区块链、AI等信息技术迅猛发展，数据分析师、系统架构师、平台开发工程师等职业缺口越来越大。传媒单位首先是针对人才短板制定人才引进机制。济南广播电视台根据制定的《急需紧缺人才引进管理办法》招聘专技人才。其次是拓宽渠道，积极引进人才。引进高校毕业生，培育人才梯队，对稀缺网络人才还可尝试通过兼职、特邀等方式开展人才引进工作。广东触电传媒科技有限公司通过市场招聘或从知名网络公司高薪聘请优秀人才。

三是全面育才，盘活存量增量。首先，制订人才培育计划，有步骤、有

① 季颖：《上海报业集团深度融合发展的实践与思考》，《传媒》2021年第20期。

重点地开展多层次人才培养。苏州广电实施“三大人才计划”，进行“种子计划”、“扬帆计划”和“头羊计划”等多类型人才培养。贵州广电融媒体中心通过举办新媒体编辑“数你最能编”、技术支持“全能王”等比赛活动，激励与培育人才。江苏广电融媒体新闻中心设立人才基金，选派各方面骨干人才赴头部媒体进行考察与培训。其次，建立人才项目机制，搭建人才成长平台。温州广电把娱乐等五类节目进行制播分离，面向全台挂牌招才，在全台筛选几十个工作室，培养锻炼精英团队。安徽广电鼓励跨部门组建融媒体工作室，培养具备策划、采访、编辑、播音、发布与运营等多元业务能力的复合型人才。

（四）变革架构、创新模式与全域服务，产业运营探寻新路径

“加速推进媒体深度融合”被写入“十四五”规划，各主流媒体纷纷制定深化媒体融合的策略规划，实现经营上的突破成为重中之重。

一是变革组织架构，催生融合营销。一方面，对内机制创新，推进生产经营一体化。国内广电为了解决“体制内市场化”问题，已成立多频道网络（MCN）机构30余家、融媒体工作室300余家，以项目制带团队，与市场接轨实行多元化激励政策。另一方面，对外升级经营部门职责，拓展经营范围。中央人民广播电视总台成立央拓国际融合传播集团有限公司，开拓广告之外的经营业务。湖南卫视在广告部升级为商业运营中心的基础上，进一步整合，开启双屏资源全域商业化运作。南方报业农业公园一期建设启动，按“传媒+现代农业、农旅、研学、康养”发展思路打造农业公园。

二是创新经营模式，开发流量新价值。经营模式主要包括平台化售卖、会员付费及内容营销等。2021年国庆期间，澎湃新闻上线售卖音频小说《小王子》，限售价为19.9元，这是澎湃新闻首次试水自制内容付费。芒果MCN开启“私域+公域”全域流量运营服务，推出全国首家具有品牌内容营销创意制作能力的4A公司“NEW4”。中央广播电视总台为开发长尾客户资源，上线象舞广告营销平台，从资源管理和客户服务两个方面提升营销水平。比如，借奥运赛事热播之际上线VIP会员服务，将差异化资源打包变

现。澎湃“源深视频”开启内容定制服务模式，为京东“618”大促活动制作爆款短视频《返乡》。

三是变现存量经济，拓展全域服务。整合区域文娱资源、打造区域经济名片及尝试内容电商，是媒体变现存量经济的典型模式。内蒙古广电推出“爱上内蒙古”品牌宣介活动，政府官员参与直播带货，举办电商节，使其成为区域经济的亮丽名片。湖北经视推出《经视大舞台·社区天天乐》，对上千个社区的文娱生活进行深耕，打造社区大数据营销平台。湖南广电为打造SMG内容电商模式，推出“小芒电商”新平台，取得较好的经营效果。

（五）地市级媒体发展的新探索：MCN转型、视频化与多元合作

全国约有300个地级市，市级媒体被近百家中央与省级媒体、上千家县级融媒体中心“夹在中间”，同时受到商业平台与自媒体的冲击，唯有创新求变，方能立于不败之地。MCN转型、视频化与多元合作是地市级媒体转型的新探索。

MCN转型。佛山电台积极嫁接互联网基因，试水视频化传播，整合当地商业、政务与产业资源，通过做平台、建基地、做培训等，推动视频全业务产业链条的落地，开辟了城市媒体MCN转型的新空间。[①]首先，跨越“介质”的界限，从单一的音频形式，到努力探索可视化传播新方式，实现音视频兼有，融入网络短视频生态圈。其次，深耕“政务”垂直内容，充分挖掘利用政务资源，做各级政府部门可靠的短视频内容供应商。最后，打造完整产业链，牵头成立“佛山市网络传播与短视频专委会”，将当地音视频制作公司、广告公司与知名自媒体等吸纳为会员，建设网红基地，并联合视频平台展开业务培训。

视频化。2021年9月24日，红星新闻“深红”视频创作空间投入使用。红星新闻将以视频化为全面深化改革的突破口，计划在三年内实现内容原创百分百视频化，打造IP节目矩阵。荆州广电主打抖音号“荆州融媒”，

① 曾岑、刘涛：《广播的MCN转型——以佛山电台为例》，《青年记者》2021年第12期。

一天之内点击量破 3 亿次，单条点赞量超 200 万次，单条视频吸粉近 30 万人。①

多元合作。《福州日报》与福州文化旅游投资集团就研学培训实践项目开展合作。佛山传媒集团与快手合作，成立“快手佛山创新发展中心”，双方在政务新媒体、电商直播、城市传播等领域实现优势互补，并在创作者培训、政务短视频摄制、数字经济等方面展开深度合作。② 成都传媒集团和《成都商报》旗下的红星新闻积极与中国联通四川省分公司、人民日报社、“侠客岛”等展开战略合作，并积极构建“红星智库”，通过召开品牌发布会、开展版权保护、吸引战略投资、导入城市服务等具体措施提升品牌显示度和美誉度。

四　2022年河北省传媒业发展建议

（一）创新思路理念，提升文化精品生产力

适应全媒体传播规律，在坚持党管媒体、严守意识形态阵地的前提下，深化互联网与创新思维，强化开放与融合意识，全面加强主题策划，提升优质内容产能，创新传播思路与手段，增强燕赵文化品牌的辨识度与生产力。

内容创作把握“三个要”。要追求奇观的视效，让视觉有灵魂、技术有思想；要有反套路的创新叙事，尤其在文化传承中要增添烟火气与人情味；要有独特的元素，紧密结合地域文化资源，赋予节目独一无二的“味道”。

内容推广做到“三结合”。在形式上做到长、短视频相结合。策划研发阶段制作精彩长视频，网端渠道则通过短视频进行有效传播，结合网络反馈及时进行微调，最终推出精益求精的视频内容。在平台上追求党媒与社交平台相结合。社交平台引发舆论关注后，再由党媒背书确认，获得流量与口碑

---

① 胡瀚中：《一天之内流量破 3 亿！地市媒体如何做好突发事件的全媒体传播》，“广电业内”微信公众号，2021 年 11 月 28 日，https：//mp. weixin. qq. com/s/hKBtumFoFZuq9F0LvcPSmA。

② 黄碧云、周春：《快手首个区域创新发展中心落地佛山》，《佛山日报》2020 年 4 月 30 日。

双赢。在推广上追求话题引领和网络评论相结合。通过激发用户兴趣，引发裂变式传播，不断增强节目的长尾效应。

（二）创新技术应用，积聚改革发展驱动力

在5G技术、大数据、人工智能迅速发展，摄影摄像技术不断优化的大环境下，我国传媒行业持续迭代，不断满足用户体验和个性化需求。第48次《中国互联网络发展状况统计报告》显示，截至2021年6月，我国网民规模为10.11亿人，有8.88亿人看短视频，6.38亿人看直播。基于视频与直播的视觉传播成为最热门、最普遍的传播形式。而要更好满足用户日益挑剔的视觉消费与社交体验，离不开大量智能技术的运用。

一是科学引进技术。河北省传媒业应瞄准发展趋势，紧盯技术前沿，结合自身实际，推动技术创新。坚持以用为本，做到可用好用、可管可控，让传播技术真正成为传媒创新发展的重要引擎。二是自建技术团队。有条件的媒体应设立首席安全官、数据官、架构师、方案专家等，重视对智能算法生产与分发平台等技术产品的研发。三是构建全媒体传播体系。贯通网络层、技术层、应用层、信息层与服务层，将传播、服务、连接与治理相融合，实现从内容传播、关系传播到场景传播的转变。

（三）创新人才建设，激活高质量发展内生力

人才紧缺是传媒业深度融合发展的又一瓶颈。当前，传媒行业人才流失严重，同时面临引才难问题。推进传媒业高质量发展，亟须适应全媒体工作特征，创新人才工作机制。

一是科学引进人才。人才是重要的资源，注重提升人才成长力、配置效率和公平性。对于紧缺人才采取更加灵活的录用政策，通过项目签约、专家咨询、在线办公等多种形式实现对人才资源的科学引进与高效使用。二是充分用好人才。制定政治素养、职业道德、业务水平与创新能力等人才考核综合指标体系。充分信任人才，大胆使用人才，创新建立首席制、领衔制、团队制等新型人才使用机制，调动人才的积极性、主动性与创造性。三是用心

留住人才。改革人事管理制度，打破身份限制，拓宽与畅通人才晋升通道，尤其要为全媒体优秀青年人才开通“快车道”。探索编制、职级、职称、薪酬、奖励、绩效等方面制度改革，强化人才服务意识，提升服务质量，为各类人才专心工作提供保障。

（四）创新形态业态，提升传媒市场竞争力

数字技术的广泛应用和消费行为的深度变迁勾勒出全新的媒介生态，从全国传媒产业来看，传统纸媒与广电收入持续下降，但在线领域媒体收入增长迅速。[①] 在线教育、视频直播、游戏电竞等行业规模大幅增长，视频作为新的、热门的信息传播形式，正在撬动传媒产业新的变革与创新。

传媒产业经营需要适应市场经济条件与社会环境变化，创新经营思路，积极打造新形态、拓展新业态，从单一新闻媒体向综合服务媒体转变，不断提高市场适应力和竞争力。要依托优质内容与品牌，满足用户在精神文化、生活消费服务、个人成长、社会交往、康养健身等方面的需求与期待，充分运用新技术、新载体、新手段，探索新闻与政务、服务、商务、教育、文化、康养等方面的融合。

（五）创新管理模式，增强地市级媒体成长力

在传媒业转型升级、推进深度融合发展的过程中，地市级媒体得到的政策与资金支持相对有限，面临缺资金、缺影响力、缺人才、缺技术与缺整合等发展困境。河北省地市级媒体在艰难中求变，着力推进内容生产流程再造及体制机制改革等，取得了一定成效，但仍需打破固化思维和行政化管理模式，探索地市级媒体融合转型的成长路径。

一是因地制宜，制定地市级媒体转型战略。整合地市级媒体资源，提升资源利用率。打造本区域内最权威的信息传播平台、政务服务平台、生活服

---

① 《2021 年中国传媒产业发展报告》，“新闻战线”微信公众号，2021 年 8 月 25 日，https：//mp. weixin. qq. com/s/MvYA1YOtoEgKcBH5NGdTtQ。

务平台，力争成为当地政府、企业与群众最贴心的“参谋”与“助手”，传播当地最具权威性与公信力的“主流声音”。二是跨界连接，实现与其他业态大融合。地市级媒体要积极融入智慧城市建设，在政务服务、民生保障服务、大数据开发、社会治理、舆情工作等方面实现更大作为。三是制度创新，以改革与探索扭转深度融合困局。在条件合适的地市建立融媒体示范点，对运营中遇到的问题进行分析研判，综合评估。改“按职定薪”为“按岗定薪”“薪随岗变”，重构媒体绩效评估模式，充分激发从业人员的工作热情与职业担当。

参考文献

王珏：《建设现代传播力打造高水平新型主流媒体——专访南方报业传媒集团党委书记、社长黄常开》，《新闻与写作》2021 年第 12 期。

赵淑萍、吴昊：《新系统与新动能：我国地市级媒体融合发展的态势研究》，《现代出版》2021 年第 6 期。

肖赞军、杜晓琳：《基本逻辑与整体思路：媒体深度融合下传媒行业重组研究》，《传媒观察》2021 年第 11 期。

分 报 告

Topical Reports

B.2

2021年河北省报业发展报告

商建辉　张志平*

摘　要： 2021年我国报业总体仍呈现收缩态势。受大环境影响，河北报业发展的下行压力仍然较大。面对压力与挑战，河北报纸媒体坚守舆论主阵地，专注内容品质提升，充分发掘数据优势，坚持一体化发展，重视人才队伍建设，取得了不俗的成绩。但是，在迈向深度融合发展中仍面临诸多困境。本报告从发力自建客户端、拓宽传播渠道、推进跨界融合等方面提出建议，试图为河北报业深度融合发展提供创新路径。

关键词： 报业　跨界融合　客户端

* 商建辉，河北大学新闻传播学院教授、艺术学理论博士生导师，河北省文化产业发展研究中心主任，河北省传媒与社会发展研究基地副主任，保定社会发展研究院文化产业发展研究中心主任，主要研究方向为媒介经营管理、文化产业管理；张志平，石家庄学院学工部（处），中国艺术研究院博士研究生，讲师，河北省文化产业发展研究中心研究员，主要研究方向为媒介经营管理、文化产业管理。

一 河北报业发展概况

2021 年，河北省面向公众出版报纸共计 64 种，其中省级报纸 27 种、市级报纸 36 种、县级报纸 1 种。具体指标分析如下。

（一）报纸基本经营情况

2020 年，河北“党报＋都市报”发行量占比为 34. 15%，仅为行业报发行量的一半左右（见图 1）。究其原因，行业报具有深耕专业领域的优势，读者人群较为固定，受报纸发行规模收缩大环境影响较小。以《糖烟酒周刊》为例，针对经销商会员提供增值服务，除了寄送杂志等基本服务外，还向会员提供内部培训、优先推荐名优新品、免费参加论坛等服务，增加了用户黏性，保证了报纸的发行量。

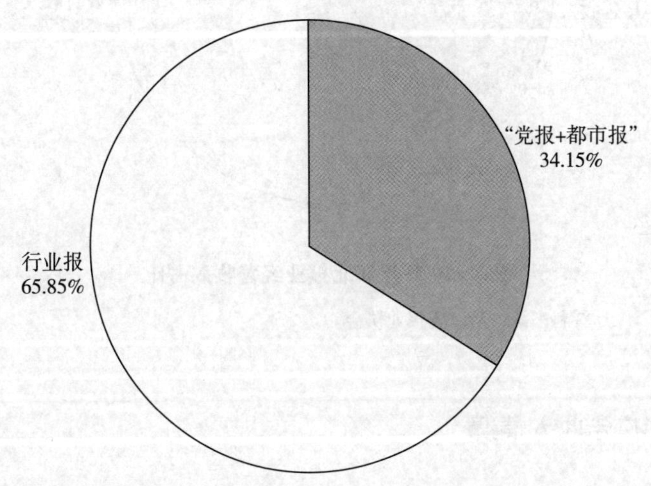

图 1　2020 年河北报纸发行量占比

资料来源：河北省报业协会。

在 2020 年河北报业经营收入中，发行收入占总收入的 58. 75%，远超广告收入的占比（31. 57%）（见图 2）。由此可见，报纸的广告收入呈现萎缩态势。究其原因，主要是在零售读者市场不断萎缩的情况下，各级政府为了帮助报纸媒体融合转型发展，采取财政兜底的方式，保证了报纸媒体的基本发行收入。与此同时，新媒体收入越来越成为报纸媒体创收的重要来源。以河北日报为例，2021 年“河北日报”官方微信广告总收入约 99 万元，“河北日报”客户端广告总收入约 51 万元。① 目前，新媒体收入规模虽尚无法与发行收入、广告收入相比，但已表现出强劲势头，将成为未来最具潜力的增长点。

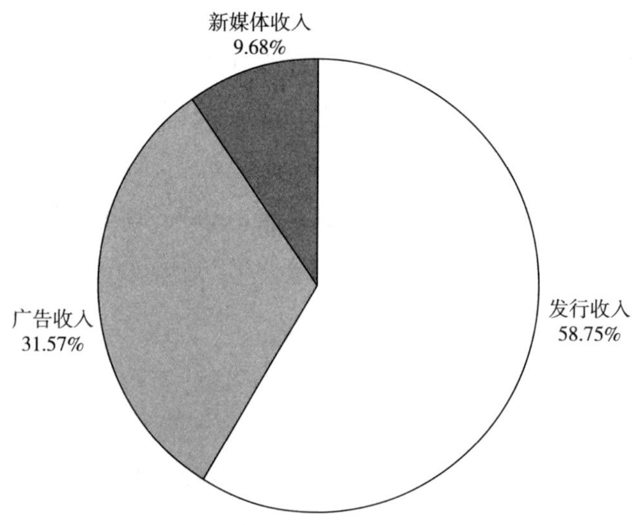

图 2　2020 年河北报业经营收入占比

资料来源：河北省报业协会。

（二）广告收入情况

2021 年，随着我国经济发展和新冠肺炎疫情防控常态化，媒体广告刊例花费呈现上升趋势，相较于 2020 年同比增长幅度较大，特别是 2 月开始

① 河北日报报业集团提供，数据截至 2021 年 11 月 9 日。

保持了8个月的正增长，其中5个月同比增幅达到20%以上，表现出我国经济增长的强劲势头，与2020年相比向好的趋势明显。但是，也要清醒地看到，2021年1~10月环比数据呈现波动态势，例如5月环比增幅达14.40%，而6月环比增幅下降到-5.40%（见图3），说明我国广告刊例花费仍存在不稳定因素，值得各类媒体经营主体关注。

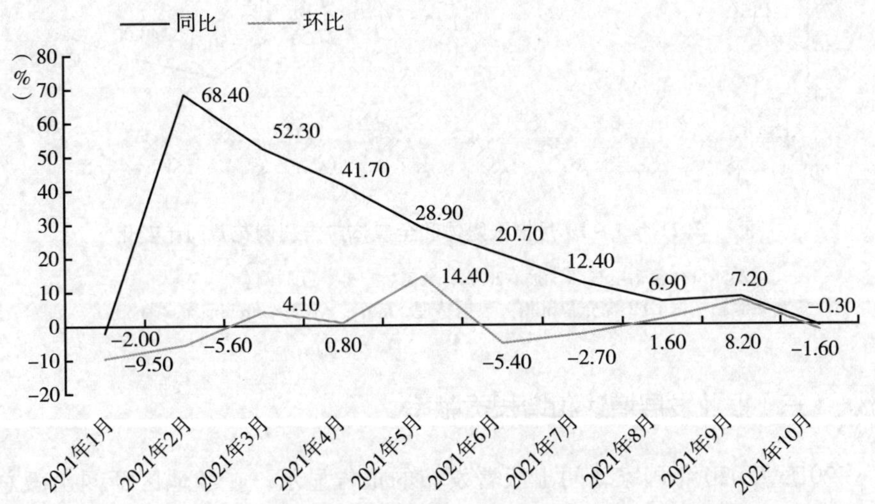

图3　2021年1~10月全媒体广告刊例花费变化

注：全媒体口径包括电视、广播、报纸、杂志、户外、互联网。

资料来源：根据CTR媒介智讯相关数据整理，https：//www.ctrchina.cn/report。

2021年1~10月，报纸媒体与全媒体广告刊例花费变化整体趋势一致，呈现年初高速增长后逐渐下降的趋势。报纸媒体在2月、3月出现了短暂的增长，且均超过30%，说明相较于2020年同期，报纸媒体广告收入得到一定恢复。但是，与全媒体广告刊例花费持续8个月的正增长相比，报纸媒体从4月开始，始终处于波动下降趋势，特别是第二季度后同比下降幅度均在20%以上（见图4）。这表明相较于其他媒体，报纸媒体后劲乏力，广告收入下行压力仍然较大，未来发展态势仍不乐观。

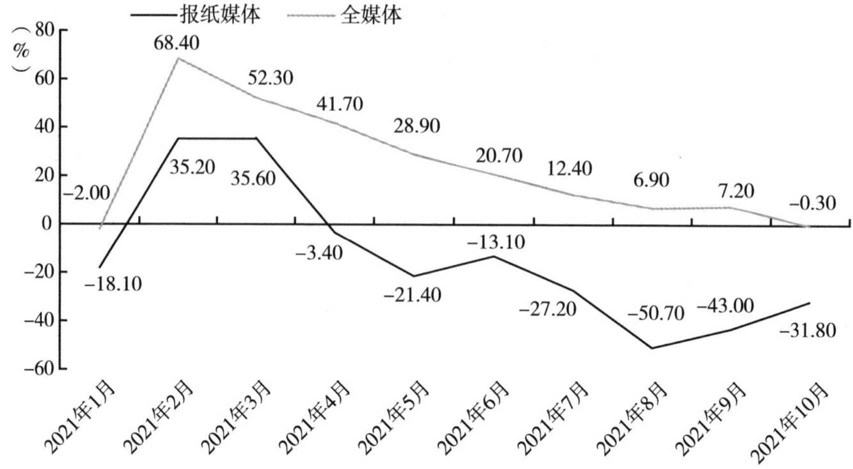

图4　2021年1~10月报纸媒体和全媒体广告刊例花费同比变化

注：全媒体口径包括电视、广播、报纸、杂志、户外、互联网。

资料来源：根据CTR媒介智讯相关数据整理，https：//www.ctrchina.cn/report。

（三）报业发展增速和增长贡献率

2018~2020年国家新闻出版署发布的报告显示，在各地区新闻出版总体经济规模综合评价中，河北省2018年以后连续两年未能进入全国前10位（见表1）；在报纸出版增长速度、增长贡献率两个指标上，河北省2017年以来，无论是增长速度还是增长贡献率，都未进入全国前10位（见表2）。由此可见，河北报业发展缺乏强劲增长点，总体规模也逐渐被超越，在与全国其他地区竞争中处于劣势地位。

表1　2018~2020年新闻出版总体经济规模综合评价前10位

综合排名	2018年		2019年		2020年	
	地区	排名变化	地区	排名变化	地区	排名变化
1	广东	0	广东	0	广东	0
2	山东	0	江苏	2	北京	1
3	北京	0	北京	0	江苏	-1
4	江苏	1	山东	-2	山东	0
5	浙江	-1	浙江	0	浙江	0

续表

综合排名	2018 年		2019 年		2020 年	
	地区	排名变化	地区	排名变化	地区	排名变化
6	上海	0	上海	0	上海	0
7	河北	0	福建	2	四川	1
8	四川	1	四川	0	安徽	1
9	福建	1	安徽	1	福建	-2
10	安徽	-2	江西	1	江西	0

注：选取营业收入、增加值、总产出、资产总额、所有者权益（净资产）、利润总额和纳税总额 7 项经济规模指标，采用主成分分析方法，通过 SPSS 直接计算所得，仅用来显示各地区的相对位置；未包括数字出版、打字复印、邮政发行、版权贸易与代理、行业服务与其他新闻出版业务。

资料来源：《2018 年新闻出版产业分析报告》《2019 年新闻出版产业分析报告》《2020 年新闻出版产业分析报告》，国家新闻出版广电网，www. chinaxwcb. com。

表 2　2018 ~ 2020 年报纸出版增长速度、增长贡献率排名

综合排名	2018 年		2019 年		2020 年	
	增长速度	增长贡献率	增长速度	增长贡献率	增长速度	增长贡献率
1	河南	江苏	贵州	北京	甘肃	甘肃
2	云南	浙江	河南	江苏	新疆	新疆
3	江苏	广东	北京	广东	西藏	广东
4	浙江	北京	甘肃	河南	贵州	贵州
5	贵州	河南	黑龙江	浙江	广东	西藏
6	四川	山东	山西	贵州	广西	宁夏
7	北京	四川	辽宁	湖南	宁夏	青海
8	湖北	福建	江苏	福建	上海	广西
9	福建	湖北	内蒙古	四川	黑龙江	黑龙江
10	天津	上海	广西	辽宁	江苏	海南

注：地区增长速度 =（该地区本年营业收入 - 该地区上年营业收入） ÷该地区上年营业收入 × 100%；各地区增长贡献率 =（该地区本年营业收入 - 该地区上年营业收入） ÷（各地区本年营业收入合计 - 各地区上年营业收入合计） ×100%。

资料来源：《2018 年新闻出版产业分析报告》《2019 年新闻出版产业分析报告》《2020 年新闻出版产业分析报告》，国家新闻出版广电网，www. chinaxwcb. com。

（四）头部报业集团发展

2020 年，全国经济规模前 10 位的报刊出版集团，除个别位次发生变化外，基本与2019年保持不变。其中东部地区占据6个名额，中部地区占据2个名额，西部地区占据2个名额（见表3）。与全国先进省市相比，河北报业仍存在一定差距。受资金投入、机制体制等因素制约，河北报业整体呈现“大而不强”的特征，发展质量仍需提升。

表3　2018～2020年报刊出版集团总体经济规模前10位

综合排名	2018年		2019年		2020年	
	报业集团	排名变化	报业集团	排名变化	报业集团	排名变化
1	浙江日报报业集团	1	上海报业集团	1	上海报业集团	0
2	上海报业集团	-1	浙江日报报业集团	-1	浙江日报报业集团	0
3	成都传媒集团	0	湖北日报传媒集团	1	湖北日报传媒集团	0
4	湖北日报传媒集团	3	成都传媒集团	-1	广州日报报业集团	2
5	山东大众报业(集团)有限公司	0	河南日报报业集团	1	江苏新华报业传媒集团	3
6	河南日报报业集团	2	广州日报报业集团	2	成都传媒集团	-2
7	深圳报业集团	4	山东大众报业(集团)有限公司	-2	河南日报报业集团	-2
8	广州日报报业集团	-2	江苏新华报业传媒集团	2	山东大众报业(集团)有限公司	-1
9	南方报业传媒集团	1	深圳报业集团	-2	南方报业传媒集团	1
10	江苏新华报业传媒集团	2	南方报业传媒集团	-1	重庆日报报业集团	1

资料来源：《2018年新闻出版产业分析报告》《2019年新闻出版产业分析报告》《2020年新闻出版产业分析报告》，国家新闻出版广电网，www.chinaxwcb.com。

（五）报纸融合传播水平

根据人民网研究院《2021全国党报融合传播指数报告》，2021年，我国党报在推进媒体融合过程中，用户规模前3位是自建新闻客户端、抖音号和微博，平均值分别达到了507.9万人、98.7万人和67.6万人。由此可见，移动端各类传播渠道已经成为党报媒体融合的主战场。

在自建新闻客户端方面，党报平均用户规模已经连续三年超过在第三方平台用户总数，呈现强劲的增长态势。要实现“做大做强网络平台，占领新兴传播阵地”的任务要求，建立自主可控的移动传播平台已经成为报纸媒体未来发展的重中之重。但是，无论是省级党报，还是地市级党报，河北省内报纸媒体都没有进入前10位（见表4）。现阶段，以《人民日报》《南方日报》为代表的党报集团，已经基于自主可控的客户端链接各类资源，通过“新闻+政务商务服务”模式，构建多方共赢的媒介生态系统。“人民日报”客户端已经吸引全国30000家优质政务、媒体、自媒体账号入驻，而“南方+”客户端也汇聚了超过7000家政务机构、超过1.5万名新媒体运营者。河北报业也要主动作为，加大各方面资源整合力度，建设运营好自有客户端。

表4　2021年省级、地市级党报自建安卓客户端下载总量

单位：万次

省级党报			地市级党报		
客户端	所属党报	下载量	客户端	所属党报	下载量
南方+	《南方日报》	16010	广州日报	《广州日报》	5119
河南日报	《河南日报》	11421	读特	《深圳特区报》	4168
羊城派	《羊城晚报》	10475	掌上长沙	《长沙晚报》	1077
北京日报	《北京日报》	3960	成都日报锦观	《成都日报》	882
津云	《天津日报》	3324	新黄河	《济南日报》	722
天眼新闻	《贵州日报》	3284	今日芜湖	《芜湖日报》	607
浙江新闻	《浙江日报》	3137	甬派	《宁波日报》	495
海报新闻	《大众日报》	2978	十堰头条	《十堰日报》	491
川观新闻	《四川日报》	2847	掌上春城	《昆明日报》	455
天目新闻	《浙江日报》	2805	引力播	《苏州日报》	434

注：此数据为各大安卓应用商店的下载量合计，统计时间截至2021年7月31日。

资料来源：《2021全国党报融合传播指数报告》，人民网，2021年12月29日，http：//media.people.com.cn/n1/2021/1229/c14677-32319846.html。

在抖音号方面，2021年省市各级抖音号都实现较快发展，其粉丝量均值增幅分别为86.6%和32.7%（见图5），表现出强劲的增长势头。而省级党报抖音号无论是粉丝量均值，还是粉丝量均值增长幅度，都远高于市级党报抖音号。另外，2021年党报抖音号日均发布短视频3.6条，是2020年的3倍。

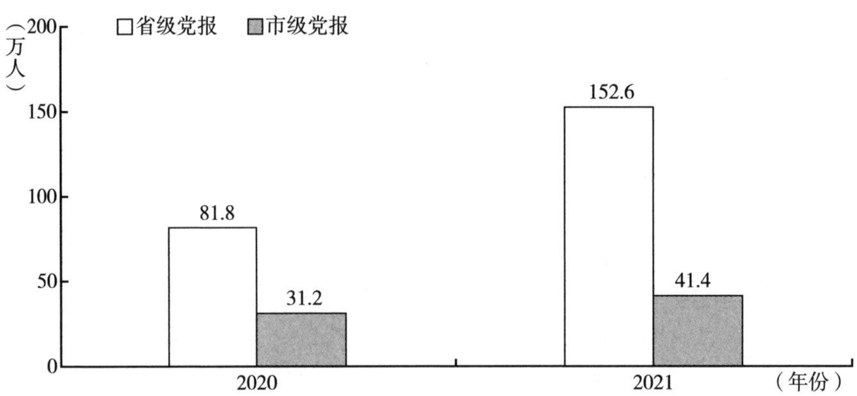

图 5　2020～2021 年省市级党报抖音号粉丝量均值

资料来源：《2020 全国党报融合传播指数报告》，人民网，2020 年 12 月 28 日，http：//yjy. people. com. cn/n1/2020/1228/c244560－31981230. html；《2021 全国党报融合传播指数报告》，人民网，2021 年 12 月 29 日，http：//media. people. com. cn/n1/2021/1229/c14677－32319846. html。

在微博方面，党报微博的影响力呈现下降趋势，2021 年党报微博账号平均粉丝量为 67.6 万人，比上年减少 13%。与 2020 年相比，2021 年党报微博的平均转发量、平均评论量、平均点赞量都呈下滑趋势（见图 6）。

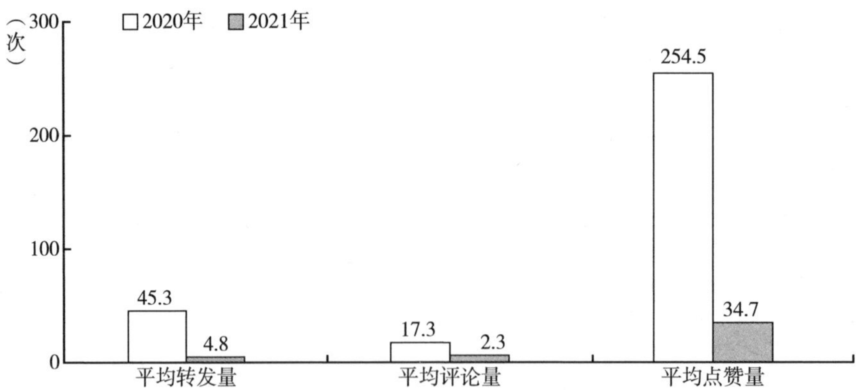

图 6　2020～2021 年党报微博转发量、评论量、点赞量均值

资料来源：《2020 全国党报融合传播指数报告》，人民网，2020 年 12 月 28 日，http：//yjy. people. com. cn/n1/2020/1228/c244560－31981230. html；《2021 全国党报融合传播指数报告》，人民网，2021 年 12 月 29 日，http：//media. people. com. cn/n1/2021/1229/c14677－32319846. html。

二 河北报业发展特点分析

2021 年是“十四五”开局之年，面对新冠肺炎疫情及经济下行双重压力，河北报业迎难而上，加快挺进互联网主战场，不断推进媒体融合向纵深发展，取得了不俗的成绩，初步形成了全媒体传播体系。

（一）坚守舆论主阵地，发挥党报主力军作用

2021 年初，省会石家庄突发局部聚集性新冠肺炎疫情，邢台、廊坊等地也出现本土病例。河北省内各级党报充分发挥内容生产和平台传播优势，为打赢疫情防控歼灭战提供了可靠的舆论支撑。

河北日报整合发挥全平台资源优势，通过全媒体采集、全媒体呈现、全平台覆盖、全天候发布、全方位报道，使正能量转变为大流量，在网络舆论场中实现主流声音的有效传递。《河北日报》及时开辟“全力以赴打好疫情防控歼灭战”专版，日均报道版面为 3 个整版，《我省采取多项措施全力做好疫情防控》等许多重要新闻全省首发。派出记者深入藁城区增村镇、省胸科医院隔离病区等地采访，推出《河北日报记者藁城探访丨他们，坚守在疫情“暴风眼”》、通讯《党旗下的坚守》《越危险，我们越要留下来》等多篇来自一线的权威报道，帮助受众多角度了解核心区抗疫最新情况。此次抗击疫情报道中，“河北日报”新媒体平台传播数据都呈现大幅增长（见表5），其中，1 月 5 ~ 17 日，“河北日报”官方微信公众号日均总阅读量由 32 万次增长到 256 万次，是日常水平的 8 倍；“10 万 +”稿件累计 74 篇，是日常水平的 30 余倍；各项影响力数据位居全省所有微信公众号和全国地方党报微信公众号第一。“河北日报”官方微博日均阅读量由 200 万次增长到 1800 万次，是日常水平的 9 倍。“河北日报”抖音号有关疫情的多条报道阅读量超千万次，最高阅读量 1534 万次。

《石家庄日报》作为省会党报，身处疫情防控歼灭战的中心，始终坚守党报的责任和担当，在疫情突发的一周时间内先后推出抗疫报道 600 余篇，

客户端发布抗疫稿件1875篇，其中视频稿件近200篇，每日疫情相关稿件点击量达1000万次以上。视频、长图、H5等媒体融合内容的集束化推出、交互式呈现，有效激发出全社会战“疫”必胜的磅礴正能量。[①]

表5 “河北日报”新媒体平台新冠肺炎疫情防控报道情况

内容	形式	效果
1月6日《全力以赴！直击河北疫情防控现场》	线上直播	总浏览量超过4300万次
1月11日《24小时慢直播守望石家庄静待重启日》《24小时慢直播｜活力归来！共同见证邢台有序恢复》	线上直播	累计有9000万名网友参与
《值班老总读报》连续推出《打好防控歼灭战,每个人都是战士》等9期“战疫”特别节目	短视频栏目	全网总播放量超过2500万次
《微视频｜暖心！库尔勒倾“馕”相助石家庄》《饺子代表我的心》等	微视频作品	央视、人民日报等中央媒体转发
《认识一下,我就是“热搜”中的河北人》	文图视融合产品	阅读量达到8651万次,被人民日报、新华社等119家媒体转发
1月13日起,“河北日报”客户端推出“独家”栏目,先后刊发《石家庄现5次“假阴”转阳案例,如何解读？专家回应三个关键问题》等17篇原创新媒体深度报道	新媒体深度报道	被人民日报、北京日报等多家媒体转载,总点击量达1180万次

（二）专注内容品质提升，打造重大主题现象级精品

围绕建党百年、党史学习教育、全国两会、雄安新区建设四周年等重大主题和时间节点，2021年河北各级报纸媒体积极谋划、精心筹备，推出了一大批有思想、有温度、有品质的现象级作品。

建党百年重大主题报道。河北日报精心推出的“沿着高速看中国”系列报道、系列微纪录片《红色档案印初心》、系列文献纪录片《红色“冀”

① 王海刚：《在重大突发公共卫生事件报道中“淬炼”“升华”——以〈石家庄日报〉全媒体中心战“疫”新闻融合传播为例》，《中国地市报人》2021年第1期。

忆》、“新青年对话老党员”大型专题报道等重点作品产生广泛影响，特别是融媒体报道《河北为什么这样“红”》，展示了5位荣获“七一勋章”的河北人的典型事迹，引发强烈社会反响，全网阅读量达1.3亿次。

党史学习教育主题报道。河北新闻网与河北省委党校合作，推出系列微视频《理论微课堂》，邀请专家深入阐释习近平总书记“七一”重要讲话提出的新思想、新观点、新要求，先后被人民网、“学习强国”等40余家主流媒体转发，各平台总点击量超1700万次，形成了“知识生产+传播+教学”的良性传播。2021年3月23日，在“3·23赶考日”当天，河北日报报、网、端、微全媒体平台连续推出消息、评论、综述、长图、视频等近80篇报道，报道气势大、氛围浓，给广大党员干部上了党史学习教育的“特殊一课”，全网总阅读量达2261.8万次，形成了传播合力和舆论热潮。

全国两会期间，河北日报社记者共采访代表委员500余人次，推出“两会”报道专版61个、特刊7期，全媒体矩阵共发布“两会”报道3017篇（条），全网总传播量2.77亿次。在雄安新区建设四周年之际，河北新闻网首次采用互动游戏《一起来建未来之城》，分别设置“建造”“升级”等任务，引导用户在参与建设和完成任务中体验雄安新区4年来规划建设成就。这是传统党报在重大主题报道中增强吸引力、互动性的一次有力探索。

（三）充分发掘数据优势，努力发展智库型媒体平台

数据要素是数字经济时代最核心的生产要素。河北报纸媒体充分认识到数据在未来传媒产业发展中的基础性地位，在数据开发基础上，尝试向智库型媒体方向转型发展。

河北日报报业集团所属河北新闻网舆情中心致力于互联网信息挖掘定制、舆情监测和大数据舆情分析，为机关和企事业单位提供专业的舆情服务，帮助政府与企业对舆情事件进行分析研判、处置修复、形象维护等。2021年，舆情中心专门升级了大数据舆情平台，建设了智能舆情监测平台，专门设计算法提升敏感舆情判断效率，并采取基于“人工+机器”的“人防+技防”双监测方式，使舆情监测平台更加智能化，为服务对象快速全

面掌握舆论态势提供决策参考。

邯郸日报社是省内较早开展大数据服务的地市级媒体。邯郸日报社所属的中原天工大数据研究院，以“新闻＋智库”模式面向全社会，提供更加专业化的调研内参、舆情监测、研究报告、咨询等各项智能型媒体服务。①2021年，邯郸日报社的“党媒智库服务项目”被评为2021年度全国地方党媒融合发展创新示范项目，这是河北唯一入选项目。

（四）坚持一体化发展，推动媒体融合向纵深发展

坚持一体化发展是媒体融合向纵深发展的内在要求和关键所在。河北省内报纸媒体秉持一体化发展理念，整合报、网、微、端等各类媒介资源，实现信息内容、技术应用、平台终端、人才队伍的共融共通，初步形成媒体融合一体化发展格局。

河北日报报业集团从导向一体化、队伍一体化、平台一体化入手，对新闻生产流程、组织管理体系、绩效考核机制等多方面加以重塑与再造，不断推动媒体融合向纵深发展。在导向一体化上，坚持“网上网下一把尺子”。用“一个标准、一把尺子、一条底线”管理报、网、端、微、号等各类媒体及其采编人员，履行好主流媒体责任，牢牢占领传播制高点。在队伍一体化上，一支队伍服务多个平台。集中全员力量办客户端，各采访部门直接领办客户端专业频道，采访部门主任同时担任频道总监，日常报道实现“先端后报”，并对全媒体平台实行一体化考核。在平台一体化上，依托“中央厨房”统一指挥调度。集团旗下重点时政类媒体及驻外机构的新闻生产全部纳入“中央厨房”进行统一调度指挥，报、网、端、微、号各平台全部打通，采访、编辑和技术力量实现共融互通，实现了新闻资源聚合和多平台融合。与“中央厨房”相配套，建立了采前会、编前会、周例会等谋划调度机制，执行总编辑依托实时视频指挥调度系统，进行舆情研判、创意策

① 李晓斌、魏荫莱：《融合创新 跨越提升 全力打造现代化新型主流媒体——以邯郸日报社媒体融合发展为例》，《采写编》2021年第11期。

划、采访调度，初步建立起新闻生产“一体策划、一次采集、多种生成、多元发布”机制。

（五）重视人才队伍建设，创新适应融媒发展人才机制

媒体竞争的关键在于人才。在报业融合发展进程中，优秀人才流失和传统人才“本领恐慌”成为突出的矛盾和焦点。以石家庄日报社为例，报社年龄结构老化，在岗人员平均年龄为44岁；优秀人才流失严重，2017年以来，辞职、离职的年轻优秀人才达60余人。①

面对人才发展的现实困境，河北报业围绕建设全媒体人才队伍的目标，不断完善人才选、育、管、用机制，积极创新人才教育培训方式方法，为媒体融合发展提供人才支持。一是做好顶层设计。2021年，河北日报报业集团对选人用人制度进行了全面梳理、查漏补缺、科学规范，修订了《河北日报报业集团公开招聘工作实施办法》等一系列文件，从选、育、用、管各个环节，全面加强了集团选人用人制度建设。二是稳定骨干人才待遇。2018年以来，河北日报报业集团共培养聘用河北日报首席记者、首席编辑、首席评论员10人，设计合理的薪酬体系，提高首席待遇，稳定核心队伍。三是提升现有人才技能。石家庄日报社先后举办融媒体相关讲座10余场，所有采编、管理、技术人员均参加了培训，有效提升了现有人才融媒体技能水平。四是强化产学合作。石家庄日报社与河北师范大学新闻传播学院达成战略合作，双方互派人员进行交流，高校教师参与解决报社实际问题，报社选派高级人才兼任学校硕士生导师；报社为高校学生培养提供实训实操平台，共建新闻人才实践基地，为报社提供全媒体人才储备。

三　河北报业发展建议

2020年9月，中共中央办公厅、国务院办公厅印发的《关于加快推进

① 王海刚：《人才是媒体转型的决定性因素——以石家庄日报社为例》，《采写编》2021年第8期。

媒体深度融合发展的意见》（以下简称《意见》），为报纸媒体发展指明了方向。从 2014 年“融合发展”到 2020 年“深度融合发展”，中国的媒体融合进程在国家战略层面实现了新的跨越。河北报业要加快深度融合发展进程，重点在三个方面下功夫。

（一）持续发力自建客户端，重塑报纸媒体平台优势

《意见》中指出，“要推动主力军全面挺进主战场，以互联网思维优化资源配置，把更多优质内容、先进技术、专业人才、项目资金向互联网主阵地汇集、向移动端倾斜，让分散在网下的力量尽快进军网上、深入网上，做大做强网络平台，占领新兴传播阵地。”报纸媒体实现“占领新兴传播阵地”的目标，不能仅仅依靠进驻微信、微博、今日头条、抖音等商业互联网平台，这样往往受制于平台方规则，且过于分散难以形成合力，无法形成平台优势。因此，报纸媒体要全力建设自有客户端，将其作为建设新型主流媒体的核心组成部分。

现阶段，全国大部分报纸媒体都建有新闻客户端，部分报业集团更是开发了多个客户端。但是，在易观智库发布的 2020 年 2 月 App 月活跃用户排行榜上，没有一家主流媒体客户端进入前 50 位，当月进入前 500 位的主流媒体 App 只有 5 家。[①] 可见，报纸媒体开发的客户端在下载数量、访问量、日活跃用户等方面都与商业新闻客户端存在较大差距。究其原因主要是受机制体制掣肘，报纸媒体缺乏以市场思维开发运营移动客户端。例如，个别报纸媒体缺乏统一规划，移动端发展路径不清晰，推广营销缺乏连续性，无法形成持久动力；个别报纸媒体以行政手段摊派安装指标，动员所属区域干部职工硬性安装，往往下载后就变为“沉睡”App；部分报纸媒体注重“中央厨房”、AI 新闻机器人等生产端技术投入，却忽视了对用户端技术更新，造成用户体验不佳、黏度不高。河北报纸媒体的客户端建设也存在以上问题，需要从以下三个方面寻求破解路径。

---

① 陈国权：《媒体融合的现状、难点与市场机制突破》，《编辑之友》2021 年第 5 期。

一是做好统一发展规划。河北各级媒体应在主管部门的主导下，建立党报媒体联盟，聚合省内各级党报媒体，将所属客户端进行整合，打造一个统一的河北新闻聚合平台。以重庆日报报业集团为例，其将原来100多个新媒体平台聚合为“华龙网·新重庆”客户端，成为全国首个跨地域、跨层级、跨部门、跨业务的市、区县两级大数据客户端集群，2020年下载量已超过1600万次。[①]

二是构建全民参与的内容生态。要积极践行“开门办报”理念，借鉴商业平台用户原创内容（UGC）生产模式，鼓励人民群众参与党报移动客户端的内容生产，提高平台对用户的吸引力和影响力。要创新激励机制，充分利用党媒采编专业优势，深耕本地社区新闻，积极挖掘热点UGC议题，引导入驻单位和用户参与UGC议题，并对优质UGC给予一定奖励。例如，2021年，《南方日报》旗下的“南方+”客户端举办“寻找广东高校金牌专业”线上展示活动，探索以UGC为主、推动职业生产内容（OGC）协作的新模式，至6月中旬获得超100万次端内点击量，近20万名精准用户参与内容生产或点赞、转发。[②]

三是加大用户端技术投入力度。现阶段大部分报纸媒体App仍然采用“专业推荐+时间流”模式，造成用户体验较差、获取成本较高，与抖音、今日头条等商业平台技术差距明显。河北报纸媒体要转变技术开发“重生产端、轻用户端”的理念，积极利用人工智能技术，对用户端技术进行革新，特别是将主流价值观嵌入算法，探索与商业平台相区别的智能分发模式。

（二）拓宽传播渠道，尝试向音频“蓝海”融合发展

根据中国互联网络信息中心以及喜马拉雅招股书披露，2020年在线音频内容平台月活用户规模1.86亿人，在线音频内容市场规模约126亿元。[③]

---

① 管洪、向泽映：《党报集团如何破解融合发展“六大难题”》，《传媒》2020年第3期。

② 姚瑶：《新闻客户端探索UGC的必要性及路径讨论》，《南方传媒研究》2021年第3期。

③ 石伟晶等：《数字音频产业商业模式之辨：流量、会员、版权——传媒系列报告之24》，东方财富网，2021年7月15日，https：//pdf. dfcfw. com/pdf/H3_ AP202107151503992585_1. pdf？1626378469000. pdf。

中国互联网协会相关数据也显示，2020 年网络音频娱乐市场用户规模达 8.17 亿人，同比增长 7.22%，远高于同期视频用户的增长速度。[①] 可见，网络音频迎来了高速发展时期，这主要有三个方面动因。一是音频自身的优势，更能满足碎片化消费需求。与以视觉为主的短视频相比，以听觉为主的音频产品，能够解放眼睛和双手，这意味着能够应用在运动中、家务劳动中、睡眠前等更多场景，更能适应信息爆炸时代的“碎片化时间”消费。二是智能设备终端的普及，能够满足更多应用场景。随着智能车载、智能音箱、可穿戴设备等智能设备的普及，在 5G 网络赋能下，音频在多场景应用成为可能，这是网络音频爆发增长的硬件基础。三是语音交互技术的进步，使各类系统间相融相通。语音交互技术打破了软件层面的阻隔，实现不同智能系统间的自由切换，将成为未来各类智能系统的超级入口。可见，未来网络音频的潜在需求将进一步增加，音频也将成为传媒产业发展的“蓝海”。

人民网研究院《2020 全国党报融合传播指数报告》中指出，“入驻喜马拉雅 FM 并发布音频的党报有 27 家，数量较 2019 年增长 125%。”人民日报社下属的人民网，南方报业、辽宁报业传媒集团等已开始向音频“蓝海”挺进。而河北省内各级报纸媒体对网络音频领域尚未加以重视，缺乏音频生产制作经验，入驻音频平台数量较少，且并未展现足够的传播影响力。河北省内各级报纸媒体应抓住机遇，向音频领域发力：一是思想上重视，网络音频领域也是互联网主阵地，作为主力军的报纸媒体应主动进军，发出主流声音；二是“一鱼多吃”，在媒介融合深入发展的当下，河北报业已经成功推出《值班老总读报》等融媒体品牌栏目，单期全网播放量高达 400 万次，可以尝试将融媒体产品加工后转化为音频产品，在音频平台播出，既扩大了栏目影响力，也拓宽了传播渠道；三是加强专业人才配备，音频作为以听觉为中心的媒介产品，其具有独特的生产规范，这需要报纸媒体采取与广电媒体合作开发或者引进等方式，加强自身音频人才储备。

---

① 《中国互联网发展报告（2021）发布截至 2020 年底我国网民规模为 9.89 亿人移动互联网用户超 16 亿》，“闪电新闻”百家号，https://baijiahao.baidu.com/s?id=1705171043519060354&wfr=spider&for=pc，2021 年 7 月 13 日。

（三）推进跨界融合，探索“新闻+政务服务商务”模式

《意见》提出：“要发挥市场机制作用，增强主流媒体的市场竞争意识和能力，探索建立‘新闻+政务服务商务’的运营模式。”《意见》中建立“新闻+政务服务商务”模式，是对主流媒体的新要求，要求主流媒体从媒体间的“小融合”，转变为媒体与社会其他领域的“大融合”。这对报纸媒体有一定挑战性，由于自身可利用资源有限，且对其他领域经验不足，贸然进入政务、服务、商务等领域，存在一定运营风险。因此，报纸媒体可以采取战略联盟、共同投资等方式，与其他领域企业跨界融合，实现合作伙伴间资源共享、风险共担，以较低的成本实现“新闻+”模式。现阶段，已经有部分报纸媒体进行尝试，并且取得喜人成绩，值得河北报纸媒体学习借鉴。

“新闻+政务”。新型主流媒体是国家新型治理现代化的主力军，深度融入国家治理体系，是其应有之义和责任使命。因此，报纸媒体要主动投入数字政府建设，利用自身数字化技术优势、优质内容保障，以及庞大的用户基数，助推数字政府建设提质增效。例如，《南方日报》的“南方+”客户端就主动与广东省政府“粤省事”App双向互通，用户可直接从“南方+”端内进入“粤省事”小程序办事；两大平台通过建立良好的互动模式，实现看新闻、办政事无缝切换，最大限度释放数字政府改革红利，不断增强企业和群众获得感。①

“新闻+服务”。对报纸媒体而言，依托自身的公信力优势，为用户提供多样化的服务，既能够为报纸争取更多的关注和流量，也能让用户享受到实实在在的便利。例如，“北京日报”客户端与北京教委展开合作，推出“空中课堂”数字服务，北京市中小学生可利用智能终端参加春季学期课程学习，“空中课堂”在疫情防控常态化时期为同学们提供优质课堂教学资源和学习指导。② 除

① 蔡晓丹：《智媒助推数字政府建设提质增效》，《南方日报》2021年11月28日。

② 《北京市教委与北京日报客户端合作“空中课堂”正式上线》，“北京日报客户端”百家号，2020年4月14日，https://baijiahao.baidu.com/s?id=1663899554602765938&wfr=spider&for=pc。

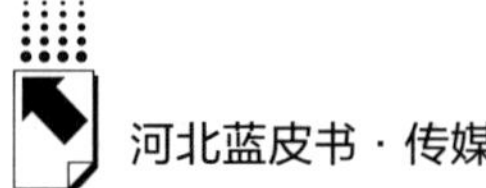

此之外，“北京日报”客户端还推出了居家健身操、非遗公开课等亮点服务。可见，“新闻 + 服务”的关键在于及时掌握用户诉求，并采取恰当方式实现各机构间资源的互融互通。

“新闻 + 商务”。在传统广告与发行收入锐减的背景下，报纸媒体需要找寻全新的盈利模式。“新闻 + 商务”是媒体融合市场化运营的积极尝试，报纸媒体依托自身新媒体平台的流量，通过跨业态、跨平台、跨渠道合作，探索报纸媒体的新盈利模式。以《新京报》为例，截至 2021 年 10 月，实现合并经营收入比上年增长 30%，其中，新媒体端经营收入同比增长 32%，占收入比重已超 60%，这主要归功于搭建跨终端、多品种、聚合类的平台，所释放出的媒体流量和潜力。[①] 上海报业集团与杨浦区、上海文化产业发展投资基金三方达成联盟合作，通过整合优势资源、产融结合，聚焦杨浦滨江区域文化地标建设，在音乐演艺、数字文化、文化消费等产业领域展开全面战略合作。[②]

① 孔繁丽等:《新京报社社长刘军胜：做强“新闻 +”，打造媒体深度融合新样本》，“新京报官微”百家号，2021 年 11 月 11 日，https://baijiahao.baidu.com/s?id=1716105362213486251&wfr=spider&for=pc。

② 姜圣瑜、刘晓来:《深度融合，探索“媒体 +”的无限可能》，《传媒观察》2021 年第 6 期。

B.3

2021年河北省广播电视事业发展报告

孙荣欣　郭英朝　葛晓宇*

摘　要： 2021年，河北省广电系统立足主责主业，坚持守正创新，在庆祝建党百年和党史学习教育宣传、抗击新冠肺炎疫情、奋力推进河北省“三件大事”等重点工作中，积极宣传省委、省政府的决策部署，发挥了鼓舞斗志、坚定信心、凝聚力量的作用；积极构建全媒体传播格局，媒体融合不断深入推进。但是，由于多种原因，经营创收困难、产业投入乏力、高水平人才紧缺等问题仍然存在。2022年，河北省广电系统应进一步推进媒体融合，鼓励优质内容生产，拓展营收渠道，提高核心竞争力。

关键词： 广电业　全媒体　融合发展　网络视听

一　2021年河北省广播电视事业整体发展情况

（一）扎实推进庆祝建党百年和党史学习教育宣传

2021年是中国共产党成立100周年。为深入扎实推动庆祝建党百年和党史学习教育宣传，省内多档广播电视节目依据本身定位特点，推出了一大

* 孙荣欣，河北省社会科学院新闻与传播学研究所副研究员，广播电视与网络传播研究室主任，主要研究方向为广播电视、新媒体传播；郭英朝，河北广播电视台总编室主任，主要研究方向为新闻宣传管理、媒体融合；葛晓宇，河北广播电视台总编室副主任，高级编辑，主要研究方向为广播电视、媒体融合。

批讲好红色传承故事、凝聚奋进力量的优秀作品，掀起了庆祝建党百年和党史学习教育的宣传热潮。

1. 开办新闻专栏，营造浓厚舆论氛围

省、市级广播、电视、新媒体同步开设“在习近平新时代中国特色社会主义思想指引下——学党史 悟思想 办实事 开新局”“奋斗百年路 启航新征程”等专栏及相关子专栏，以河北丰富的红色资源和精神谱系为依托，多角度、全方位做好建党百年和党史学习教育宣传。《河北新闻》《全省新闻联播》推出“中国共产党百年瞬间”，展现百年党史上的365个关键性瞬间；在“冀时”客户端、河北网络广播电视台、微博等新媒体平台开设“百年瞬间”“歌声里的党史——百首红色经典歌曲展播”等多个专题，并推出H5作品《云展馆，学党史》、纪录片《初心李大钊》等，为庆祝建党百年和党史学习教育营造了浓厚舆论氛围。

2. 打造重点节目，构建立体宣传矩阵

全省各级广播电视台深度挖掘本土革命文化资源，加强主题策划，创作出一批思想精深、艺术精湛、制作精良的节目，为深入开展党史教育提供了丰富教材。

河北卫视在2021年6月26～30日晚间黄金时间播出5期特别节目《唱支歌儿给党听》。节目选取《没有共产党就没有新中国》《团结就是力量》等5首传唱度高、年代感强、内涵深刻的革命歌曲，讲述歌曲的创作、传唱过程，在歌声中回望党的百年岁月，唱响“听党话 跟党走”的时代主旋律。河北卫视《中华好家风》策划推出5期特别节目《初心》，深入挖掘优秀共产党员的家风故事，展现共产党员坚定的信仰和不变的初心。《唱支歌儿给党听》《初心》入选国家广播电视总局庆祝建党100周年重点广播电视节目（第二批）。河北综合广播《今天大不同》节目早间版从2021年3月23日建党百年纪念日倒计时100天开始，推出党史专题《一百天说一百年》，撷取百年党史上的重大历史事件，回顾党的光辉历程。5月17日，河北综合广播策划的大型全媒体采访活动《从延安到西柏坡》正式启动。采访团队重走当年中央的行军路线，追忆党史故事、记录沿线变化，走访了沿途陕西、山西、河北3省10余个县（市），采播全媒体报道60余篇。

2021年5月24日起，石家庄广播电视台、石家庄档案馆等单位联合制作的《百年记忆——石家庄100个红色档案故事》百集微纪录片开始在石家庄电视台各频道及石家庄地铁电视、无线石家庄等平台推出。该片以石家庄党组织的创立、发展、壮大的百年历史为主线，通过展示红色档案、革命遗址拍摄、情景再现和三维动画等手段，生动再现了中国共产党在石家庄发展壮大的历程。

沧州广播电视台创新节目形态，策划制作100期《我是共产党员》、100期《党啊，请接受我的爱!》系列短视频、微广播，选取沧州市200名优秀共产党员代表，全方位、多角度、深层次地展示了身边共产党员的感人事迹，让受众感到可亲、可敬、可学。

廊坊广播电视台推出“感党恩，跟党走”系列短视频《我想对党说》100期，社会各界广泛参与；廊坊广播电视台融媒体中心、中共廊坊市委党史研究室等单位共同策划推出的革命历史题材纪录片《碧血丹心廊坊魂》，对廊坊本地的红色故事进行进一步挖掘，表达对为党、为国英勇献身的英烈的深情缅怀。

张家口新闻传媒集团与张家口市档案馆联合制作的系列专题片《张家口档案——见证百年党史》于6月8日开始在张家口新闻综合频道播出。该片借助大量馆藏历史资源，展现了百年间张家口人民在党的领导下进行革命斗争、经济建设和改革发展的辉煌成就。

除此之外，各地方台推出的相关节目还有承德台的《空中微课堂——百名劳模讲党史》、秦皇岛台的纪录片《五峰山上那盏灯》及系列节目《那一年我入党》、唐山台的专题节目《百年华章，崭新伟业》和《我身边的好党员》、保定台的专栏“发现红色保定”、衡水台的系列短视频《信仰之光·一百年·一百人》《红色记忆·衡水故事》、邢台台的特别节目《红色讲堂》和系列专题节目《百年瞬间》、邯郸台的系列短视频《飞越老区·百年风雨话邯郸》和《党史关键词》等。这些节目兼具思想性与贴近性，取得了良好的宣传效果。

3. 加强媒体合作，增强主题传播效果

2021 年 5 月 12 日上午 10 时，央视新闻频道、河北卫视及“央视新闻”客户端、“冀时”客户端等同步直播《今日中国·河北篇：百年路继往开来，协同奋进新时代》。在近 2 小时里，节目聚焦百年河北特别是党的十八大以来河北贯彻新发展理念、建设生态美丽家园、推动落实京津冀协同发展、北京冬奥会筹办等生动实践，视角多维、表达精巧、感染力强。节目播出期间，收视率在同时段央视全部频道排名第二，全网浏览量超 2000 万次。借鉴央视《今日中国》的制作方式，河北广播电视台与省内各市党委宣传部、雄安新区宣传网信局和各市广播电视台合作，推出 14 期大型直播特别节目《今日河北》，大场景、广采集、多视角讲述中国共产党领导下的河北各地经济社会发展和历史文化变迁，展示今日河北的崭新面貌与成就。节目于 6 月 10 日开播，河北卫视、“冀时”客户端同步直播，各市广播电视台主频道、新媒体平台直播本地篇。节目播出后引发强烈社会反响。截至 6 月 25 日，《今日河北》直播期间河北卫视 IPTV 收视稳居同时段省级卫视频道前四名，全网总浏览量超过 3000 万次。

4. 影视剧、纪录片、广播剧增强艺术感染力

除做好新闻报道和专题节目外，河北省还以影视剧、纪录片、广播剧等形式丰富红色主题，增强感染力。

为庆祝中国共产党成立 100 周年，河北省委宣传部、河北省广播电视局、河北广播电视台联合制作 3 集纪录片《初心李大钊》，讲述了李大钊由一位民主主义者成长为中国共产主义运动的先驱、伟大的马克思主义者、杰出的无产阶级革命家、中国共产党的主要创始人之一的发展历程。该片于 2021 年 4 月底至 5 月初先后在央视国际频道和河北卫视推出后反响强烈，入选国家广播电视总局 2021 年第二季度优秀国产纪录片推荐目录。5 集大型文献纪录片《光明在前》是“理想照耀中国——国家广播电视总局庆祝中国共产党成立 100 周年纪录片展播”作品，7 月 5 ~9 日晚黄金时间在河北卫视播出。该片聚焦 1947 ~1949 年，毛泽东主席和中共中央机关撤离延安、转战陕北，以数百人的队伍调动国民党数十万大军，完成了解放全中国的战

略部署，而后东渡黄河到达河北平山县西柏坡的一段历史。

河北影视集团参与创作的重大革命历史题材影片《革命者》是庆祝建党百年的一部重点影片，2021 年 7 月 1 日起全国公映，影片讲述了李大钊先生坚定革命信仰，传递革命火炬，积极探索改变中国、拯救民族的方法，热忱追寻正确革命道路的故事。影片《让这首歌作证》讲述了曹火星创作歌曲《没有共产党就没有新中国》的故事，该片 2021 年 5 月 13 日在西柏坡举行了首映礼，12 月 21 日在 2021 年中国金鸡百花电影节八闽电影巡展交接仪式上作为重点影片推介。由河北广电影视文化有限公司参与制作的电影《守岛人》深情讲述了“人民楷模”王继才、王仕花夫妇三十二年如一日守护开山岛的真实故事，6 月 18 日首映后获得广泛好评，于 12 月 30 日获得第 34 届中国电影金鸡奖最佳故事片奖。

广播剧《点亮星星之火》五一期间在河北广播电视台各广播频率和“冀时”客户端推出。该剧以大学生村官弓凯的视角，讲述了其曾祖父、北京沙滩小学教员弓仲韬在李大钊的引领下走上革命道路的成长经历。该剧播出后在青年群体中引发热议，被称赞尊重当下受众思维和审美，做到了主旋律作品的“年轻化”表达。

（二）倾力打好抗疫宣传主动仗

2021 年初，河北省石家庄、邢台等地相继出现新冠肺炎病例。面对严峻的疫情防控形势，省广播电视局立即行动，对疫情防控工作进行全面部署。全省广播电视媒体迅速启动应急响应，统筹各类资源，深入疫情一线采访，报道疫情防控相关工作进展情况，在主阵地、主战场上发挥出了主力军应有的重要作用。

1. 发布权威信息，回应受众关切

2021 年 1 月 4 日以来，河北省主要新闻栏目开设了“全力以赴做好疫情防控”“众志成城战疫情”“战疫一线党旗红”等专题专栏，及时报道省内重点部门疫情防控的重要措施和进展情况，并发布疫情防控相关知识。河北广播电视台打通全媒体平台资源，实现网上网下、大屏小屏全面覆盖。

河北广播电视台卫视频道的《河北新闻联播》作为龙头，传递省委、省政府权威声音和重要举措；每天7~8时的《冀时全播报》以及10时、12时、16时播出的整点新闻《抗疫快报》，聚焦全省抗疫举措，传递疫情防控进展信息；公共频道的《抗疫进行时》特别节目，深入报道推进群防群控、联防联治、多措并举等最新消息；经济生活频道《今日资讯》推出“疫情防控进行时”专栏，重点跟踪报道河北省在疫情防控常态化时期调动组织各方力量保障民生的有力举措。河北卫视2021年1月17日起推出特别节目《抗疫有我》，通过视频连线采访奋战在抗疫一线的凡人英雄，讲述暖心故事，传递大爱真情。河北综合广播推出“微光里的温暖”特别策划，讲述邻里乡亲在紧急关头伸出援手互帮互助、共渡难关的暖心故事。河北卫视品牌栏目《家政女皇》官方抖音号开设“居家健身”“抗疫知识”专栏，科普防控知识，指导市民居家勤锻炼，增强免疫力。河北都市频道《名医来了》栏目推出“疫情不阻断爱，我就在你身边”医疗公益直播活动，官方微信群24小时在线值守，邀请300余位医疗专家组成志愿服务队，就疫情防控知识进行权威解答，为市民提供帮助。

河北广电网络集团、无线传媒公司积极组织优质节目源，为居家群众提供丰富的广播电视产品。河北省有线电视开设“抗疫专区”，为全省家庭用户提供免费电视剧、电影、综艺、少儿节目共计34334小时。IPTV平台分别整合上线了“战疫”插屏、免费专区，并利用平台资源策划了健康知识专题、战疫在行动专题、教育版块精品课程等。2021年1月6~12日，河北IPTV共上线电影、电视剧、综艺、少儿、教育等各类免费节目763部，累计访问用户数90.61万户，累计访问次数121.63万次。①

面对严峻的疫情形势，石家庄广播电视台迅速调集全媒体阵容，实施全台联动，全时段、高频次、立体化开展抗疫宣传报道。重点新闻栏目《石家庄新闻》《新闻882》派专职记者昼夜值守，及时报道市委、市政府关于

① 王棋、张小玉：《众志成城　共克时艰　河北广电系统上下合力谱写抗疫新篇章》，长城网，2021年1月16日，http://report.hebei.com.cn/system/2021/01/15/100574026.shtml。

疫情防控的决策部署，准确发布权威信息。广播特别节目《众志成城，抗击疫情，加油石家庄》每天12小时直播，全面反映石家庄市疫情防控最新动态，展现石家庄面对疫情全员动员、共克时艰的有力举措。独家制作、发布康辉为石家庄第二轮核酸检测加油的短视频《加油，石家庄》，一天内在各平台收获752万次浏览量、23万次点赞收藏、3000余条评论。截至2021年1月25日，在全媒体平台发布疫情防控相关短视频4000多条，累计浏览量超4亿次；对上报道在央媒发稿1100多条；共制作播出公益广告1800余条次、3700多分钟。[①]

邢台广播电视台在《邢台新闻联播》《邢广新闻》栏目中开办“全力以赴做好疫情防控”“战疫情，我们在行动”专栏，及时传递权威信息，全面报道抗疫防控各项工作。邢台综合频道《新闻快报》节目开办“我们在一起”专栏，对疫情防控中涌现的典型人物和事迹进行系列报道，营造全市团结一心，众志成城的氛围。邢台综合广播《行风热线》特别节目“疫情防控，我们在行动”，聚焦保障民生，邀请通信公司、水业集团等部门负责同志走进直播间，介绍各单位的疫情防控举措。《名医热线》邀请专家介绍个人防护、疾病预防、心理疏导等内容。公共频道《牛城我最红》走进一线，挖掘基层最普通的社区工作人员、交警防疫抗疫的温暖故事；《牛城体育周刊》栏目推出“在家锻炼、积极防疫”系列节目，为百姓提供家中健身指南。“我看邢”App及其他新媒体制作刊发了《谢谢你这72小时!》《寒冬里的温暖》《邢台72小时，700万!》等疫情防控短视频，产生了积极的社会影响。

河北省其他疫情压力相对较小的城市，广电媒体除转播中央、省级媒体重要报道，准确传达党中央和省委决策部署外，也根据本地实际情况，加强权威信息发布，加大正面宣传力度，制作播出抗疫公益广告，传播抗疫知识，为赢得疫情防控歼灭战的胜利提供强大舆论支持。如1月5~12日，沧

① 《汇聚战“疫”最强音——石家庄广电台倾力打好抗疫宣传主动仗》，“无线石家庄”微信公众号，2021年1月25日，https://mp.weixin.qq.com/s/xJELk1PdwTB1Q7B63oS4FA。

州台制作了《疫情防控，慎终如始》《安心居家，爱我中华》等11部公益宣传片，共播出1800余条次；唐山台制作《防疫小贴士》《抗击疫情，人人有责》等公益广告21条，每天滚动播出188条次；邯郸台播发防疫知识等公益广告150条，科普知识200余篇；承德台播发《防疫·科学选口罩》《防疫·六步洗手法》等公益广告26条，共播出1272条次。高频次的公益广告播放，为打赢疫情防控歼灭战凝聚了信心。

2. 传播渠道多元，融媒体报道成为常态

疫情防控常态化时期，全媒体直播成为报道的重要形式。2021年1月11日，河北广播电视台新闻综合广播策划推出80分钟的《无畏疫情，让爱相“髓”》全媒体直播，报道河北第501例造血干细胞捐献者克服种种困难捐髓成功的故事，在疫情背景下引发强烈的正面舆论热潮。1月17日7～19时，河北广播电视台推出《同心抗疫·同舟共“冀”》全媒体直播，“冀时”客户端、河北公共频道、河北综合广播及台属新媒体平台全程互动，连续12小时直击抗疫一线，提供民生服务，讲述温情故事，抚慰群众情绪。直播时段，“冀时”客户端点击量2287万次，全网浏览量3000多万次，创造了省内全媒体直播浏览量新高；直播当天，公共频道索福瑞省网、市网收视份额分别比平时提升12倍和6倍，IPTV平台累计收看158万次，市场份额比平时增长3倍，直播的各项数据均创该台直播新纪录。[①] 1月20日，河北广播电视台与石家庄广播电视台联合推出《同心抗疫，共克“石”艰——直击石家庄市新一轮全员核酸检测》全媒体直播活动，两台共8个频率频道并机直播，“冀时”“无线石家庄”两个客户端同步播出，数十个公众号、微博等新媒体账号同时推送，播出平台之广在省内媒体中前所未有。3个小时的连续直播，全网浏览量突破1200万次。[②] 自2021年1月6日起，石家庄广播电视台每天推出全媒体直播《防疫进行时，加油石家庄》

① 《业界丨闻“疫”而动，尽锐出征——河北广播电视台抗疫宣传尽显主流媒体担当》，腾讯网，2021年1月25日，https://xw.qq.com/cmsid/20210126A004QQ00。

② 《汇聚战“疫”最强音——石家庄广电台倾力打好抗疫宣传主动仗》，“无线石家庄”微信公众号，2021年1月25日，https://mp.weixin.qq.com/s/xJELk1PdwTB1Q7B63oS4FA。

特别节目，在台属4个频道并机播出，同时无线石家庄等台属新媒体同步直播，全面客观报道抗击疫情的措施成效，生动反映抗疫一线感人事迹。

河北广播电视台官方抖音号开设“全力以赴打赢疫情防控攻坚战”合集，将新闻发布会、防控举措、防护重点等内容进行分类剪辑，截至2021年1月底，累计发布短视频238条，总播放量超2.3亿次。河北广播电视台在快手平台发起#河北加油#话题，汇集网民原创短视频5.8万条，累计播放量8.2亿次。智慧城市多媒体项目60个户外LED屏，每天循环播放抗疫宣传片30次。

（三）“两会”报道交出满意“答卷”

每年的全国两会报道都是媒体面临的一次“大考”。2021年，面对全国两会报道前方记者仅能有4人的新要求、新挑战，河北广播电视台报道团队通力协作，依托全新打造的“中央厨房”，采取前方记者扎根会场、后方记者上“云”采集、编辑团队精准生产的模式，全力做好“两会”报道。共计发稿3847条，对上报道发稿101条，融媒报道全网点击量1210万次，“两会”新闻宣传接地气、有新意。

电视节目设置“直通两会”“在习近平新时代中国特色社会主义思想指引下——河北代表委员议国是”“报告解读”“会外民声”“两会冀语”等专栏，广播节目推出“开局‘十四五’，奋进新征程”“代表委员微访谈”等专栏。“两会冀语”以新闻事实切入，以《政府工作报告》点题，凸显主题报道的深度广度；“报告解读”运用动画等多媒体手段，从微观视角切入，深入浅出解读报告；“会外民声”专栏依托30多路记者深入基层的采访，采取“新闻事实+报告亮点+集束采访”的形式呈现民情、民声、民愿；“代表委员微访谈”“开局‘十四五’，奋进新征程”从《政府工作报告》中遴选关键词，将报道做出深度。

河北广播电视台在“两会”报道中充分发挥广播、电视、新媒体深度融合的特色和优势，不断探索融合创新的报道形式，打造多屏互动、全平台发力的全媒体传播格局，实现广播电视与新媒体平台的相互转化、资源共享。“两会”融媒报道专栏“全国两会冀时播报”集纳了全平台的优质内容，用“醒目标题+融媒”可视化方式，实现了广播产品可视化、小屏产品大屏化的效果。在“冀时”客户端和河北网络广播电视台首页首屏同步推出大型融媒体专题“奋进新征程——聚焦2021全国两会”，开设“两会要闻”“冀时直播”“两会时评”等9个专栏，聚合多形态优质内容产品，全方位展现全国两会盛况。截至3月11日“两会”闭幕，融媒报道全网点击量1210万次。新媒体产品《主播说两会》由四位当值主播录制竖屏版短视频，围绕两会报告焦点、两会民生议题娓娓道来，深度解读、简洁评述，原创16篇作品阅读量近500万次。根据泽传媒发布的《2021全国两会泽传媒总指数》，河北广播名列省级广播第一，《河北新闻联播》名列省级联播第五，“冀时”客户端名列省台App第十。

2021年全国两会期间，京津冀三地新闻广播携手谋划、共同推出全媒体新闻报道《春天的脚步——开启新篇章》《对话京津冀》。会前推出《春天的脚步——开启新篇章》系列报道，为会议召开营造浓厚氛围。3月7～9日推出3期《对话京津冀》特别访谈节目，三地人大代表、政协委员和专家学者分别围绕京津冀交通一体化进程、京津冀人才流动以及信息化建设、京津冀生态环境治理交流对话、建言献策。该节目在三地新闻广播、三地联合打造的“京津冀之声”以及台属客户端、微博、微信矩阵等新媒体平台同步呈现。《对话京津冀》节目已经连续八年在“两会”期间播出，影响日益扩大，已成为全国两会全媒体品牌节目。

（四）重点节目突出特色亮点纷呈

2021年以来，河北广电媒体积极践行主流媒体责任，坚持“内容为王”，围绕重大主题，推出了一批精品力作。河北广播电视台继续办好《中华好家风》《我中国少年》《今日资讯》《家政女皇》《阳光热线》《992大家帮》《建楼开讲》等群众喜闻乐见的优秀节目；市级广播电视台充分发挥贴近性强的优势，办好问政类、民生类节目，增强服务性。在由中华全国新闻工作者协会主办的第三十一届中国新闻奖评选中，河北广播电视台电视新闻专题《守住长城》获中国新闻奖二等奖。在11月29日揭晓的由国家广播电视总局主办的中国广播电视大奖2019—2020年度广播电视节目奖评选中，由中共石家庄市委宣传部和石家庄广播电视台联合摄制的全景式展现石家庄母亲河滹沱河的历史与现状的3集纪录片《滹沱筑梦》荣获专题类大奖。

2021年2月13日，由河北省委宣传部、河北省文化和旅游厅、河北省广播电视局、河北广播电视台联合策划的6集人文地理纪录片《大河之北》在河北卫视和腾讯视频、哔哩哔哩网站播出，赢得受众普遍关注和好评。该片是第一部全景式反映河北历史由来、地形地貌、丰饶物产的纪录片，以地理地貌为主线，以人文精神为内涵，全方位展示了河北这部浓缩的“国家地理读本”，也将河北土地上传承至今的文明进行了多角度呈现。11月26日，河北卫视、河北公共频道推出6集专题片《筑梦新时代》，聚焦京津冀协同发展、雄安新区规划建设、北京冬奥会筹办“三件大事”，全面展示河北举全省之力的作为与担当以及取得的丰硕成果。2021年春节期间，河北广播电视台策划推出“主持人新春贺岁”系列活动，其中，依托“冀时”客户端打造的《新春云诗会》，创新“云”传播手段，烹制“虽无远方，却有诗意”的新春文化宴，在广播、电视、“冀时”客户端同步推出，短短三天内网络总点击量就破千万次。

2021年是北京冬奥会筹办决战决胜之年，河北广电媒体推出多档节目，为冬奥会预热。7月18日，河北卫视一档普及冬奥冰雪运动知识的益智节目《冰雪聪明》开播。《冰雪聪明》以“趣味知识竞答”为节目形态，将丰富的知识点巧妙融入题目中，在组队比拼中展示冰雪运动的独特魅力、提高观众对冰雪运动的热情和兴趣，传递奥运精神，展示北京冬奥会的特色和亮点。同时，节目还邀请业内专家、专业运动员来到现场，对每一道题目进行延伸讲解，既增加了冬奥及冰雪运动的知识含量，又体现了节目的专业性。10月27日9~12时，《相约冬奥·从心出发》——2022年北京冬奥会开幕倒计时100天大型全媒体直播节目在河北卫视、“冀时”客户端、河北新闻广播、河北都市频道、张家口电视台以及“知河北”视频号、“国+社区”等平台同步直播。3个小时的直播采用“主演播室+虚拟演播室+评论

员 + 嘉宾访谈 + 直播连线 + 新闻短片”的形式，带观众走进 13 个直播点，全景展示河北全力以赴、积极推进冬奥会筹办工作的各项举措、取得的成绩。直播获得了很好的传播效果，河北卫视 IPTV 收视稳居同时段全国卫视频道第三名，全网总浏览量超过 2000 万次。

张家口新闻传媒集团高度关注迎冬奥工作，集中全媒体传播优势，把握时间节点，深入报道一线，全方位、多角度、全媒体做好宣传报道。其中张家口电视台推出《相约冬奥》栏目，设有“聚焦冬奥”“冬奥知识大讲堂”“冬奥 let’s go”等板块；张家口广播电台推出“一起向未来，全城送祝福”等多项主题活动，积极营造昂扬奋进的良好氛围。

（五）“京津冀之声”助力京津冀协同发展

2021 年 2 月 26 日，由北京广播电视台、天津海河传媒中心、河北广播电视台共同打造的“京津冀之声”开播。“京津冀之声”协同三地广电媒体联动，定位突出京津冀协同发展，相关节目日播时长比例超过 90%。同时成立的“京津冀之声——协同发展智库”，云集多领域专家、学者，共同为京津冀协同发展实践建言献策。

“京津冀之声”将新闻报道作为重点，《早安京津冀》和《京津冀新干线》用新闻的视角记录京津冀协同发展，用民生的态度关注京津冀未来建设，第一时间发布权威新闻资讯；《协同发展进行时》专题节目聚焦京津冀协同发展进程中社会、经济、文化、生态、民生等领域的变化，深度分析协同发展趋势；《奥运东道主》关注北京冬奥会筹备情况，普及冬奥知识，引导受众参与冬奥、支持冬奥。此外，“京津冀之声”也设置了其他如交通旅游、文化娱乐、身心健康等内容，为京津冀三地听众带来丰富的收听体验。

（六）积极拓展经营创收新渠道

河北广播电视台精心打造以《冀有好物》《向上吧生活》为代表的电商带货节目，开创了“电视 + 新媒体 + 电商”互动新模式，全面助力县域经济发展。河北卫视打造的美食文化纪录片《冀味儿》第二季聚焦燕赵美食文化，还原美食背后的性格与情感、技艺与传承，节目收视份额屡创新高。在此基础上，《冀味儿》大胆尝试延伸产业链条，搭建地方特色美食原材料和产品电子商城，为生产者与买家打通渠道，打造《冀味儿》独家品牌，探索媒体品牌节目的新型商业运营模式。另外，省内多家频道（频率）开办或参与开办了网上商城，凭借主流媒体的公信力吸引受众，让受众以实惠的价格买到优质的商品，实现共赢。

河北广播电视台积极扩大经营布局，以举办品牌大型活动为带动，积极承办第十六届深圳（云上）文博会河北展区、河北省“知名文化企业 30 强”“十佳文化企业家”推荐认定发布工作；连续主办了“婚恋文化节”“汽车文化节”等系列大型活动，实现了两个效益“双丰收”；深度开发政府资源，在省直厅局、各地市和县（市、区）三个维度开展战略合作；以试水电商直播产业为突破口，持续扩大河北广电多频道网络（MCN）规模和业务范围，截至 2021 年 9 月，电商板块月平均浏览量突破 1 亿次，业务已突破 5000 万元。

（七）推进人才制度改革和机制创新

河北广电媒体高度重视管理机制创新，普遍做到了薪酬分配向一线岗位倾斜、向新媒体岗位倾斜，多劳多得，优绩优酬。河北广播电视台发挥考核“指挥棒”的作用，提高融媒内容生产、品牌打造、影响力指标的考核权重，在融媒生产人员成本和相关经费方面给予政策倾斜。以台的名义设立融媒节目创新创优扶持基金，加强对频率频道新上移动优先、大小屏互动的融媒体节目所需技术设备、人员配备的支持，推动传统采编资源与新媒体生产要素加速有效整合。2021 年 3 月 25 日，河北广播电视台（集团）总结首批 11 家工作室成立以来取得的成绩，对业绩突出的工作室进行表彰奖励，并为新成立的第二批 10 家工作室授牌，同时在人才、资金、平台、合作、流量、项目等方面继续完善配套政策，为工作室高质量发展提供有力保障。衡水广播电视台新建立以个人名义命名的工作室 5 家，给政策、给扶持，有力调动了员工积极性。

针对人才储备不足问题，河北广播电视台制定出台了年度社会招聘方案，切实加大对新媒体编辑、平面设计等移动端成熟型人才，以及记者、摄像等派驻地市采编骨干的引进力度。组织开展了2021年首席、资深和特聘专业技术人才评选工作，充分调动专业技术人员工作积极性、主动性、创造性；研究制定《2021年度频率频道目标绩效考核方案》，严格实行绩效发放与工作业绩、贡献价值相挂钩的举措，并通过“突出贡献奖”“优秀员工”等奖项评选机制，充分发挥激励效能，做到重视人才、留住人才。保定广播电视台在全台范围内大力选拔培养优秀年轻后备人才，经过筹划安排、组织实施、资格审查、党委研究、公示等程序，推选出第一批优秀年轻后备人才56名，第二批24名，为事业健康可持续发展培养后备人才。

二　广电行业总体形势及2022年发展预测

1. 广播电视受众人数、收视用户每日户均收视时长总体平稳

2021年9月15日，央视市场研究（CTR）举办的2021CTR洞察高峰论坛，发布了最新的《2021中国媒体市场趋势报告》。报告显示，电视媒体的核心地位依然稳固，观众规模达到12.8亿人，人均日收看时长近4.5小时，同比持平，15～24岁观众收看时长涨幅达18%，体现了年轻观众的回归。[①]社会科学文献出版社出版的《传媒蓝皮书：中国传媒产业发展报告（2021）》指出，“大事看大屏”，电视公信力不可替代。比如，疫情防控常态化时期，主流广电媒体迅速做出反应，通过新闻资讯类节目传播信息、引导舆论；推出“空中课堂”全力保障各中小学教学进度；推出多种公益活动，切实服务于民，以其自身的公信力努力成为广大受众媒介消费的重要渠道之一。[②] 另外，据中国视听大数据（CVB）统计，2021年第一季度电视收

---

① 《CTR：2021中国媒体市场趋势报告》，中文互联网数据资讯网，2021年9月23日，http://www.199it.com/archives/1315347.html。

② 崔保国等主编《传媒蓝皮书：中国传媒产业发展报告（2021）》，社会科学文献出版社，2021。

视用户每日户均收视时长达 5.81 小时，环比上涨 0.9%，同比下降 5.4%；第二季度电视收视用户每日户均收视时长达 5.68 小时，环比下降 2.2%，同比基本持平；第三季度电视收视用户每日户均收视时长达 5.97 小时，环比上涨5.1%，同比上涨3.6%。[①] 大屏关注热度的日益增长和电视收视用户户均收视时长的稳定反映出传统媒体公信力的不可替代性，也为广电业的发展注入了强有力的行业自信。

2. 广电业总收入连续同比增长，广告收入止跌企稳

据国家广播电视总局发布的数据，2021 年上半年全国广播电视服务业总收入 4645.53 亿元，同比增长 22.31%（与 2019 年同期相比增长 37.34%）；广播电视实际创收收入 3883.95 亿元，同比增长 29.79%（与 2019 年同期相比增长 38.43%）。其中广告收入 1177.42 亿元，同比增长 47.89%；网络视听收入 1512.74 亿元，同比增长 37.78%；有线电视网络收入 332.71 亿元，同比增长 1.14%；广播电视节目销售收入 157.00 亿元，同比增长 12.87%。上半年广播电视机构融合发展业务收入 406.18 亿元，同比增长 29.67%。[②] 尤其值得注意的是，根据国家广播电视总局此前发布的数据，2020 年全国广播电视行业广告总收入 1940.06 亿元，同比下降 6.52%（其中传统广播电视广告收入 789.58 亿元，同比下降 20.95%），而 2021 年上半年广播电视广告收入同比增长 47.89%。从 2021 年上半年的数据看，不仅广播电视行业总收入连续同比增长，更重要的是广告收入也止跌企稳，这无疑是一个良好的信号。

3. 网络视听前景广阔，成为行业重要增长点

近年来，随着媒体融合的推进，网络视听成为行业重要增长点。2020 年，网络视频用户达 9.27 亿人，占网民整体的 93.7%，互联网视频年度付费用户 6.9 亿人，互联网音频年度付费用户 1.1 亿人，短视频用户规模增长至 8.88 亿人，同比增幅达 15%，短视频上传用户超过 5 亿人；IPTV 用户超

① 以上数据均来自“中国视听大数据”微信公众号。

② 《2021 年上半年广播电视服务业快速发展》，国家广播电视总局网站，2021 年 8 月 2 日，http：//www.nrta.gov.cn/art/2021/8/2/art_114_57304.html。

过3亿人，OTT用户9.55亿人，分别是有线电视实际用户的1.45倍和4.61倍；网民人均日观看互联网视频节目（含短视频）约100分钟，收听互联网音频节目约20分钟。与此相对应，产业收入结构发生深刻变革，传统广播电视广告收入和收视维护费、付费数字电视、有线落地费等传统业务收入比重大幅降低，仅为16.99%，而网络视听收入和广播电视媒体智慧广电及融合业务收入占比达49.76%，同比增长均超过35%。[①] 在两大头部短视频平台，抖音月活跃用户6.44亿人，其中创作者1.3亿人，百万粉创作者投稿量增速211%；快手月活跃用户4.17亿人，创作者1.04亿人，其中获得收入的创作者超过2300万人。网络音频的用户活跃度显著提升，以喜马拉雅为例，月活跃用户规模已达2.5亿人，日均使用时长141分钟，已是传统广播的2.6倍。[②] 在抖音平台，"人民日报""央视新闻"的短视频账号是平台中粉丝量过亿的账号，成为全市场的翘楚。在政策引领和激励下，主流媒体全面挺进短视频的主阵地，加速布局和发展短视频业务。

4.深化供给侧改革，"强体瘦身"仍在继续

2020年11月，国家广播电视总局发布《关于加快推进广播电视媒体深度融合发展的意见》，提出要加快推进频率频道和节目栏目的供给侧结构性改革，坚决解决同质化过剩供给问题；精办频率频道、优化节目栏目、整合平台账号，对定位不准、影响力小、用户数少的坚决关停并转。根据国家广播电视总局2021年9月28日公布的数据，2021年以来，国家广播电视总局已先后批准撤销14个电视频道和7个广播频率，同时批准调整优化了一批专业频率频道。频率频道关停多因为同一广播电视台内部频率频道定位重复、播出内容相近、节目收视乏力、广告经营入不敷出。精简频率频道的最终目的是降低媒体的运营成本，提升频率频道质量。在近两年省级广播电视台的改革中，"精简精办频道"是最大看点，也成为

① 《CNNIC发布第47次〈中国互联网络发展状况统计报告〉》，中国政府网，2021年2月3日，http://www.gov.cn/xinwen/2021-02/03/content_5584518.htm。

② 《CTR：2021中国媒体市场趋势报告》，中文互联网数据资讯网，2021年9月23日，http://www.199it.com/archives/1315347.html。

广电深化供给侧改革的一个突破口。

5. 开展综合治理，遏制过度娱乐化倾向

据新华社消息，2021 年 10 月 29 日，中央宣传部、国家广播电视总局就卫视节目存在的过度娱乐化问题，约谈上海、江苏、浙江、湖南 4 家广播电视台，要求这 4 家广播电视台要深入开展文娱领域综合治理工作，坚决整改过度娱乐化、追星炒星等问题。此次约谈强调，各台要坚持政治家办台，坚持社会效益优先，大力弘扬社会主义核心价值观，更加聚焦新时代火热生活，聚焦新时代奋斗者、劳动者，当好省级广电转型发展“排头兵”。4 家广播电视台表示，要认真落实约谈要求，全面加强整改，用更多高品质的电视节目丰富和引领人民群众的高质量精神文化生活。

作为在国内地方卫视中发展比较好和影响力比较强的卫视，这 4 家卫视的发展对其他地方卫视有着一定的示范和引领作用。这次约谈后，这 4 家电视台做出的调整和回应，也必将会对国内整个电视领域的内容生产产生一定的影响，广电机构将更加注重用更多高品质的电视节目丰富和引领人民群众的高质量精神文化生活，过度娱乐化倾向会得到有效遏制。

三　河北广电业面临的困难及对河北广电业发展的建议

（一）河北广电行业发展面临的困难

1. 广告收入减少，营收渠道亟待开拓

近年来，地方主流媒体多重困难叠加，正处于爬坡过坎、转型发展的关键期。随着新媒体的进一步发展和商业媒体的整合，传统广电媒体电视渠道的营销价值进一步下降，广告客户在广电行业的投放会呈现总额持平或者下降，但是集中度提升的特点。即使 2021 年广播电视广告市场规模有所企稳，但是市场“马太效应”明显，品牌广告投放会出现向央视、湖南广电等强势广电媒体集中的趋势，排位处于中游的河北广电媒体仍然难以从传统的广告渠道获得较高收益，尤其是市级媒体，受区域经济发展水平限制，品牌广告投入更少，广告经营收入仍然会逐年减少，拓展营收渠道已成为最重要的课题。

2. 资金入不敷出，产业投入乏力

随着科技进步与媒体融合发展，技术设备在广电业发展中的基础、支撑作用更加突出，为跟上技术更新步伐、保障安全播出，技术设备更新改造成为必不可少的投入。同时，受人员增加、工资增长、福利提高等因素的影响，人员支出逐年增加，造成资金高度紧张、入不敷出的实际困难，尤其是市级广播电视台，在一些历史欠账还没有得到解决的情况下，一方面广告经营收入下降，另一方面政府购买公益服务、公益文化产品政策迟迟未落地，难以形成良性互动，面临的资金缺口更大，造成媒体融合中硬件基础设施建设不足，阻碍媒体融合的进一步推进。同时，资金困难也影响了产业投入，由于资金短缺，一些市场前景好、利润比较丰厚、依托广电传媒资源的产业缺乏资本投入，成为培育新型业态的直接制约因素。

3. 人才总量不足，高端人才短缺

媒体竞争的关键是人才。河北广电媒体近几年有针对性地通过招聘、学习培训等方式，提高队伍水平，但是一些采编、导演、主持等岗位人才不足问题仍然比较突出。近年来，融合发展、向新媒体阵地转移已经成为媒体人的共识，但是融媒采编、融媒运营高层次人才引进难，很多传统媒体支撑融合发展的关键技术，主要依靠“服务外包”完成，缺乏自己的新媒体技术人才和研发团队，造成地方广电发展后劲不足。

（二）对河北广电业的发展建议

1. 增强服务性，重建与本地受众的深度连接

媒体融合向纵深发展是大势所趋，也迫在眉睫。媒体融合不是简单地把内容搬到互联网上，更重要的是要通过互联网找回流失的受众。地方媒体的目标受众就是本地受众，重建与本地受众的深度连接尤为重要。地方媒体要重新获得本地受众的认可，就需要以开放的姿态了解受众需求，提供实用的生活服务，满足用户的实际需求；通过贴近性的内容让受众获得归属感，通

过形式多样的线下活动为受众提供交往对话的机会，并以此获得受众的认同和支持。例如，在“北京时间”客户端页面上，最显著的位置就是用户生活所需服务，有接诉即办、政务信息、便民服务等，以此来增加用户黏性；湖北省级的新媒体平台“长江云”立足于“深度赋能”，致力于拓展媒体的服务空间。

2. 拓展营收渠道，增强造血功能

事实证明，传统的媒体运营商业模式已不能适应时代的要求，主流媒体应基于当下媒体竞争格局做大自己独特的经营资源，建构“新闻+政务+服务+商务”的运营模式，增强造血功能。一是依托党政服务，推动中央和地方政策的有效衔接与配套，将文化公共资源、社会治理大数据等党政资源首先向主流媒体倾斜。二是推动出台支持融合发展的财税扶持政策，设立广电媒体融合专项扶持资金，探索以混合所有制方式开展“广电+科技+金融+文旅”等新业务模式，不断把主流媒体的独特价值和潜在优势转化为服务优势和竞争优势，促进媒体深度融合。三是创新营收方式，丰富服务产品，做好整合营销、内容运营、融媒技术服务、文旅融合、智慧城市、直播电商、会展展陈等多样化“广电+”服务合作，获得更多价值变现方式和途径。

3. 继续做好文化传播类节目，展示传统文化魅力

文化类节目是河北广播电视台以及部分市级电视台的“强项”，《中华好诗词》《成语天下》《邻家诗话》等多档节目获得受众广泛赞誉。但是，近年来，在央视《中国诗词大会》《国家宝藏》等文化类节目的“挤压”之下，河北省的文化类节目逐渐显露“疲态”。相反，河南卫视在2021年异军突起，从春节的《唐宫夜宴》《元宵奇妙夜》到《清明时节奇妙游》《端午奇妙游》，河南卫视的“中国节日”系列文化节目以传统文化的创新呈现、现代表达，引起广泛关注和热议，形成“破圈效应”，获得社会一致好评。北京卫视则利用本地得天独厚的文化资源，2016年以来先后推出了《传承者》《非凡匠心》《上新了·故宫》《了不起的长城》等一大批文化综艺节目，2021年又推出了《书画里的中国》和《最

美中轴线》。这些将古典与新潮有机融合的节目，成为北京广播电视台节目创意、内容创新的金色名片。

2021 年 8 月 24 日，国家广播电视总局办公厅发布《关于公布 2021 年“中华文化广播电视传播工程”重点项目的通知》。24 个广播电视节目入选“中华文化广播电视传播工程”重点项目并获得资助，其中包括河北广播电视台的广播节目《运河·中国》，显示出河北广播电视台在文化节目上的优势。如何发挥原有优势，加强对传统文化的挖掘，彰显传统文化的深厚底蕴和时代魅力，满足融媒时代受众的文化需求，是广电媒体更艰巨的任务。

B.4

2021年河北省主流新媒体发展报告*

张 旭　曹朝阳　商 棠**

摘 要： 2021年，河北省主流新媒体围绕党史学习教育、抗击新冠肺炎疫情、推动高质量发展等各项重大主题报道工作，推进媒体深度融合发展，增强政务服务商务效能，总体网络传播力和影响力明显提升。河北省主流新媒体在提高营收能力、优化多产业格局、健全媒体深度融合发展体制机制、与成熟的互联网平台比拼影响力等方面还存在一定制约因素。发挥既有平台优势，构建主流媒体传播模板，利用社会治理思维拓展社会功能，注重智慧城市运营，打造智库化平台，仍是河北省主流新媒体的努力方向。

关键词： 媒体融合　数字经济　平台型媒体

一 河北省主流新媒体发展现状

本研究报告关注的河北省主流新媒体主要包括省级融媒体平台——冀云·融媒体中心，主流媒体创办的新闻客户端——“河北日报”客户端、“冀时”客户端、“冀云”客户端、“学习强国”河北学习平台，新闻网

---

* 本文系河北省文化名家暨“四个一批”人才资助项目“地方主流媒体的全媒体转型路径研究——基于长城新媒体的实践探索”阶段性成果。

** 张旭，河北省社会科学院新闻与传播学研究所助理研究员，主要研究方向为新媒体、网络舆情；曹朝阳，长城新媒体集团编委、融媒体部主任，河北省广播电视协会副会长，主要研究方向为新闻业务、新媒体传播等；商棠，长城新媒体集团财经新闻部主任，高级编辑，主要研究方向为媒体融合发展。

站——河北新闻网、河北网络广播电视台、长城网，以及“河北日报”“河北广播电视台”“长城新媒体”的官方微信、微博、头条号等账号。

2021年以来，河北省主流新媒体聚焦移动端，适应互联网传播规律，推出众多融媒体精品力作，积极抢占网络舆论制高点，传播力明显提升；发挥网络平台的资源聚合效力，大力推进“新闻+政务服务商务”的发展模式，不断拓展新型主流媒体的社会功能。

（一）全媒体传播格局逐渐形成，融媒体影响力不断提升

截至2021年10月底，长城新媒体集团全媒体用户总规模近6000万人，新媒体作品总点击量突破60亿次；[①] 截至2021年12月31日，“冀云”系列客户端总下载量突破2500万人，累计访问量超过72亿次。[②] 2021年，长城新媒体集团共有3件作品获得第三十一届中国新闻奖，其中新闻漫画《河北脱贫攻坚图景志》获得二等奖；文字消息（网络）《河北：全国首部反对餐饮浪费地方性法规今起实施》获得三等奖；短视频专题报道《微视频丨雄安·塔吊下的日与夜》获得三等奖，为河北新闻界首次获得中国新闻奖媒体融合奖项。[③]

河北日报报业集团打造全媒体传播矩阵，2020年河北新闻网用户规模超1300万人，在河北省新闻类网站中排名第一；截至2021年10月，新媒体用户数超过1.2亿人，其中河北新闻网的抖音号“冀看点”粉丝超过1300万人，快手粉丝超过500万人。

2021年，河北广播电视台通过新闻“冀时”首发、头条工程建设等手段，做强“冀时”品牌。2021年“冀时”客户端下载量位列全省新闻阅读类App第二，成为河北省2021年下载量增长幅度最大的媒体客户端。

---

① 杨亚红、吴玉秒：《冀云·融媒体平台荣获“王选新闻科学技术奖”一等奖》，长城网，2021年10月28日，http：//report. hebei. com. cn/system/2021/10/27/100801106. shtml。

② 刘朋朋等：《冀云客户端总下载量突破2500万　河北媒体深度融合跑出加速度》，“冀云”客户端，2022年1月1日，https：//jiyun. hebyun. com. cn/pages/2021/12/23/f73d4eb9ebd24bc68188db24e9c728b3. html？vTime=27354522。

③ 韩伟、张亚宁：《长城新媒体三件作品荣获中国新闻奖实现河北媒体融合奖项突破》，长城网，2021年11月7日，http：//heb. hebei. com. cn/system/2021/11/07/100808544. shtml。

（二）做好重大主题报道，壮大网上主流舆论

1. 全媒体联动，深入阐释习近平新时代中国特色社会主义思想

长城新媒体集团推出系列报道《河北！从“新”出发·向总书记报告》、融媒体报道《践行嘱托 大步走在春光里》和系列微视频《阜平故事》等，对党的十八大以来习近平总书记到河北考察调研和回信涉及的地方进行回访，反映河北广大干部群众牢记总书记嘱托、砥砺奋进的精神风貌；2021年全国两会期间，推出交互作品《两会学习一点通》，以“时间轴+关键词”形式集纳总书记重要讲话精神；推出“学习‘一得录’”专栏，阐释总书记重要讲话精神。

2021年8月，习近平总书记在承德考察期间，长城新媒体集团推出“长城大视野丨跟随总书记的脚步”系列报道，回顾总书记关心生态文明、民生、文化、民族团结等重要论述，被“学习强国”总平台专题集纳；后续又推出反响报道和系列评论，持续营造舆论氛围。河北日报在新媒体平台刊发总书记考察承德相关纪实报道，开设专栏专题，推出《推动绿色发展 切实筑牢京津生态屏障》等9篇融媒体回访报道和8部微视频，展示总书记考察期间的动人场景、生动细节和重要指示。

2. 深挖河北红色资源，推动党史学习教育宣传报道走深走实

冀云·融媒体平台打造“扎实推进党史学习教育·经验交流汇”专题，展现河北各地党史学习教育实况；推出《雄关漫道真如铁——百年风华图景志》，用“手绘长卷+视频”再现中国共产党百年风华，全网总浏览量6600万次；面向青年推出“老英雄红色故事报告会”，获中宣部肯定；研发手游作品《地道战·绝境奇袭》，将党领导人民进行革命斗争的历程植入游戏，让红色基因融入青年血脉；推出“百名青年读党史 云端接力诵《决议》”活动，被“学习强国”总平台专题集纳；开展《岁月征程》歌曲创作传唱活动，歌曲MV全网传播总量达5亿次。河北日报推出“沿着高速看中国”系列新媒体产品，讲好红色故事；融媒体报道《河北为什么这样“红”》，赞颂5位荣获“七一勋章”的河北人事迹，全网阅读量超1.3亿

次；联合团省委宣传部推出“新青年对话老党员”专题报道，截至2021年11月10日已推出86期。

3. 融媒交互，全国两会、河北省两会宣传报道亮点纷呈

2021年全国两会报道中，冀云·融媒体平台搭建“中央厨房”，省直三家主流媒体可以共享共用报道素材；长城新媒体集团推出长图《全国政协常委会工作报告来了》、H5作品《时光留声机：致5年、15年后的自己》，运用“冀小蓝”“冀云采”全息云访谈等新技术，“云”上采访代表委员，4次受到中宣部表扬。河北日报共发布全国两会新媒体报道3017篇（条），全网传播量2.77亿次，其中，关注脱贫的实景手绘H5作品《沿着总书记足迹　迈向乡村振兴》受到中宣部表扬。河北广播电视台推出一系列H5、短视频、动画等可视化产品，策划“奋进新征程——聚焦2021全国两会”专题和“两会要闻”“两会时评”等9个专栏，推出14场网络视频直播，聚合多形态优质内容，提升新媒体宣传效果。

4. 围绕“三件大事”，全媒体呈现美丽河北发展图景

长城新媒体集团推出纪行式报道《协同发展，再向广深行》，报道河北推进京津冀协同发展成效；MG动画《数说·京津冀协同发展这七年》，精选40组典型数据，直观展现京津冀协同发展在交通运输、产业优化、污染防治、脱贫攻坚等方面的重大成就。

雄安新区成立四周年之际，长城新媒体集团推出“雄安探‘新’”系列报道，原创三维视频《瞰见雄安》被“学习强国”等多家中央级及地方媒体转载。河北日报全媒体平台推出短视频《老张的雄安新生活》，跟踪采访雄安新区普通居民，展现雄安新区的民生变化；互动游戏《一起来建未来之城》，引导用户在参与交通、市政、教育、医疗设施建设等任务中体验雄安新区建设成就，富有吸引力和互动性；H5作品《壮哉！这幅雄安画卷值得收藏》以图片和水墨画的形式展现雄安新区四年来各项重点工程建设情况，给受众带来强烈的视觉艺术感。

为迎接北京冬奥会，长城新媒体集团上线冬奥会新闻宣传媒体素材库，升级“冀云”客户端“冬奥”频道，建成全国首条冬奥“流媒体”信息

流；手绘长卷《河北筹办冬奥进行时图景志》被“学习强国”总平台转载；启动“冬奥在河北”直播，实时展现河北筹办冬奥相关动态；策划“河北冰雪会客厅”“720°全景看冬奥”系列视频，介绍崇礼重要场馆、地标建筑等建设情况。中国新闻社联合河北三家省直主流媒体等开设“冬奥问‘冀’”新媒体栏目，全方位展现河北筹办冬奥、备战冬奥的历程和成果。

5. 注重可视化呈现，助力脱贫攻坚报道

长城新媒体集团推出 H5 作品《老乡说小康丨这份牵挂，温暖了时光》《“习爷爷，请听我说!”》，采用漫画、全景 VR 等方式展现脱贫攻坚历程。河北新闻网推出长图《脱贫攻坚战全面胜利！总书记这些金句直抵人心》，全网阅读量 271 万次；《微视频丨河北战贫》用数据讲故事，精准反映河北省脱贫攻坚成效，全网阅读量 383 万次；《动漫微视频丨河北脱贫的数字“密码”》被近 40 家省内媒体和中央驻冀媒体同步转发，总阅读量 245.2 万次。

（三）强化技术驱动，打好疫情防控新闻宣传战

2021 年 1 月初，河北省石家庄市、邢台市、廊坊市突发新冠肺炎疫情，河北省主流新媒体强化技术驱动，调动全平台精干力量、全天候发布各类信息，成为网上舆论主阵地、社会信息聚集枢纽和政务民生等综合服务平台。长城新媒体集团 1 月 2～31 日共刊发疫情相关报道 1.8 万多篇，累计阅读量 25.8 亿次。1 月 5～17 日，“河北日报”官方微信公众号日均总阅读量由 32 万次增长到 256 万次，是日常水平的 8 倍；10 万 + 稿件累计 74 篇，各项影响力数据位居全省所有微信公众号和全国地方党报微信公众号第一，“河北日报”抖音号发布的多条与疫情相关报道阅读量超千万次，最高阅读量 1534 万次。截至 1 月 27 日，河北广播电视台新媒体报道全网总浏览量 48.82 亿次，“冀时”客户端新增用户超 30 万人；截至 2 月 10 日，河北日报报业集团全媒体平台发稿 3.7 万余篇，总阅读量 57.91 亿次，近百篇报道点击量过千万次。

1. 打造权威渠道，传播主流声音

长城新媒体集团在各端口显著位置开设“全力以赴打好疫情防控歼灭

战”专题，推出海报、H5、视频等各类疫情防控信息。冀云·融媒体平台聚焦省内近百场新闻发布会，与多家省内外媒体建立网络直播矩阵，平均每场全网观看量超1800万次。“河北日报”客户端根据发布会要点推出快讯，配发评论和深度解读，形成传播合力；2021年1月13日起，“河北日报”客户端“独家”栏目刊发《石家庄现5次“假阴”转阳案例，如何解读？专家回应三个关键问题》《农村为何成疫情“重灾区”，如何加强防控专家分析来了》等17篇原创新媒体深度报道，传播权威声音，总点击量达1180万次。

河北省主流新媒体借助直播，全天候发布信息。1月6~28日，长城新媒体集团开设直播40余场，记者深入抗击疫情一线，前往石家庄市第五医院、南宫市等地进行采访，带来独家报道，发布4000多条新媒体产品；1月6日石家庄第一次全员核酸检测，长城新媒体记者凌晨三点发出独家报道，2小时内阅读量超600万次。河北日报报业集团新媒体平台连续23天推出直播《全力以赴！直击河北疫情防控现场》，策划《守望石家庄 静待重启日》等4场24小时慢直播，观看量累计超9000万次。河北广播电视台新闻综合频率新媒体各平台总浏览量突破3.31亿次。

2. 突出鲜明观点，有力引导网络舆论

长城新媒体集团“长城评论”推出“抗疫快评”系列，刊发《多份自律，别给疫情防控添堵添乱》《人在哪里，春节就在哪里》《“暂停”到“重启”，不是简单的一键切换》等快评，突出鲜明观点，主动应对热点话题。河北日报报业集团推出一系列评论阐释省委决策部署，发出权威声音；《值班老总读报》连续推出9期抗疫特别节目，盘点当天要闻，增强公众信心，全网总播放量超过2500万次；策划“抗疫快评”专栏，邀请《北京日报》《解放日报》等全国20家党报撰写快评23篇，全网总阅读量超9000万次。

3. 挖掘暖人瞬间，讲好抗疫故事

长城新媒体集团推出《鞠躬女孩：我想亲口说声谢谢你》微视频，抓住石家庄一位小女孩测核酸后向医务工作者鞠躬的瞬间，迅速刷爆朋友圈；策划《战疫红》《天使白》和《谢谢你！快递小哥》《谢谢你！黄庄建设者!》等上百幅人物海报和短视频，留下珍贵战“疫”影像，被各级媒体转发，总传播量超1亿次。河北日报报业集团发布《暖心！库尔勒倾“馕”相助石家庄》等多部微视频，被央视、人民日报等中央媒体转发，《防疫小哥跳舞暖身坚守岗位》为坚守在抗疫岗位的工作者点赞，全网播放量达到1.4亿次，《认识一下，我就是“热搜”中的河北人》，刻画了“人狠话不多”“心存大义”“不怕吃亏”的河北人形象，全网阅读量近9000万次。河北广播电视台推出短视频《河北省体育馆搭建火眼实验室》、H5《致敬最美》等作品，强化可视化传播，向一线奉献者致敬。

4. 提高服务能力，优化平台功能

冀云·融媒体平台开设“冀云时间·共同战疫”频道，各类信息第一时间向全省147个县级融媒体中心统一推送；升级“河北疫情实时动态”“周边疫情”“确诊病例轨迹”等大数据可视化实时查询产品；开辟“我们在一起！河北同心战‘疫’疫情求助绿色通道与暖心事爆料通道”，10余天为群众帮办1500余件困难事；石家庄、邢台等地区闭环管理后，率先推出接龙小程序，请广大网友上传各自社区附近的医疗、药店、商超配送等服务网点信息。河北日报报业集团协助有关部门及时预判舆情风险，提出处置引导建议，发布辟谣类、科普类稿件120多篇，总点击量达2650万次，同时在河北新闻网“阳光理政”平台开辟疫情求助专区，回应网民留言500余条。

（四）推进“新闻+政务服务商务”，增强综合服务效能

河北省主流新媒体推进“新闻+政务服务商务”发展模式，做强舆情、大数据等信息服务，为政府部门提供智力支持；拓宽民生服务平台服务范围，回应群众关切，更好地引导、服务群众，提升基层社会治理水平。

1. 打造“媒体+”内容聚合平台，完善政务民生服务功能

聚合政务资源，实现优质公共服务共享。2021年，“冀云”客户端“问政河北”平台推出供暖、讨薪等专栏，被评为“2021年河北省践行网上群众路线典型案例”；上线河北“扫黄打非”举报平台、社区综合治理“红色

管家”、“党员帮办微心愿”平台等，构建融媒体新生态格局。全省 5000 多家党政部门和民生单位入驻河北日报报业集团的河北新闻网“阳光理政”平台，全天候接收网民留言，解决实际问题，截至 2021 年 5 月，累计解决诉求超 21 万件，还利于民资金超 8 亿元；推出“我为群众办实事”民声直通车，6000 余家党政部门和民生单位线上倾听群众意愿，线下为民办实事，截至 11 月 10 日，收到群众帮办诉求 64209 件，55945 件已解决。

2. 探索“新闻+”运营模式，提供全媒体信息商务服务

发挥主流媒体品牌优势，开展全媒体信息商务服务。2021 年，长城新媒体集团与科技日报社在内容制作推广、“新闻+政务服务商务”运营等方面开展战略合作；与河北大学、河北政法职业学院实施战略合作，建设高校主流思想舆论阵地。2021 年，河北日报报业集团与河北广电信息网络集团合作，探索媒体融合高质量发展；河北新闻网搭建河北数字经济网，围绕重大议题进行创意策划，先后承接全国梆子声腔优秀剧目展演、河北省农产品创意设计大赛、多地旅发大会等项目。

3. 开发“技术+”服务市场，优化公共智库服务

新媒体具有技术领先的发展优势。2021 年，河北省主流新媒体在人工智能、大数据开发应用等领域不断突破，先进技术的赋能作用更加显著。长城新媒体集团研发虚拟主播、智能短视频等 AI 应用，推出智能穿戴采访设备，实现采访过程前后方的无缝衔接。河北日报报业集团上线县级媒体融合微服务云平台，通过对接阿里云、腾讯 AI、百度大脑等，实现智能搜索、智能识别等功能，助力内容生产。河北广播电视台 2021 年启动“冀时”全媒体平台建设，将人工智能运用在新闻生产各环节。

在大数据技术方面，长城新媒体集团建立数据挖掘分析平台，开发智能视频聚合系统、VR 云展厅系统等，实现云上场景数字化。河北新闻网舆情中心 2021 年升级智能舆情监测平台，实现互联网信息挖掘定制、舆情监控与分析，整合独有数据和专家资源，建立案例库，为政府和企业提供舆情分析研判、处置修复、形象维护等服务。

二　河北省主流新媒体建设的短板弱项

（一）持续深化改革成效显著，但推进媒体深度融合发展的体制机制仍需完善

长城新媒体集团强化策划推动采编流程再造，以先进技术赋能融合创新，丰富传播形态，改革干部人事和薪酬绩效分配制度，激发创新创造内驱动力，取得了一定成效。但目前来看，推进媒体深度融合发展的体制机制还需进一步完善，一是关键技术存在短板。新媒体技术人才和研发团队略显薄弱，人才队伍需进一步优化，全媒体经营管理人才、技术研发人才和市场营销人才比较短缺。二是硬件投入不足。新媒体渠道建设和新设备的投入都需要海量资金，目前的资本运营模式不足以完全解决这个问题，基础设施建设不足，阻碍媒体融合的进一步推进。

（二）打造平台型主流媒体初见成效，但与互联网商业平台相比需进一步增强影响力和提升价值

在规模经济主导的流量争夺战中，面对互联网公司的技术、资本、市场洞察优势，地方主流媒体面临巨大挑战。由于大量用户流向互联网商业平台，主流新媒体的市场规模不断收缩，影响力减弱。

主流新媒体和互联网商业平台的性质、特点、价值逻辑、诉求均有差异。主流新媒体是通过特定的价值引导整合社会资源，实现自身的社会、文化及政治价值；互联网商业平台是在开放、连接、积累、迭代中服务用户来实现商业价值。在一定层面上看，河北主流新媒体在与互联网商业平台竞争中不占上风，尤其与字节跳动、快手这些智能化平台相比，仍然有较大差距。

（三）新媒体产业发展迅速，但多业态发展格局仍需优化

2021 年以来，长城新媒体集团以县级融媒体建设、新时代文明实践中

心建设、新型电商等为主要内容的新媒体收入占总营收的2/3左右，瞄准新媒体产业发展趋势，依托技术优势，在新媒体运维、舆情、政务、商务服务等方面持续发力，初步形成多业态产业发展格局。但目前河北省主流新媒体的产业格局仍需进一步优化，基于5G、AR/VR、人工智能、云计算、物联网、区块链、大数据等先进技术的产品仍不够丰富，产业发展的转型力度仍需加大。

（四）各项经营指标有所提升，但经营创收能力仍需增强

2021年以来，长城新媒体集团新型传播平台建设取得新进展，截至2021年11月，“冀云”系列客户端累计访问量超60亿次，平台影响力的增强带动各项经营指标持续攀升。通过强化经营管理，长城新媒体集团总资产、净资产成倍增加，国有资产保值增值率和净资产收益率稳居省属国有文化企业首位。但目前包括长城新媒体集团在内的河北省主流新媒体还处于快速发展期，经营创收能力仍需加强。一是在技术研发、设备采购、人才引进、队伍建设等方面投入大，平台聚集的政务、服务、商务资源的使用场景有待进一步扩展，在拓展技术服务、政务服务、商务服务，加快产业发展上还需进一步提速；二是需要持续加大资金投入力度，新媒体平台的开发与迭代、产品运营等运维成本较高，仅靠现有的创收渠道，很难完全满足平台建设运营、人才吸引、技术研发、产业布局等方面的需要。

三　河北省主流新媒体提质增速的发展机遇

（一）数字经济成为构建新发展格局的重要推动力

“十四五”规划提出，要加快构建以国内大循环为主体、国内国际双循环相互促进的新发展格局。数字经济是构建新发展格局的重要战略性力量，是国家经济发展提质升级、增强经济竞争力、促进国内外协同发展的重要引擎。河北省重视数字经济发展，从政策体系出发，出台《河北省数字

经济发展规划（2020－2025年）》等政策和制订20个专项行动计划支撑本地数字经济发展。数字经济在国民经济中的地位进一步凸显。2020年，河北省数字经济规模达1.21万亿元，占GDP比重达33.4%。[①]

传媒业已经成为数字经济高速发展的骨干力量和基础建设重要参与者。中国互联网络信息中心（CNNIC）发布的第48次《中国互联网络发展状况统计报告》显示，截至2021年6月，我国网民规模达10.11亿人，网民使用手机上网的比例为99.6%。[②] 如此庞大的网民规模为新媒体产业的高速发展打下了坚实基础，传统主流媒体加速布局自身的产业数字化转型，如"央视频"客户端、"人民日报"客户端、"新华社发布"客户端等通过搭建自主平台，实现传统业务的升维；《南方都市报》、南方财经全媒体等通过数据化智库转型，为所在区域提供数字化治理产品和服务；江阴传媒集团、瑞安日报有限公司等通过布局当地的智慧城市运营，参与城市数字化建设。[③] 这些都为河北省新媒体产业数字化转型提供了很好的借鉴。

（二）高新技术加速改变网络生态与传媒业态

2021年，河北省重视新型基础设施建设，为数字化转型提供重要支撑，加快5G发展布局，截至2021年8月，建成开通5G基站3.7万个，5G终端用户达2087.8万户；[④] IPv6流量显著提升，截至2021年11月，河北省移动网络IPv6流量占比超20%，固网IPv6流量同比提升超20%。[⑤] 鼓励人工智

① 米彦泽：《2020年河北数字经济规模达1.21万亿元》，河北网信网，2021年12月20日，http://www.caheb.gov.cn/system/2021/12/20/030133194.shtml。

② 《第48次〈中国互联网络发展状况统计报告〉》，中国互联网络信息中心网站，2021年9月15日，http://www.cnnic.net.cn/hlwfzyj/hlwxzbg/hlwtjbg/202109/t20210915_71543.htm。

③ 郭全中：《传媒企业已是数字经济建设骨干力量》，《中国新闻出版广电报》2021年9月14日。

④ 《河北管局积极推进IPv6流量提升 提前完成2021年任务目标》，河北省通信管理局网站，2021年11月6日，https://hbca.miit.gov.cn/xxgk/txfz/art/2021/art_5e48572d1d2f493f8788f5d286c124f0.html。

⑤ 《2020年河北数字经济规模达1.21万亿元》，河北网信网，2021年12月20日，http://www.caheb.gov.cn/system/2021/12/20/030133194.shtml。

能与实体经济深度融合，发展智能经济，出台《推动新一代信息技术与制造业深度融合加快工业互联网创新发展导向目录（2021 年）》，大力支持工业互联网网络、平台建设，在关键领域数字化赋能，[1] 利用高新科技提升效率与生产力，提高信息技术普惠性。

在媒体领域，5G、人工智能、大数据、云计算等新兴技术、高新技术的应用在发展中不断嵌入媒体融合进程，驱动传媒变革，特别是新冠肺炎疫情这个“黑天鹅事件”的突然发生，使技术激发了媒体的数字化、智能化转向，出现许多媒体融合新业态、新模式，多种技术的合作与叠加成为媒体融合技术应用的新趋势。

（三）媒体深度融合处于战略机遇期与关键窗口期

近年来，国内媒体融合经历了 1.0 时期，即通过多媒介终端打造一次采集信息、多层平台发布的形式，扩大主流媒体传播声音。之后媒体融合进入 2.0 时期，媒体强调重视利用用户思维，凭借社交平台开放、连接的社会性传播广度达到立体传播的效果。无论是 1.0 时期还是 2.0 时期，更多的是相加而不是相融，整体来看，媒体融合发展成效仍有待加强。

实现媒体深度融合发展是建设新型主流媒体的重要命题，其中一个重要路径，就是推动主流媒体向平台化转变，提升自身影响力。目前来看，国内较成熟的新媒体平台有内容型、服务型、渠道型三大类，内容型平台有人民日报“中央厨房”、新华社“现场云”、中央广播电视总台“央视频”等，服务型平台有浙江日报报业集团旗下的浙江政务网、东方网旗下的媒体综合服务平台，渠道型平台有湖北广电网络、安徽广电网络等。对于地方主流媒体来说，融合不再限于内容、渠道、终端、机构等单一领域，开始向整体融合进行多样化探索。

---

① 《河北省推动新一代信息技术与制造业深度融合》，河北网信网，2021 年 11 月 6 日，http：//www. caheb. gov. cn/system/2021/11/08/030124728. shtml。

四　推动河北省主流新媒体建设的对策建议

（一）深刻理解数据思维和社会治理思维，进一步拓展社会功能

中宣部媒体融合专家组成员宋建武曾指出："中央和习近平总书记所提出的媒体融合的意义和价值远远超过了业界在实践过程中体现出来的认知水平，这一方面的认知差距迫切需要在发展中缩小。"[①] 主流新媒体建设需要在思维上转型，一方面是要深刻理解数据思维，在"数据霸权"和算法驱动的智能化时代，主流新媒体要充分利用大数据和智能的算法驱动社会传播，通过对数据源的掌控、数据价值的挖掘、数据算法的应用为整个社会提供供需匹配的、场景适配的内容生产，同时整合相关各个领域的资源，实现社会协同。另一方面是深刻理解社会治理思维。主流新媒体的建设不只是为传统媒体找出路，更重要的是切实做好意识形态工作，进一步稳固党的执政基础。主流新媒体要站在时代的高度，在新时代社会发展和治理的过程中把握自身定位和社会功能，成为社会发展治理的基础平台。

（二）发挥既有平台优势，构建主流媒体传播模板

未来的传媒业发展不再局限于内容生产与传播，更重要的部分是参与"非内容"的社会与行业的媒介化过程。互联网赋予每个用户发表观点和诉求的机会与路径，作为传统"发声器"的主流媒体应意识到身份和功能的转变，发挥深厚的专业优势，从信息生产实践者到信息传播平衡者，构建新型传播模板，将直接从事内容生产的模式，转向为内容生产者提供支持与价值服务的模式，为大众打造更加便利的流程式传播模板，赋予那些本不具备信息传播技术的人们便利、专业表达的能力，以适应公众表达欲望和表达需求。

---

① 《中宣部媒体融合专家组成员宋建武：媒体融合发展或在今年见真章!》，"新华网"百家号，2020 年 4 月 10 日，https：//baijiahao. baidu. com/s？ id = 1663553296939718205&wfr = spider&for = pc。

（三）注重智慧城市运营，建立深度跨界连接

媒体天生具有社会枢纽属性，随着互联网快速发展，媒体逐渐从单一信息传播属性被赋予重新建构社会关系、社会公共领域、社会共识及社会共同体再造的价值平台。[①] 作为党和政府执政工具的主流新媒体，未来应该在社会的新中枢——智慧“城市大脑”的运营中获得更大的用武之地。在大数据和人工智能技术催动下，一些媒体集团已经进行了探索。如浙江日报运用大数据、云计算等前沿技术参与杭州“城市大脑”的建设，推动城市管理手段、模式、理念创新，完善“城市大脑”体系，在智慧城市建设、智慧交通、智慧医疗、智慧教育等方面，为社会提供更多有价值感和体验感的便利场景应用，让城市管理更聪明、更智慧；[②] 苏州广电参与苏州的城市媒体融合全模式，综合运用“互联网＋网格”手段，增强“社会协同”与“公众参与”，推动治理主体由单一的政府向由党政组织、自治组织、市场和社会组织等其他社会主体共同组成发展。

（四）强化人才主导意识，改革完善人事人才制度

当前互联网平台已经实现了“连接一切”，但此后这种以“技术逻辑”为核心的发展模式依然需要回归“以人为本”。对处于融合发展加速期的主流媒体而言，人才管理工作机制与新媒体发展规律的适应性直接影响新型主流媒体建设的进度与效果，需要不断深化人才人事机制改革，通过管理机制、激励机制和晋升机制的完善和革新，发挥新媒体优秀人才的主导作用。

---

① 杨海军：《新媒体传播与超大城市治理的实现路径研究》，《新媒体与社会》2018 年第 1 期。

② 申永生：《唯实惟先，以“城市大脑”建设有效推进媒体深度融合》，《传媒评论》2021 年第 4 期。

参考文献

唐绪军等：《媒体深度融合：中国新媒体发展的新格局》，载唐绪军、黄楚新主编《新媒体蓝皮书：中国新媒体发展报告 No. 12（2021）》，社会科学文献出版社，2021。

喻国明：《媒体融合实践中主流媒体的转型之道》，载崔保国等主编《中国传媒产业发展报告（2021）》，社会科学文献出版社，2021。

赵兵：《建设新型传播平台：媒体深融的“关键一招”》，《传媒评论》2021 年第 4 期。

B.5 2021年河北省图书期刊业发展报告

金 强 魏志鹏 马 智*

摘 要： 2021年，河北省图书期刊业在时代变革中砥砺奋进，围绕迎接并献礼建党百年这一主线，出版了大批优秀主题出版物；冬奥相关题材图书成为市场关注的热点。期刊出版处在变革调整期，多项指标出现升降波动，投入产出比以及影响力指标在低位运行。新冠肺炎疫情反复和常态化防控促使图书期刊业进行深层次结构调整，出版企业艰难探索产业发展新增长点，顺势更新发展理念。河北省图书期刊业应苦练内功，充分利用现有资源，拓展区域和国别视角，寻找“十四五”时期行业发展的关键着力点。

关键词： 图书 期刊 出版

一 2021年河北省图书出版业的成绩与亮点

2021年，河北省图书出版业立足时代背景、突出本土特色，提升图书选题策划能力，完善出版发行渠道，创新产品推介展销方法，高质量出版物的生产力、影响力持续增强。河北出版传媒集团全年共有220余种出版物或

* 金强，河北大学新闻传播学院编辑出版系副主任、副教授，主要研究方向为编辑出版；魏志鹏，河北大学新闻传播学院硕士研究生；马智，编审，疑难病杂志社社长、主编，兼任河北省科学技术期刊编辑学会理事长，担任《中国科技期刊研究》《医学情报工作》等10余种杂志的副主编、编委。

选题获得了中国出版政府奖等国家级和省级奖项，入选全国重点出版选题、项目、规划和推荐书目。扎实推进融合出版工程建设，开展新华书香节、阅知行和爱国主义读书教育活动等文化惠民工程，实现经济效益和社会效益双向增长。

（一）重要出版业务

2021 年，河北出版传媒集团为庆祝中国共产党成立 100 周年、中国全面建成小康社会，组织出版了一批重点主题出版物，如河北人民出版社《百年圆梦——全面建成小康社会》《中国共产党百年发展历程》《铭记——我的小康志》、河北少年儿童出版社《一个女孩朝前走》《闪耀的红星——红色革命英烈故事系列丛书》、河北教育出版社“最美奋斗者”丛书、河北科学技术出版社《百年科技强国路》等。

2021 年，河北出版传媒集团为 2022 年北京奥运会预热，策划出版一批图书，如方圆电子音像出版社《冰天雪地的美好遇见——冰雪运动文化七讲》《冰雪运动》《冬奥百科》等。

2021 年 2 月 1 日，河北出版传媒集团 3 种图书入选国家出版基金资助项目名单，即河北人民出版社《中国特色社会主义政治制度建设》、河北少年儿童出版社《红色记忆里的博物学》、河北科学技术出版社《中国高海拔宇宙射线研究》。

2021 年 4 月，河北少年儿童出版社《特种兵学校》第七季面市。该系列图书 2021 年共销售 160 万册，销售码洋超过 4000 万元，其中第一季至第五季 2021 年共销售 40 万册，销售码洋超过 1000 万元。

2021 年 5 月，河北教育出版社《中国民间故事通览》面市。该书编著历时 5 年，共 5 卷，约 240 万字，涵盖 2400 余则中国古代民间故事和 2800 余则中国现当代各民族民间故事，是一部规模较大的专业性工具书，兼有学术性、知识性、文艺性和资料性，将成为中国民间故事研究的重要文献资料。

2021 年 7 月 30 日，河北出版传媒集团 4 种图书入选中宣部 2021 年主题出版重点出版物选题目录，即河北少年儿童出版社《劳动赞歌》、河北教育出版社“最美奋斗者”丛书、河北冠林数字出版有限公司《科学报国——功勋科学家的赤子心》、方圆电子音像出版社《中国高铁　巨龙飞腾》。

2021年9月18日，河北人民出版社《中国文化对欧洲的影响》入选2021年国家社科基金中华学术外译项目推荐选题目录。目前，河北人民出版社已就该书的英语、葡萄牙语及德语三种语种立项并提交了项目申请书，意向合作出版社为德古意特出版社与阿威罗出版社。

2021年10月9日，燕山大学出版社《红桥——王尽美在山桥》入选国家出版基金“回望建党百年”专项资助项目名单，是河北省2021年唯一入选国家出版基金专项资助项目名单的项目。

2021年10月9日，方圆电子音像出版社有限责任公司“方圆特教——智障儿童无障碍辅助教学融合出版云平台”① 入选国家新闻出版署2021年度出版融合发展工程数字出版精品遴选推荐计划。河北人民出版社“冀人版国家课标小学《科学》教材新媒体资源开发项目”获数字出版精品遴选推荐计划提名。

（二）主要获奖情况

2021年4月9日，河北省内出版与发行单位共34种出版物入选国家新闻出版署2021年农家书屋重点出版物推荐目录（见表1）。

表1　2021年农家书屋重点出版物推荐目录河北省入选图书（部分）

出版单位	入选种数	入选书目
河北少年儿童出版社	13	“童年中国”书系(7部)、《劳动赞歌:劳动最光荣》、《劳动赞歌:劳动最崇高》、《劳动赞歌:劳动最伟大》、《劳动赞歌:劳动最美丽》、《新中国70年中国儿童电影发展史》、《影画中国·童心向党·开天辟地》
河北人民出版社	3	《文化乡村》《有根乡村》《生态乡村》
河北科学技术出版社	5	《现代肉牛高效健康养殖问答. 二》《健康知识科普手册》《危险就在宝宝身边:儿童居家环境安全排查与指导手册》《嫦娥飞天:中国人的太空探索之路》《北斗导航:高精度全球卫星定位系统》

① 该项目为2015年度国家出版基金资助项目。

续表

出版单位	入选种数	入选书目
河北美术出版社	3	《英雄儿女：杨根思》《英雄儿女：黄继光》《英雄儿女：战斗在322高地》
方圆电子音像出版社	6	《大众医疗器械科普动画》《好人365故事：青少版．第三季·孝老爱亲》《好人365故事：青少版．第三季·助人为乐》《好人365故事：青少版．第三季·敬业奉献》《好人365故事：青少版．第三季·见义勇为》《好人365故事：青少版．第三季·诚实守信》
燕山大学出版社	1	《长城：追问与共鸣·修订本》

资料来源：《国家新闻出版署关于印发〈2021年农家书屋重点出版物推荐目录〉的通知》，国家新闻出版署网站，2021年4月9日，https：//www. nppa. gov. cn/nppa/contents/279/75922. shtml。

2021年7月29日，河北出版传媒集团1家单位、2位出版人、6种图书入选中国政府出版奖。河北省新华书店有限责任公司获先进出版单位奖，河北科技出版社胡占杰编辑、河北美术出版社田忠编辑获优秀出版人物奖。河北教育出版社《中国民间文学史》、河北美术出版社《人民的艺术——中国革命美术史》获图书提名奖。河北冠林数字出版有限公司《匠心》、河北教育音像电子出版社《王羲之王献之书法全集》获电子出版物提名奖。

2021年9月26日，河北出版传媒集团4种图书获首届全国教材建设奖①。河北美术出版社义务教育教科书《美术》三年级上、下册（第1版）获全国优秀教材（基础教育类）一等奖。河北美术出版社义务教育教科书《美术》五年级上、下册（第1版）、河北人民出版社义务教育课程标准实验教科书《科学》六年级上、下册（第2、3版）、河北教育出版社《综合实践活动》（广西适用）小学三年级至六年级共8册（第1版）获全国优秀教材（基础教育类）二等奖。

---

① 全国教材建设奖由国家教材委员会主办、教育部承办，面向大中小学教材建设各领域各环节实施，分设“全国优秀教材”（分为基础教育、职业教育与继续教育、高等教育三个大类）、“全国教材建设先进集体”、“全国教材建设先进个人”三个奖项，每4年评选一次。2021年9月，国家教材委员会发布了首届全国教材建设奖奖励名单。

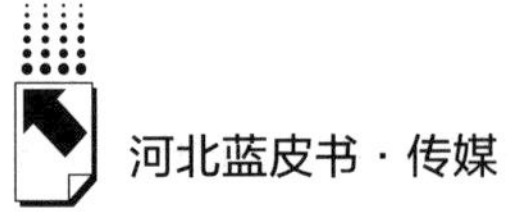

（三）其他相关荣誉

2021 年，河北出版传媒集团《名编荐书》短视频栏目，积极推进栏目内容升级和形式创新，力争打造集团公司文化新 IP，被“新华社”客户端和“学习强国”总平台多次转载，总阅读量超 1600 万次，入围河北省互联网传播精品生产扶持项目。

2021 年，河北大学出版社策划出版的中国共产党建党 100 周年主题图书《李春雷短篇报告文学精选》《中华善字经》被“学习强国”总平台推介。

2021 年，河北少年儿童出版社《妈妈变小的日子》、河北人民出版社《中国共产党百年发展历程》、河北少年儿童出版社《一个女孩朝前走》先后入选中国图书评论学会 2021 年 2～3 月、6 月、8 月中国好书榜单。

2021 年 2 月 4 日，河北大学出版社《春节旧事》获 CCTV－10 科教频道《读书》栏目推荐。

2021 年 10 月 15 日，河北科学技术出版社《健康知识科普手册》入选中宣部 2021 年“农民喜爱的百种图书”①。

2021 年 11 月 12 日，河北少年儿童出版社《一个女孩朝前走》入选中宣部出版局“书映百年伟业——庆祝中国共产党成立 100 周年好书荐读”② 11 月书单。

（四）发行及宣传活动

2021 年 3 月 1 日，河北省新华书店各门店开启“忆辉煌史诗 赞初心不渝·庆祝中国共产党成立 100 周年”图书联展活动，活动甄选《论中国共产党历史》《中国共产党简史》《知之深 爱之切》等一批主题图书重点推

① “农民喜爱的百种图书”是中宣部、农业农村部和国家乡村振兴局主办的 2021“新时代乡村阅读季”的活动之一，中宣部印刷发行局指导，中国新闻出版传媒集团有限公司承办。推选活动自 2019 年启动，2021 年已是第 3 届。

② “书映百年伟业”是中宣部出版局联合有关单位和部门共同开展的荐书活动，活动时间为 2021 年 4～12 月，每月公布当月推荐书单。

介。“新华优选”网上商城首页也同步设置建党 100 周年主题专区，进行重点图书推荐，实现线上线下云联动。相关活动持续至 2021 年 12 月 31 日。

2021 年 4 月，中共河北省委党史研究办公室、河北省李大钊研究会、乐亭县李大钊纪念馆、河北新闻网联合制作的主题网站“永远的李大钊”上线，以纪念中国共产党的主要创始人之一李大钊。燕山大学出版社应邀在该网站连载该社出版的《李大钊评传》，并重印《李大钊评传》一书，向广大读者宣传李大钊的生平事迹、丰功伟绩及光辉思想、伟大精神。

2021 年 4 月 23 日，河北出版传媒集团组织图书作者和优秀编辑积极参与由河北省图书馆联合河北广播电视台策划推出的《冀图悦读》栏目，助力推进全民阅读，为社会营造浓厚的读书氛围，引导公众养成“爱读书、多读书、读好书”的良好习惯。

2021 年 7 月 3 日，河北出版传媒集团主办“书阅百年——庆祝建党 100 周年冀书创新阅读系列活动”。活动以集团近年推出的精品主题出版物为依托，从不同角度回顾和展现了中国共产党的光辉历史和发展历程，包括围读会、观影讲书会、《人民的艺术》特别展暨冀美主题出版成果展、《名编荐书》进校园、冀版主题图书书评大赛、冀版献礼图书系列深度报道等。

2021 年 10 月 22 日，河北出版传媒集团在“第九届惠民阅读周暨 2021 年河北省新华书店金秋惠民书市”[①] 上，开展“读好书 跟党走”每日一讲系列活动，邀请各出版单位知名编辑和作者做客河北省新华书店官方抖音直播间，为读者讲述《中国共产党河北 100 年人物故事》、“最美奋斗者”丛书等冀版精品图书，全面宣传近年来集团公司“四名工程”建设成果。

（五）图书参展情况

2021 年 3 月 31 日，第三十四届北京图书订货会在中国国际展览中心开幕。河北省内 10 余家出版与发行单位，携 2000 多种出版物参会。

---

① “第九届惠民阅读周暨 2021 年河北省新华书店金秋惠民书市”活动在全省线上下同步开展，活动时间为 10 月 22 ~ 31 日。

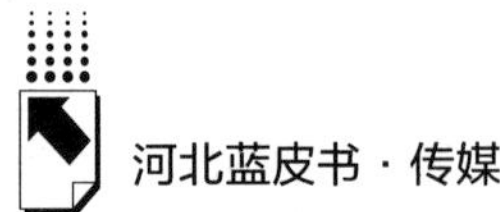

2021 年 7 月 15 日，第三十届全国图书交易博览会在山东济南开幕。河北出版传媒集团组织省内 11 家出版传媒单位携 2000 多种精品出版物参展，隆重推介《中国共产党百年发展历程》《中国共产党河北历史》《人民的艺术——中国革命美术史》《百年科技强国路》等一批献礼建党百年精品主题出版物。

2021 年 9 月 14 日，第二十八届北京国际图书博览会在中国国际展览中心开幕。河北省内出版与发行单位共甄选 1300 多种出版物参展。方圆电子音像出版社陈设的智能冰球运动训练可以模拟训练控球、攻防、射球等技巧，让体验者感受冬季运动魅力，助力 2022 年北京奥运会宣传。在本次展会中，河北出版传媒集团签订了中国传统文化“走出去”丛书等版权输出协议 6 项，《太极拳文化与健身》等合作出版项目 7 项，达成《“一带一路”上的埃及故事》等版权输出意向 12 项，《敬献中国共产党百年华诞——百年经典图像志》英文版合作出版意向 1 项。

2021 年 10 月 15 日，第十一届河北省图书交易博览会在廊坊开幕。线上线下共展销来自 500 家出版社的 20 余万种图书。

2021 年 10 月 16 日，第八届中国国际版权博览会在浙江省杭州市开幕。河北出版传媒集团选送 90 余种共 220 册高质量品牌出版物参加展览。

二　2021年河北期刊业发展概况[①]

2021 年，在河北省注册的 CN－13 期刊 217 种，其中《矿山测量》注册地已转到北京，《女子世界》《通俗歌曲》休刊。实际在河北省正常出版的期刊 214 种。按 216 种期刊统计，占全国期刊总数的 2.12%。全省 216 种期刊中，社会科学期刊 110 种，自然科学期刊 106 种，主管部门、主办单位、出版周期、出版页码与上一年度相比无变化。

① 该部分数据来源为《中国学术期刊影响因子年报》（人文社会科学），《中国学术期刊（光盘版）》电子杂志社有限公司，2021 年；河北省期刊协会承接的 2021 年期刊年度核验资料统计。

（一）期刊出版发行

2021 年，河北省正常出版的 214 种期刊共接收稿件 304996 篇，刊出稿件 58725 篇，整体刊出率 19.3%；总印数为 4082 万册，较 2019 年的 4411 万册下降 7.5%；刊均年印数为 19.1 万册，印数较高的期刊是《快乐作文》633.6 万册、《小学生必读》583.3 万册、《共产党员》521.8 万册；全省 214 种期刊总发行量为 196.3 万册，刊均发行量 0.92 万册；214 家期刊单一邮局发行 36 家（16.8%），自办发行 69 家（32.2%），邮局发行和自办发行 91 家（42.5%），赠阅 18 家（8.4%）。

（二）期刊从业人员

河北省期刊从业总人数 1816 人，较 2019 年度的 1775 人增长 2.3%。其中在编人数 1157 人，聘用人员 659 人，平均每家期刊从业人数为 8.49 人。其中从事新媒体 116 人（6.4%）；硕士及以上学历 603 人（33.2%），本科学历 755 人（41.6%）；具有正高级技术职称 388 人（21.4%），副高级技术职称 367 人（20.2%）。

（三）期刊出版经营情况

2021 年，河北省全省 214 种期刊中，自筹自支 14 家（6.5%），主办单位拨款与自筹结合 17 家（7.9%），主办单位全额拨款 116 家（54.2%），其他 67 家（31.3%）。

2021 年期刊出版单位经营总收入 3.61 亿元，较 2019 年的 3.59 亿元增长 0.6%。其中，广告收入 4714 万元，较 2019 年的 6249 万元降低 24.6%；发行收入 22300 万元，比较 2019 年的 21600 万元增长 3.2%；利润总额 2262 万元，较 2019 年的 2906 万元降低 22.2%；纳税总额 2367 万元，比 2019 年的 2441 万元降低 3.0%。另外，新媒体收入 548 万元，较 2019 年的 182 万元增加了 2 倍；版权收入 332 万元，较 2019 年的 220 万元增长 50.9%；项目活动收入 473 万元，较 2019 年的 847 万元降低 44.2%（见图 1）。

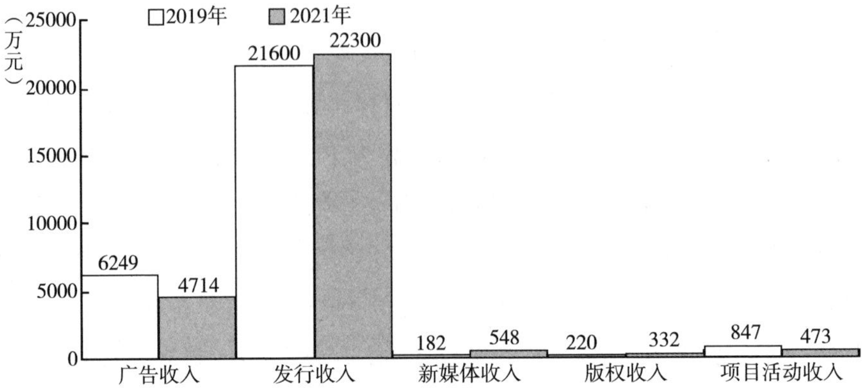

图1　2019 年与 2021 年期刊出版单位经营收入分布

资料来源：根据河北省期刊协会承接的 2021 年期刊年度核验资料统计。

（四）学术影响力

1. 主要文献计量学指标

在 106 种科技期刊中，被 2021 年版《中国学术期刊影响因子年报》（自然科学与工程技术）收录共 81 种。其中，刊均复合总被引频次 1833 次，较 2020 版 1907 次降低 3.88%，低于全国刊均 2003 次（-8.49%）；刊均复合影响因子为 0.815，较 2020 版 0.723 增长 12.7%，但低于全国刊均 0.904（-9.8%）；刊均基金论文比为 0.57，较 2020 版 0.56 增长 1.8%，但低于全国刊均 0.59（-3.9%）；刊均他引总引比为 0.91，与 2021 版持平，且高于全国刊均 0.89（2.2%）。进入 Q1 区（本学科排名前 25% 的期刊）12 种（14.8%），较上年减少 3 种；进入 Q2 区（本学科排名前 26% ~50% 的期刊）23 种（28.4%），较上年增加 4 种；进入 Q3 区（本学科排名前 51% ~75% 的期刊）27 种（33.3%），与上年持平；进入 Q4 区（本学科排名后 25% 的期刊）19 种（23.5%），较上年减少 6 种。可见河北省科技期刊的学术水平明显低于全国平均水平。

在 110 种人文社会科学期刊中，被 2021 年版《中国学术期刊影响因子年报》（人文社会科学）收录共 56 种。其中，刊均复合总被引频次为 1228

次，较2020版1255次降低2.2%，低于全国刊均2050次（-40.1%）；刊均复合影响因子为0.706，较2020版0.527增长34.0%，但低于全国刊均1.278（-44.8%）；刊均基金论文比为0.60，较2020版0.56增长7.1%，高于全国刊均0.58（3.4%）；刊均他引总引比为0.96，与2020版持平，且高于全国刊均0.95（1.1%）。2021年河北省人文社会科学期刊进入Q1区3种（5.4%），较上年减少1种；进入Q2区16种（28.6%），较上年增加7种；进入Q3区14种（25.0%），较上年减少7种；进入Q4区23种（41.1%），与上年持平（见图2）。可见，河北省人文社会科学期刊的学术水平低于全国平均水平，但较上年稍有提升。

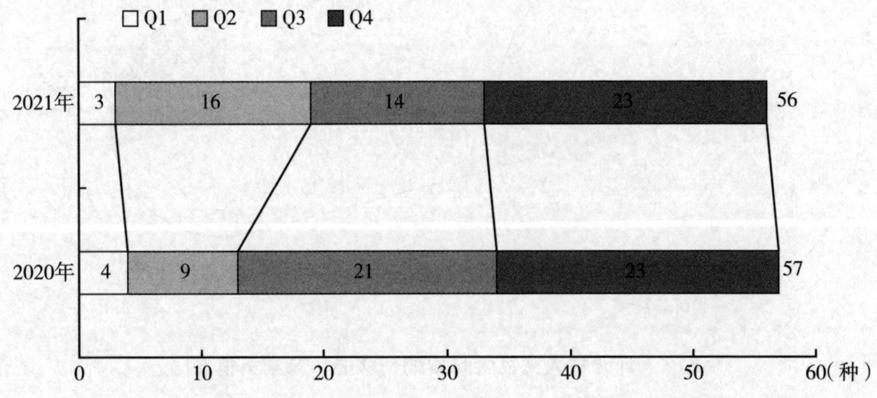

图2　2020年与2021年河北省人文社会科学期刊各分区数量

资料来源：根据河北省期刊协会承接的2021年期刊年度核验资料统计。

2. 核心数据库收录情况

在189种学术期刊中，《石油地球物理勘探》被美国《工程引文索引》（EI）收录；被2020年版《中文核心期刊要目总览》收录23种（12.2%）。

在106种科技期刊中，被"2021年中国科技核心期刊目录"收录40种（37.7%），被"中国科学引文数据库（CSCD）来源期刊列表（2020—2021）"收录7种（6.6%），包括《地理与地理信息科学》《河北农业大学学报》《华北农学报》《石油地球物理勘探》《中国生态农业学报（中英文）》《中华超声影像学杂志》《中华麻醉学杂志》等。

在110种人文社会科学期刊中，被南京大学“中文社会科学引文索引（CSSCI）来源期刊目录（2020—2021）”收录1种，即《河北学刊》；被“CSSCI扩展版来源期刊目录（2020—2021）”收录5种（4.6%），包括《河北法学》、《当代经济管理》、《经济与管理》、《河北经贸大学学报》、《河北大学学报》（哲学社会科学版）；被北京大学图书馆2020年版《中文核心期刊要目总览》收录7种，除上述6种外，另有《河北师范大学学报》（教育科学版）[①]（见图3）。

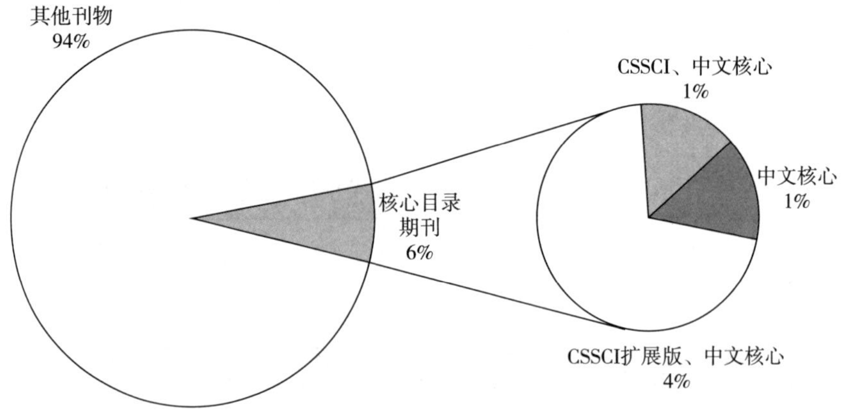

图3 河北省人文社会科学期刊核心目录索引情况

（五）数字化建设

学术期刊编辑部（杂志社）均使用了在线投审稿系统和协同采编系统，采用了学术不端查重系统，实现了网络办公自动化；大部分学术期刊被国内的中国知网、万方数据库、维普数据库、超星数据库等收录；55%的编辑部（杂志社）拥有自建网站，35%建有公众号，实现了App服务，数字化建设使河北省科技期刊整体的传播力、影响力和学术规范的水平有所提升。

① 主办单位为河北师范大学。

（六）评奖评优情况

为促进全省期刊业繁荣发展、提高全省期刊编校质量和出版水平、打造品牌期刊，2021 年 5 月河北省期刊协会评选出优秀期刊 27 种，特色栏目 58 项，好文章 91 篇。

三　河北省图书期刊业发展面临的主要挑战

（一）图书出版

1. 疫情反复和疫情防控常态化，对图书出版业的影响持续加深

新冠肺炎疫情反复，防控疫情的措施不能放松，对线下经济和实体经济的影响显著，虽然社会经济运行总体平稳，但对于具体行业的影响差异较大。传统出版业和衍生品行业受到制造业和旅游市场的影响，包括进出口的影响，经济增长的不确定性风险加大。

此外，与图书出版相关的一系列社会问题和社会治理措施将对市场需求产生联动影响。比如婚育等社会问题凸显，使得家庭结构变迁类的社会学图书受到重视；中小学教育行业整顿，对课外辅导和商业培训机构的监管和取缔，为高质量教育教辅类图书赢得市场；在学生课外时间分配方面，音体美等课时的增加，对文艺、体育等多种出版物的需求将会明显增加。社会多领域出现的重大变革迹象，也将进一步影响图书出版的选题走向。

2. 国际合作伙伴单一，合作动力不足，国际市场需要扩容

作为沿海开放省份，河北出版企业参与国际出版竞争与合作的动力尚且不足，视野也较偏狭，尤其是在中外经典互译、书香工程以及涉及中宣部的重大外宣部署工作中，主动承担任务、努力拓展资源的意识不强，也缺乏实际有效行动。目前对接的一些中东欧国家，均不处于“一带一路”腹地，人口规模、市场潜力以及与我国的合作水平都不处于优势地位。对于市场广阔的印度尼西亚、马来西亚、孟加拉国、巴基斯坦、印度、伊朗等诸多友好国家，河北出版企业的对接能力偏弱，甚至还没有合作意向。因此，在整个

国际出版合作和文化自信展示方面，河北出版企业与广东、福建、浙江、江苏以及辽宁、山东等省相比，还有一定差距。

3. 实际出版业务拓展乏力，优势资源面临流失

随着书号收紧、出版费用提高，出版资源的内卷化现象日趋严重。以学术出版的资源内卷最为明显，导致很多没有出版基金和项目支持的著作出版出现困难，进一步降低了优质作品的出版速率，甚至直接带来了出版资源的沉溺和流失，特别是学术类著作的流失情况尤其严重。此外，河北图书出版与周边产业的融合度及引领力不足，出版水平和出版层次也有待提升。

（二）期刊业面临的挑战

1. 现有体制机制制约了期刊的经营发展

2021 年，河北省各期刊出版单位采取积极措施，开源节流、增值服务，积极应对新媒体的冲击和原料、人力成本的增加，全省期刊总收入同比有所增长，期刊经营有企稳向好的趋势。但体制机制制约仍然明显。非时政类报刊出版单位转企改制后，大多数单位并没有真正建立和形成现代企业制度，没有能力突破体制性障碍，在经营管理上受到严重限制，真正实现自筹自支企业经营权的单位仅 14 家（占全省的 6.5%）。一方面，支撑期刊经营收入的广告仍然低迷，经营乏力；另一方面，随着国家政策的调整，一些全额拨款事业单位主办的报刊的体制和制度性障碍更加突出，经营环境更加困难，需要进一步探索改革发展路径。

2. 集约化、集团化程度低

河北省期刊行业的三级管理单位比较分散，第一主办单位分布在 147 个部门，一个主办单位主办 3 种以上期刊的有 18 家，主办 2 种期刊的有 16 家，主办 1 种期刊的有 113 家；非法人编辑部 154 个（占总量的 72.1%）。河北省科技期刊中具有法人治理的期刊仅占 1/4。[①] 由于集约化程度低，大

① 根据河北省期刊协会承接的 2021 年期刊年度核验资料统计。

多数期刊编辑部（杂志社）“小而弱”，精品大刊偏少，难以在国内、国际形成影响力。

3. 期刊学术质量和影响力亟待提高

河北省期刊整体的学术质量偏低、影响力不强，文献计量学主要指标低于全国平均水平，进入国家顶级期刊行列的期刊少之又少，仅《中国全科医学》荣获“百种中国杰出学术期刊”称号。在学术期刊高质量发展的时代，期刊主办、主管部门和出版单位，要以建设一流期刊为目标，下大力气狠抓学术质量。

4. 传统期刊与新媒体融合投入与产出仍然不匹配

全省 59 家期刊投入新媒体开发运营，但仅有 8 家期刊盈利。在新媒体投入上，《石油钻采工艺》共投入 13 万元，《石油地球物理勘探》共投入 11 万元，《公民与法治》与《商情》分别投入 10 万元，其他单位投入均没有超过 10 万元。①

5. 编辑队伍的适应能力不强

河北省 214 种期刊，在编辑数量、质量和结构上都与科学技术、新媒体的高速发展不相适应。从总体数量上看，大多数期刊编辑人数未到达季刊 3 人、双月刊 5 人、月刊 7 人的标准配置，少数期刊仅 2 ~ 3 人，难以走出去约稿、组稿；专职编辑质量偏低，具有深厚的专业知识功底及娴熟编辑技术的编辑相对较少；从事新媒体的专兼职人员全省仅 83 人，只有 1/3 的期刊社配有新媒体编辑。

四　河北省图书期刊业发展的新视角与新维度

（一）创新发展理念，强化图书期刊业的社会责任和舆论导向

图书期刊业要坚持马克思主义在意识形态领域的指导地位，充分发挥围

① 根据河北省期刊协会承接的 2021 年期刊年度核验资料统计。

绕中心、服务大局的能力，强化社会责任意识，把好内容创作导向。由于河北省图书期刊业尚未形成对行业资源和价值的高层次认定，在内容建设方面仍有短板，本地优质出版资源无法实现内容变现。遏制出版资源外流，必须出台有力措施，增强对本土作者资源和内容资源的吸引力和整合力。

（二）抢抓“十四五”发展机遇，策划优秀选题

2022 年北京冬奥会的举办、雄安新区建设加快推进、法治河北、“一带一路”建设等国家大事为河北省图书期刊业提供了重大选题、丰厚内容。河北省出版界应该加强选题策划和内容开发，比如冬季体育运动相关教材、基层法制建设和基层社会治理的普及读物等。在“书香社会”建设方面，抓好城市阅读的同时，要着重推进农家书屋建设，营造浓厚的阅读氛围，使“书香河北”成为现代化经济强省、美丽河北建设的重要名片。

（三）加强图书期刊业出版能力建设，提高社会影响力

创新内容载体、方法手段、业态形式、体制机制，实现内容组织力、人才凝聚力、创新引领力、品牌影响力明显提升，推动图书期刊业加快向高质量发展阶段迈进，努力打造一批具有较大影响力的精品图书和品牌期刊，特别要加强学术期刊作风学风建设，有效发挥学术期刊在学术质量、学术规范、学术伦理和科研诚信建设方面的引导把关作用，力戒功利浮躁，坚决抵制和纠正学术不端行为。

（四）加强国际性区域合作，开发国际出版资源

目前，河北省有十二个国别与区域研究备案基地，另有大批在外开设孔子学院、孔子课堂的院校，在国际教育交流和跨文化传播方面贡献着河北智慧和力量。目前，图书期刊业对相关资源的开发利用还不充分，寻找“河北故事”、积累“河北经验”、熔铸“河北情感”的内容和题材较为匮乏。图书出版业应积极开发有利资源，为对外讲好“河北故事”、增强国际传播能力开辟新路径。

（五）加强人才队伍建设，推进数字出版转型与新媒体融合发展

深入开展增强脚力、眼力、脑力、笔力的教育实践，努力造就一支政治强、业务精、作风正的高水平编辑出版队伍。完善从业人员继续教育培训体系，开展多种形式的国内外学术交流和业务研修。学术期刊要探索编研结合模式，将优秀学者和科研人员引入办刊队伍，支持教育科研单位的教学科研人员与办刊人员双向流动。

顺应媒体融合发展趋势，坚持一体化发展，流程优化、平台再造，实现选题策划、编辑加工、出版传播的全链条数字化转型升级，探索网络优先出版、数据出版、增强出版、全媒体出版等新型出版模式。引导图书期刊编辑适应移动化、智能化发展方向，进行内容精准加工和快速分发。支持图书期刊出版单位加强新媒体编辑力量和技术力量，完善相关内容审核把关机制。鼓励和支持各单位探索不同的经营模式，把传统媒体丰富的资源和新媒体传播技术、传播模式有机结合，实现互相支持、互相竞争、互利双赢。

（六）引导和推动期刊集约化、集团化改革

鼓励和支持期刊出版单位改革体制机制，推进集群化、集团化建设。开展学术期刊集群化发展试点，以优质学术期刊为龙头重组整合资源，建设一批导向正确、品质一流、资源集约，具备核心竞争力的学术期刊集群。鼓励符合条件的学术期刊出版单位转企改制、做强做大。支持规模性出版企业探索协作办刊等模式，跨部门、跨学科整合期刊出版资源，打通产业链、重构价值链、形成创新链，打造若干具备较强传播力、影响力的学术期刊出版联合体。

B.6

2021年河北省影视业发展报告*

景义新　刘雨萌**

摘　要： 2021年是中国共产党成立100周年和脱贫攻坚决胜之年，河北省影视业乘势而上，在担当使命、服务冬奥、文化寻根、共建共享等方面取得亮眼成绩。但在发展过程中也面临一些困境：科技投入效益不高，内容监管政策滞后；人才队伍体系不健全，复合型人才紧缺；内容创新能力匮乏，创作选题不均衡；投融资格局待完善，市场竞争力薄弱。因此，河北省亟待通过科技成果转化赋能影视产业升级、变革人才培养方式激活生产创新力、瞄准精品化定位增加优质内容供给、构建品牌化战略提高"讲故事"能力等路径，寻求未来新的突破。

关键词： 影视业　主旋律　精品化　文化内涵

一　2021年河北省影视业发展概况

（一）乘势而上：繁荣视听创作　精品佳作迭出

2021年是中国共产党成立100周年，也是脱贫攻坚决胜之年，"十四

---

* 本报告为2020年河北省文化艺术科学规划重点项目"消费者行为视域下我省文化与旅游消费现状及趋势研究"（项目编号：HB20－ZD013）阶段性成果。本报告中所用的部分数据来源于河北省委宣传部电影处、河北省广播电视研究室。在此对这两个部门及有关同志的支持和帮助表示特别感谢。

** 景义新，河北经贸大学文化与传播学院副院长，副教授、硕士生导师，主要研究方向为广播电视与新媒体传播；刘雨萌，河北经贸大学文化与传播学院硕士研究生。

五”规划开启了全面建设社会主义现代化国家的宏伟蓝图。恢宏的时代背景为电影、电视剧、文艺节目等视听作品提供了广阔的创作空间。同时，人员流动的减少、人们居家和室内活动时间的延长，在一定程度上给国内影视业注入生机，各端收视数据大幅回升，大屏关注热度日益增长，影视作品“爆款”频出。河北省影视业在这样的背景下，以主旋律为核心内容进行主题创作，提供高品质的视听作品和服务，实现正剧内容与主流市场相融合，市场机制和文化价值同频共振，交出了优秀的“成绩单”。

1. 电视剧佳作频出

河北省广播电视局联合摄制的电视剧《向警予》于2021年5月25日登陆央视电视剧频道黄金强档，该剧真实、全面地展现了中共第一位中央委员向警予波澜壮阔的一生，再现了中国共产党的奋斗史和第一代共产党人推翻旧世界、建立新中国的历程。《花开山乡》以现实主义和浪漫主义相结合的手法，展现了乡村振兴的时代命题和青年共产党人为之奋斗的成长历程。《香山叶正红》则讲述了毛泽东带领中共中央从西柏坡入驻香山“进京赶考”的故事，于2021年11月登陆CCTV-1黄金档。被网友称为“打破谍战剧天花板”的《前行者》生动再现了黑暗岁月中的谍战风云，讲述了20世纪上海地下党组织的精彩故事。电视剧《退伍不褪色》讲述了一家三代退役军人带领家乡人民一起创业致富的事迹。此外，还有《人民的选择》《布衣天下》《光荣警务》《女特警》《海棠依旧》《太行山上》《我的故乡晋察冀》等一批主题鲜明的作品上线，满足大众的视听需求。

2. 优秀影片叫好叫座

2021年，河北省电影业表现不俗。全年完成电影备案立项83部，其中《跤魂》《二八时代》《村里来了个洋媳妇》《春天的约定》等14部影片取得电影公映许可证。河北省出品的重大革命历史题材电影《革命者》在“北京国际电影节·第28届大学生电影节”获最受大学生欢迎年度影片荣誉。该影片在“第13届澳门国际电影节”上和河北省另一部反映新时代农村的电影《乡土》共获得4项提名。讲述脱贫攻坚故事的电影《春天的约定》在“2021中国农民丰收节第四届中国农民电影节”中被评为“2021脱贫攻坚主题电影推荐影片”，河北省委宣传部被授予“组织贡献单位”荣誉称号。展现塞罕坝精神的影片《那时风华》获“第5届中加国际电影节”最佳摄影奖。讲述“时代楷模”王继才、王仕花献身国防、爱国奉献精神的电影《守岛人》，两位楷模的扮演者分别荣获“第8届丝绸之路国际电影节”最佳男演员和最佳女演员奖项，并且该影片在“第34届中国电影金鸡奖”喜获三项提名。电影《幕后人2：勇敢的心》《让这首歌作证》已于2021年上映。

截至2021年12月24日，河北省电影总票房12.16亿元，放映场次259.23万场，观影人次3102.36万人，全省票房位居全国第15；全省新建城市影院34家，新建乡镇影院4家，正常经营影院共499家；在河北经营的城市电影院线共32条，其中河北中联影业院线是河北本地的跨省经营城市院线，拥有加盟影院213家、直营影院8家。

3. 特别节目及纪录片精彩纷呈

2021年，河北卫视推出庆祝建党百年特别节目《唱支歌儿给党听》，选取革命歌曲、讲述创作历程，在革命旋律中激发人们的爱党爱国热情。由河北省广播电视局指导创作的节目《思想的田野·河北篇》荣获“2020年第四季广播电视创新创优特别节目”称号。反映河北历史由来、地形地貌、丰饶物产的纪录片《大河之北》引发强烈的社会反响，形成现象级传播效应。河北省广播电视局与其他单位共同主办“向光而行”微纪录片征集活动，旨在以普通党员人物故事为核心内容，向国内外展播宣传普通党员的工作生活。此外，河北影视数字制作基地作为河北影视产业的新地标，一期工程已于2021年9月竣工，待二期工程建成后，可达到年生产20部院线电影、200集电视剧的制作能力，将进一步推动河北影视产业的发展。

（二）担当使命：聚焦主题主线　唱响时代主旋律

2021年是不平凡的一年，影视行业也被赋予特别的时代烙印。我国影视业在2021年主动适应时代语境和内外部环境转变，抓住历史契机引领主流价值观，创作出一批兼具现实性、史诗性、人文性与创新性特点的影视作品。代表作品有《觉醒年代》《山海情》《长津湖》《光荣与梦想》《理想照耀中国》《时间的答卷》《百炼成钢：中国共产党的100年》等，这些影片从中华民族光荣的奋斗史和发展史中汲取力量，分别围绕标志性节点，以脱贫攻坚、中国共产党成立100周年、抗疫防疫、中国人民志愿军抗美援朝出国作战71周年、世界反法西斯战争胜利76周年等为核心主题进行创作，通过现实主义创作手法，回应了当代人的集体认同，再现了中华民族的集体记忆。

“十四五”时期是我国全面建成小康社会后开启全面建设社会主义现代化国家新征程的第一个五年，是新时代全面建设现代化经济强省、美丽河北的关键五年。在“十四五”开局的2021年，河北省影视业以“党的盛典、人民的节日”为基调定位，突出重点、打造亮点，以精品内容着力反映时代新气象、讴歌人民新创造，大力唱响时代主旋律。

一是聚焦主题主线，树立精品意识。《唱支歌儿给党听》《初心》两档电视节目入选国家广播电视总局庆祝建党100周年重点广播电视节目（第二批）名单，《滹沱记忆》《初心李大钊 妙手著文章》《太行号角》三部纪录片入选国家广播电视总局庆祝建党100周年重点纪录片目录，摄制出品和联合出品的电视剧《海棠依旧》《太行山上》《我的故乡晋察冀》《最美的青春》《营盘镇警事》《聂荣臻》被列为庆祝中国共产党成立100周年优秀电视剧重播剧目，成为党史教育的好教材。

二是坚持以人民为中心，助力乡村振兴。电影《那时风华》以三代塞罕坝人造林、护林、营林的真实经历为创作依据，讲述了建设者们创造荒原变林海的人间奇迹。影片《情满天山》讲述了河北两代援疆干部的种种“艰辛”，唱响了一曲各族人民团结一心，为实现伟大的中国梦而奋斗的赞歌。此外，电影《李保国》《春天的约定》《扶贫主任》《我不是葫芦瓢》《扶贫路上》《后池新愚公》等从平凡生活中挖掘不平凡故事，以“找准选题、讲好故事、拍出精品”为要求，从“小切口”绘就中国共产党带领中国人民从站起来、富起来到强起来的百年辉煌历史。

三是加强引导和指导，用好活动载体。河北省广播电视局制定《关于推动新时代广播电视播出机构做优做强做好的实施意见》《关于进一步加强广播电视和网络视听文艺及人员管理的实施意见》，组织开展纪录片重点扶持项目征集评选，并对《初心李大钊》《铁肩担道义》等7部作品给予重点扶持。在“向光而行”全国微纪录片征集活动中，河北省有3部作品入选特等奖、9部作品入选一等奖。此外还组织制定《2021—2025年重点电视剧选题规划》，确定“十四五”电视剧规划项目75部，年度重点推进15部。电视剧《人民的选择》《布衣天下》《光荣警务》《女特警》在央视备播。

（三）服务冬奥：坚持办奥理念　创作精品内容

2021年北京冬奥会筹办工作全面升级，河北省影视业聚焦冬奥会筹办是抢抓进入国际影视市场、打造河北影视品牌、增强京津冀协同发展的难得机遇。河北省影视业坚持“绿色、共享、开放、廉洁”的办奥理念，讲好奥运故事；围绕办奥过程中的政策实施、方案施行，展现中国智慧和中国方案，讲好中国故事；通过讲述张家口与北京携手办奥运的合作，展示近年来京津冀协同发展成就及河北发展状况，讲好河北故事。

电视剧《冬奥一家人》《冰雪之名》从代际关系入手，讲述主人公追求体育梦想的励志故事。除《冰雪之名》《冰上无双》《爱在粉雪时光》外，在北京市广播电视局推动的“八个一”冬奥主题精品创作工程中，还有纪录片《中国冰雪道路》、电视节目《我是火炬手》、网络视听专题节目《来了！2022》、动画片《2022去北京》、网络电影《我和我的奥运》《飞吧，冰上之光》、网络剧《红星九号》等处于已播出或筹备状态。由河北电影制片厂及其他单位联合出品的电影《雪舞》《冰雪之约》等已制作完成或上映。

（四）文化寻根：创新个性表达　挖掘深度内涵

党的十八大以来，党和国家高度重视优秀传统文化的传承与创新，提出要坚定文化自信，推动社会主义文化繁荣兴盛。习近平总书记指出：“中华优秀传统文化是中华民族的精神命脉，是涵养社会主义核心价值观的重要源泉，也是我们在世界文化激荡中站稳脚跟的坚实根基。要结合新的时代条件传承和弘扬中华优秀传统文化，传承和弘扬中华美学精神。"[①] 近年来，文化类电视节目呈现蓬勃发展态势，《国家宝藏》《中国诗词大会》《经典咏流传》《典籍里的中国》等节目深受观众喜爱，成为文化节目的典范之作。河南卫视也推出"中国节日"系列，通过对文化内涵的深度挖掘、时代特色的个性表达、跨界融合的立体传播，对如何以文化精品提升文化自信做了深入探索与尝试。

"文化寻根"主要是对优秀文化内涵的选择与重塑。在注意力稀缺的互联网时代，如何提升文化传播的吸引力、感染力、影响力，既是传播技巧问题，更是传播理念问题。这主要体现在优秀文化内涵与地域文化、时代精神、潮流文化的传承、融合与创新。

一是优秀文化内涵与地域文化的挖掘与传承。河北省推出的人文地理纪录片《大河之北》以地理地貌为主线，以人文精神为内涵，以新视角、新技术展现了"山脉如镰、河流如扇、平原似毯、海洋若盘"的壮美地理画卷，呈现了燕赵大地的丰富物产以及厚重的历史文化。

二是传统文化思想与时代精神的融合与创新。在"十四五"规划制定期间，河北省影视业策划推出一批反映河北历史文化、红色革命历史、改革发展历程和人民美好生活的重点选题。

三是主流文化与潮流文化的碰撞与借鉴。河北省影视业在"十四五"期间将聚焦"重大现实、重大革命、重大历史"题材，加强引导、支持、把关，大力扶持原创、创新作品，以现代化视听语言讲述时代故事；计划年均电视剧策划和备案数量达到20部，推出至少6部展现河北底蕴、书写河北故事、具有较强影响力的电视剧作品。

（五）共建共享：加强战略合作 京津冀协同发展

《京津冀新视听战略合作协议》签订以来，北京、天津、河北三地横向

① 《习近平在文艺工作座谈会上讲话（全文）》，人民网，2014年10月15日，http://culture.people.com.cn/n/2014/1015/c22219-25842812.html。

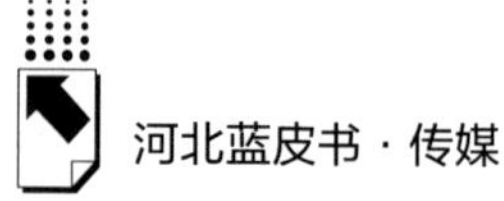

联合、纵向联动，在广播电视和网络视听领域全面合作。三地建立的区域发展联盟，协同优化广播电视和网络视听产业发展空间布局，理顺三地产业发展链条，形成产业合理分布和上下游联动机制，实现了优势互补、彼此融通、互利共赢、科学协同、持续发展。同时，重大主题活动实行三地广播电视和网络视听联动机制，提高了区域视听节目和作品创作水平。2021 年，京津冀三地拓展协同广度和深度，努力促进区域共同发展。

一是京津冀三地以“协同发展”为主题，构建了以信息技术为支撑的京津冀智慧广电创新体系。推动 5G + 8K 超高清视频、高新视频产业发展，促进三地在 5G + 8K 超高清视频标准研究、检测认证、场景应用等领域的合作，协同部署京津冀广电 5G 网络，完善 8K 技术体系和产业链。

二是京津冀三地深入推进产学研结合。以河北大学新闻传播学院为依托，设立“京津冀新视听媒体融合学院河北分院”，引入京、津业内专家，以融媒体实战实操为主，打造河北广电全媒体人才培训基地。区域协同发展的广播电视媒体融合发展创新中心，为广播电视媒体融合提供技术应用、模式探索和项目孵化平台。

三是启动京津冀艺术电影联盟，搭建覆盖三地的“电影 +”新生态。联合署名、联合出品等形式共同挖掘重点题材，推动广播电视和网络视听精品创作，打造“京津冀视听走廊”。广播电视和网络视听产业创新跨区域合作，以廊坊市大厂影视小镇、香河短视频拍摄基地为重要节点，构建视听园区协同发展格局。

二　2021年河北省影视业发展困境

（一）内容监管政策滞后　总体投入效益不高

内容监管是影视行业内容建设的重要组成部分，加强内容建设是影视业提高市场竞争能力的重要手段。随着河北省广播电视和网络视听内容生产规模的不断扩大和面临的政策、技术及市场供求环境的变化，河北省影视业当前主要存在产业线结构不规范、监管政策相对滞后、监管资源投入不足等问题。近年来，随着机构改革的深入推进，全省广播电视系统完成了“管办分离”，省、市两级实施了“局台分设”改革。由于河北省广播电视机构改革时间较短，对广播电视和网络视听行业的内容监管经验不足，对改革后的政府管理行业手段和方法不够熟悉，法治化管理能力和水平还有待进一步提升，广电内容监管工作中省、市、县的局、台之间和同级局、台、网之间较易出现关系不顺、责权不清、上传下达渠道不通畅等情况。另外，“令出多门”造成在广电内容监管上工作内容及边界划定不清晰、多头监管和监管真空的现象。

近年来，河北省虽然在音视频内容监管上加大了投入力度，但整体看依然难以满足监管的现实需求。受到监管设备有限和人员不足的制约，省广播电视局仅能做到对省内重点节目进行监听监看，对县级台的监听监看存在盲区。此外，河北省新建的全省广电智慧监管平台结构功能比较单一，智能化程度不够高，对节目内容的分析研判还主要依靠人工。面对全媒体的蓬勃发展和新传播主体、新传播渠道、新传播方式以及海量的传播内容、全新的媒介产品，内容监管方面的资金和人员不足在一定程度上影响了管理、技术和实践操作能力的提升，进而导致监管水平不能完全适应媒体发展形势的要求，跟不上当前全媒体环境下影视业的传播内容、传播方式和传播业态拓展的变化。

（二）人才队伍体系不健全　复合型人才紧缺

影视产业作为文化产业的重要组成部分，具有人才密集度高的特点，而高素质的专业人才是影视作品创新、影视业发展的重要推动力。伴随社交媒体的发展及新媒体的冲击，影视行业的人才流动加快。从地理区位而言，河北省毗邻北京、天津两个传媒业高度发达的城市，京津两地经济、政治、文化方面的优势吸引不少优秀影视人才“出走”；从影视业本身发展而言，河北省内媒体机构变革、个人晋升通道变窄等多种原因，使很多优秀影视人才选择跳槽创业，这导致河北省影视业长期存在人才外流的情况。在人才流失的同时，省内人才培养体系也存在多方面的问题。河北省部分高校相关专业的教学精准性不高、实践性欠缺，人才培养模式与培养体系不健全，影视人才培养存在教育观念上的偏差，与传媒业界人才需求有所脱节。

当前，影视业的信息化、数字化、网络化的发展趋势日趋鲜明，这不仅促进了许多新概念的出现，而且使业界对影视人才的需求变得更加多元，不再是传统影视意义上的声画采集和编播人才，而是需要掌握影视产业经营与策划、具有独特视角和文化创意、掌握数字融合影视技术的专业复合型人才。但是从人才供给角度看，许多影视人才培养方案和课程体系还是流于形式，不利于培养学生在信息时代的新视听思维。这在一定程度上导致许多影视相关专业毕业生无法顺利从事影视相关工作，影视业也无法获得充足的专业复合型影视人才，成为遏制河北省影视业发展提质增速的关键因素之一。

（三）内容创新能力匮乏　创作选题不均衡

2021年，河北省影视业的重心是为庆祝中国共产党成立100周年和决胜脱贫攻坚营造良好舆论氛围。因此，瞄准各项工作的重中之重，河北省影视业围绕京津冀协同发展、雄安新区建设、北京冬奥会、生态文明建设、乡村振兴、长城和大运河国家文化公园建设等主题，组织开展重大主题影视创作。但放眼全国影视业，虽也多以弘扬时代主旋律为主，但还创作出许多关注大众日常生活，注重满足受众情感需求、信息需求、文化需求及娱乐体验的作品，如《你好，李焕英》《唐人街探案3》《送你一朵小红花》等影片通过打造创意卖点“引爆”全网流量。对河北省影视产业而言，几乎将全部精力倾注于主旋律影视作品，这一方面有利于打造优秀作品，另一方面也会显得题材单一，造成整体选题不平衡，可能导致观众产生审美疲劳，进而影响传播效果。

此外，同样以弘扬主旋律为核心的电影、电视剧的创作，也可以在题材、体裁、内容、风格、样式上进行创新，河北省影视业在这方面仍有探索空间。国内代表作如《长津湖》《悬崖之上》等电影就通过不同寻常的视角，生动讲述了中国革命的故事。但是，对河北省影视业而言，现实主义浓度高、与主流价值契合度高、创新程度高的优质作品仍然比较少。河北省具有丰富的红色文化资源、非物质文化遗产资源、馆藏文物资源和悠久的历史文化、特色乡土风情与节日习俗。与此形成较大反差的是河北省影视业创新能力不足，缺乏对文化资源的多维度开发，无法将各种资源和素材盘活为凸显河北特色的影视作品。如何开发丰富的资源和广阔的创作蓝本，成为河北省影视业亟待突破的关键环节。

（四）投融资格局有待完善　市场竞争力薄弱

当前，文化产业已经成为国民经济的重要支撑，金融、资本与影视业之间的互动和协同关系变得越发紧密。受新冠肺炎疫情的持续影响，全球影视行业整体呈波动态势，河北省影视业也不例外。如果说视听作品的主题内容构建了影视业的“灵魂”，那么投融资就是为影视业实现长足发展插上的“翅膀”，尊重行业规律的投融资机制可以让影视行业关键资源发挥更大价值。从这一视角来分析，亟须提质增效、产业转型升级的河北省影视业目前恰恰缺少充分的资本支持，特别是专业资本和金融资本的大力支持，这就导致河北省影视业无法依靠自身的“造血”功能实现快速发展。河北省影视业急需建立规范化、多样化的投融资体系，促进高质量发展。

在河北省影视产业发展格局中，河北广电传媒集团作为省内龙头企业，始终坚持把社会效益放在首要地位。与此同时，社会效益和经济效益比较突出的民营企业则是缺席状态，这不利于激发河北省影视业的创新、创业和创造活力。因此，河北省影视业需要培育一批“专、精、特、新”的产业主体，进一步强主业、夯基础、补短板，增强市场意识，降低生产成本，实现社会效益和经济效益相统一。此外，河北省影视行业受长久以来保守思想的束缚，将绝大部分精力聚焦在作品创作，而忽视市场化运营和管理。比如，在机构运营方面缺乏市场竞争意识，不擅于打造差异化、特色化的影视品牌，缺少灵活、高效的现代化、市场化经营机制。

三　河北省影视业发展建议

（一）实现科技成果转化　赋能影视产业升级

推进影视业高质量创新性发展，必须通过科技成果转化进行赋能。以

5G、大数据、云计算、物联网、人工智能、区块链等技术为代表的新一轮信息技术革命，带动产业技术发生革命性变化和进行生产模式突破性创新，舆论生态、媒体格局、传播方式也因之发生深刻变化，这给河北省影视业传统发展模式带来了严峻挑战，同时也为其迭代升级、跨越式发展创造了重大机遇。在科技成果转化为行业发展的新功能时，必须抓住以下三个关键点：一是布局要全面，打造好科技成果转化的“全链条、全要素、全周期”运行闭环；二是体系要健全，必须构建形成科技成果转化“思想体系、工作体系、组织体系”的有机整体；三是制度要完善，以相应的制度建设和优异的治理能力为科技成果转化提供坚强保障。

面临“十四五”时期的新形势和新任务，河北省影视业应创新运用新思维、探索新模式、掌握新技术、培育新业态、创新新产业，大力推动广播电视和网络视听科技赋能，以智慧广电建设带动行业转型升级。首先要转变内容生产方式，加快大数据、云计算和人工智能等新技术在影视内容生产中的创新应用，通过软件定义、数据驱动、算法重构等多种手段，实现内容选题、素材集成、需求组合、分析预测、创作生产的全流程智能化，不断增强广播电视内容核心竞争力。其次要创新影视作品、电视节目形态，有效运用虚拟现实（VR）、增强现实（AR）、混合现实（MR）等新技术，发掘创意空间、深耕内容制作，让个性化定制、精准化生产更好地为正面宣传服务。最后要加大高质量节日供给力度，加快高清电视制作播出能力建设，逐步实现省、市两级电视台和有条件的县级电视台高清化播出，推动高清频道成为广播电视主流播出模式。并以服务冬奥为契机，加快超高清节目制播能力建设，探索开办适应5G应用场景、满足多终端需求的5G频道。

（二）变革人才培养方式　激活生产创新力

促进影视作品创新、影视文化繁荣，队伍是基础、人才是关键。随着互联网、大数据、人工智能等新技术在影视业的应用，当前在影视人才培养中存在着一些突出问题，如缺少契合智能社会发展的创新型、复合型智慧广播影视人才。因此，河北省影视业应创新人才培养方式，加强人才队伍建设，激活影视作品生产创新能力。

首先，要坚持党管人才原则。把党管人才原则体现在广播电视和网络视听人才工作的方方面面，强化“人才是第一资源”理念，大力加强各级各类人才队伍建设。把思想政治品德放在选人用人的突出位置，努力打造一支政治坚定、业务精湛、作风优良、党和人民放心的广播影视舆论工作队伍。

其次，要健全人才培养体系。强化“脚力、眼力、脑力、笔力”教育实践及全媒体采编制作能力培训，不断提高广播电视和网络视听人才队伍的政治能力和业务素质。持续推进和落实全国广播电视和网络视听行业领军人才工程、青年创新人才工程，河北省文化名家暨“四个一批”人才工程等重点人才工程。优化人才队伍结构，建立专业技术岗位人员与管理人员的双向交流通道，着力打造一专多能的复合型人才，发挥高端人才引领作用。

最后，要优化人才发展环境。坚持德才兼备、唯才是用，破除束缚人才发展的思想观念和体制机制，拓宽选人用人渠道。鼓励广播电视和网络视听机构探索建立符合政策精神和行业特点的薪酬分配制度和人才管理制度，最大限度激发和释放人才创新创造创业活力。实行更加积极、开放、有效的人才引进政策，不断增强对优秀人才的吸引力。进一步加强广播电视编辑、记者和播音员、主持人职业资格管理，规范从业队伍和从业秩序，完善网络视听从业人员管理。

（三）瞄准精品化定位　增加优质内容供给

随着社会的不断发展，社会主要矛盾已发生深刻变化，人民群众需要更高层次、多样化的视听消费，需要更加丰富的视听文化产品供给、更加完善便捷的现代公共服务体系和更加健全的现代市场体系，这为影视业的高质量发展提供了广阔空间。当前影视业虽呈多元化发展趋势，但其核心竞争力还是要回归到作品内容。河北省影视业应把握机遇推进“魅力广电”建设，以“精”字破题，增加高品质视听产品和服务供给，打造涵盖电视剧、纪录片、动画片、节目、栏目、网络视听作品在内的广播电视精品矩阵，打响河北广电品牌。

河北省影视业应深入贯彻落实中宣部《关于深化影视业综合改革促进我国影视业健康发展的意见》及河北省实施方案，牢牢把握文艺创作生产的正确导向，积极倡导讲品位、讲格调、讲责任，自觉抵制低俗、庸俗、媚俗，坚决防止追星炒星、过度娱乐化、高价片酬、唯收视率等不良倾向。首先，要优化节目资源配置。组织各级广播电视媒体优化资源配置和节目编排，精心安排播出弘扬主旋律、传递正能量的文化节目、品牌节目和优质电视剧。按照好节目进入好时段原则，进一步优化节目宏观调控，推动更多公益、文化、原创节目进入卫视黄金时段播出。其次，要健全精品生产机制。依托河北丰富的红色革命及历史文化资源，统筹电影、电视剧等创作全流程的质量管理，明确创作生产各层级、各主体在质量管理中的职责，完善工作机制，集中优势力量，策划、立项、拍摄一批具有河北特色的精品力作。最后，要以主题作品呈现河北形象。鼓励“小成本、大情怀、正能量”的制作模式，将入选重点选题规划作为起点，着力“找准选题、讲好故事、拍出精品”，把优质选题打造成把握时代脉搏、反映人民心声、传承红色基因、弘扬革命文化的扛鼎之作，创新制作一批原创类影视作品。

（四）构建品牌化战略　讲好河北故事

随着国家建设的全面推进和国民民族意识的增强，大众对具有深刻文化内涵的视听作品欢迎程度越来越高，我国影视业取得了长足进展。在对外传播方面，我国影视业得益于中国经济水平提升、科技进步和文化成果转化，在国内稳定发展的基础上，逐步向海外传播与布局。面对海外流量的增长红利，河北省影视业海外传播面临巨大机遇。

要讲好河北故事。提炼河北文化符号、传承优秀文化基因，促进河北影视文化品牌发展。贯彻习近平总书记关于文艺工作的重要论述，策划推出一批反映乡村振兴、“一带一路”、长城和大运河国家文化公园等新时代新思想，反映京津冀协同发展、雄安新区建设、冬奥会筹办等河北特色实践，反映河北历史文化、河北红色革命历史、河北改革发展历程和人民美好生活的重点选题。全面加强广播电视节目、电影、纪录片、动画片创意选题的创作指导。编制实施电视剧、电影选题规划，建立动态调整、持续跟进机制。组织制定网络电影、网络电视剧、网络纪录片、网络动漫、网络综艺等网络视听节目内容创作规划，提高“重大现实、重大革命、重大历史题材”的创作比例。

要讲好中国故事。作为中国文化历史宝库的一部分，河北省影视业要积极开展对外交流合作，围绕提升广播电视和网络视听国际传播能力和效果，引导和推动河北省广播电视制作播出机构，加强“走出去”内容和渠道建设。强化“大宣传”意识，适应海外用户文化和心理的表达方式，向海外推出更多京津冀文化遗产、长城、大运河、冬奥冰雪文化相关的影视作品。积极参与并推进“视听中国”播映工程、中华文化广播电视传播工程，打造展示河北历史文化和发展成就的重要窗口。

B.7
2021年河北省广告业发展报告

宋维山　韩文举　吴浩然　安紫煜*

摘　要： 2021年，虽然面临新冠肺炎疫情防控常态化、调结构促转型等新问题和新挑战，但在数字技术更迭、整体广告产业结构优化与服务体系升级的大背景下，河北省广告业融合“政产学研媒”多方动能，优化产业协作、创新产业生产模式、改善产业生态，积累了相互协作、资源共享、优势互补、产业共赢的发展经验。“十四五”时期，河北省广告业要强化主动性、适应性和创新性相统一的行业监管服务能力，搭建多元化公共服务平台，完善发展机制，加强知识产权保护，促进产业创新，为河北经济社会发展、京津冀协同发展提供更有力的产业动能。

关键词： 广告业　产业协作　数字营销　广告监管

2021年是“十四五”规划开局之年，在疫情防控常态化下，作为社会经济发展的“晴雨表”，河北省广告业映射着省内外经济发展形势。虽然面对新问题、新挑战，但在政策扶持和先进技术推动下，河北省广告业实现了

* 宋维山，河北师范大学新闻传播学院广告系副教授、硕士研究生导师，河北省广告研究院执行院长、河北省广告协会学术委员会主任、中国广告教育研究会理事、中国酒业协会文化委员会品牌传播专业委员会副秘书长，主要研究方向为品牌营销传播；韩文举，河北地质大学艺术学院讲师、广告学教研室主任，河北省广告研究院办公室主任、河北省广告协会学术委员会秘书长，主要研究方向为品牌营销传播；吴浩然、安紫煜为河北师范大学新闻与传播专业硕士研究生。

行业的有机“造血”与赋能发展。健康的发展环境、市场的良性竞争模式也为广告行业带来更多机会。

一 2021年河北省广告业发展背景

（一）环境与趋势：防疫常态运转，数字赋能发展

随着国内疫情整体有效防控，经济逐渐企稳回暖，市场活力逐步提升。2021 年前三季度河北省国民生产总值为 29060.7 亿元，同比增长 7.7%，第三产业同比增长 10.5%，特别是数字经济蓬勃发展并表现出顽强韧性，在医疗、教育、媒体、电商等领域广泛应用。数字经济也在向广告行业加速渗透，助推广告业在经济增速整体低迷的大环境下实现逆势增长。河北省广告业发展向好，内生动力不断加强。

在疫情防控常态化背景下，基于数字营销的广告形态的提及率、使用率和接受率迅速攀升。随着近年来网络广告的快速发展，河北省数字广告市场进入新一轮的高速可持续增长期。

在广告传播的具体实践中，数字技术与广告活动的融合越来越深入，广告传播智能化已成必然趋势。河北省大力引进、发展高新技术产业，5G 商用、人工智能、物联网、区块链等信息技术的创新和普及，为广告业发展注入了新活力，延长广告业的创新链、产业链和资本链，推动广告业向数字化、智能化、网络化方向发展。河北省广告业正在从简单的“资源驱动”模式向“创意+技术驱动”双核模式加速转型升级。

（二）产业与市场：产业结构优化，市场发展稳健

因受 2021 年疫情、经济发展整体下行、传统行业萎靡等影响，根据行业调研与市场监管部门数据统计，2021 年河北省广告业营业额约 112 亿元，与 2020 年基本持平。随着政策支持与产业自身不断优化，河北省广告业规模呈现总体平稳增长趋势。

长期以来，河北省广告业面临产业结构失衡问题，政府层面通过制度供给促进广告业发展，在“十三五”期间已经把广告业纳入扶持产业。近年来，河北省经济结构转型升级成效明显，2019 年河北省第三产业占全省经济总量的比重首次超过 50%，达到了 51.3%。同时，京津冀协同发展、雄安新区规划建设和北京冬奥会筹办等国家战略在河北有效落地，为河北省广告业提供了良好的发展机遇。

在外部环境改善的同时，河北省广告业也在不断进行自我优化。建立合作共生的数据平台，促进产业结构调整，广告商、广告公司和广告媒体实现了协调发展。据河北省市场监督管理局信息统计，2021 年河北省广告经营单位约 67000 余家。广告机构的数量和规模与 2020 年基本持平。其中，传统中小微广告经营企业受疫情冲击较大，数量减少；以直播带货类、多频道网络（MCN）类等进行数字营销业务的广告市场经营主体数量增加，但总体规模相对较小、发展空间较大。2021 年，河北省广告经营单位业务主要集中在户外广告、传统媒介广告、数字营销、活动推广四个领域，总占比达到 87%。在产业结构上，传统广告与新媒体广告进一步融合，新媒体广告在河北省广告业中的比重不断上升。

（三）业态与体系：服务体系升级，产业生态改善

随着大数据、云计算、多媒体等技术的快速发展，河北省广告业的市场机制、产业结构、经营格局等都在发生重大变化，政策扶持和技术进步也带来广告服务体系的优化升级，整个行业生态不断向好。

河北省广告业相关法律法规的出台，如《保健食品广告审批服务指南》（2021 年版）、《特殊医学用途配方食品广告审批服务指南》（2021 年版）等，加大了对违法广告的查处力度，有效规范了市场机制，在一定程度上改善了行业生态。2021 年，全省在房地产、保健食品、教育培训、医疗美容等多个领域出台了 15 项广告监督治理文件。河北省打击虚假广告和非法广告联席会等行业组织，加强和改进广告审查工作，把握正确的广告方向，提升广告业监管服务水平，改善产业生态。

随着电子商务的快速发展，在受疫情影响的2020年和2021年，河北广告市场短效营销盛行，广告主体、广告形式、广告技术和广告产业结构随之变化。超过70%的广告主在2020年都增加了直播电商和短视频广告的营销费用，广告主虽然认可直播带货的销售业绩，但也对其无法形成长期良性运行模式表示担忧。在大数据、云计算、多媒体等先进技术推动下，河北省各广告公司可以通过收集、整理、分析各种数据，量身定制营销数据，为后续媒体策划和传播策略提供依据，推动广告营销向精准化发展，最终达到降低营销成本、提升广告价值的目的。河北省广告行业的龙头企业不断提升媒体策划和传播策略的科学性和有效性，提高广告业服务水平。

河北省广告公司在与其他全国性或跨国广告公司竞争的同时，也不断借鉴行业经验，完善自身技术，创新发展体系，更新经营模式，开展全国经营，参与全国竞争。

二 2021年河北省广告业发展现状

（一）市场参与主体流变

经过2020年的市场冲击和震荡，河北省广告市场迎来了与疫情、机遇共存的2021年。反复出现的疫情逐渐给2021年初雄心勃勃的河北省广告市场主体降温，同时广告营销决策也更加理性，广告主的需求更加多元，广告机构抗住经济下行压力寻找营销机遇，数字营销的发展带动新媒体强劲复苏。

1. 广告主：广告诉求更加多元，广告认知更加科学

国内疫情防控效果显著，河北省企业在2021年快速复产复工，大部分广告主认为疫情环境对营销工作的影响程度有所降低，市场信心逐步恢复。但是，短时间内河北广告主尤其是生产型企业、中小型企业所面临的现金流紧张问题并未得到有效解决，而这些企业又需要进行日常营销传播，因此他们能支付的广告和营销费用实际上是有限的，他们更加注重精细、高效。多数河北广告主开始考虑企业如何在经营压力中长久生存，品牌价值的重要地位逐渐凸显。

数字化转型为营销工作带来了极大的便利，它帮助广告主实时获取客户动态信息，提供更精准的营销服务。但是，直播带货、短视频营销、信息流广告等作为短效营销，它们在经历了2020年的“野蛮生长”后，逐渐进入“管控治理+转型优化”阶段。2021年，行业主管部门对直播带货、媒体电商、新零售等进行大力度规范与整治，短效营销传播的规范化、精细化发展成为趋势。一方面，河北广告主不得不面对流量成本越来越高、盈利空间越来越小的局面，不断追求数字营销的高精准度和高转化率；另一方面，新技术环境不够健全和营销预算的限制也让他们重新思考广告投放ROI的意义。

传统广告方面，河北广告主对于传统广告的认知不断革新，对广告公司的能力需求也呈现多元化趋势：从创意性和创新能力到对市场及品牌的知识与理解能力，从调研、数据、工具的专项能力到对媒介的理解能力和策略规划。“提升品牌社会责任感”这一目标让品牌效益重归广告主的视线。“品效合一”的重要地位不断提升，越来越多的河北广告主期望与一家“能够解决他们所有营销需求”的完整广告公司合作。然而，河北广告主对科学广告的认知还不充分，相比整合营销商和线下活动商，他们更青睐与数字商进行合作，未能给予品牌效益足够的成长期，品牌策略的“朝令夕改”成为品牌价值积累的一大难题。

2. 广告公司：综合实力承压增加，服务质量有待提升

河北广告公司主要业务类型包括广告设计与制作、传统媒体服务、数字营销服务、品牌咨询服务、会展活动服务等。根据河北省广告研究院调研数据，2021年河北省广告营业额约为112亿元，与上年持平，但仍未恢复到2019年的发展水平（见图1）。河北省广告业正处于创新转型期：受疫情防控常态化、经济高质量发展新形势、河北省环保政策等多方面影响，诸如房地产、工业加工产业等传统广告服务的核心产业发生变化，业务量减少。另外，以直播带货、新媒体广告为代表的数字营销的界定不清晰，导致2021年河北省广告营业额的统计数据偏低。总的来看，经济下行压力对河北省广告业主体的影响不容小觑。

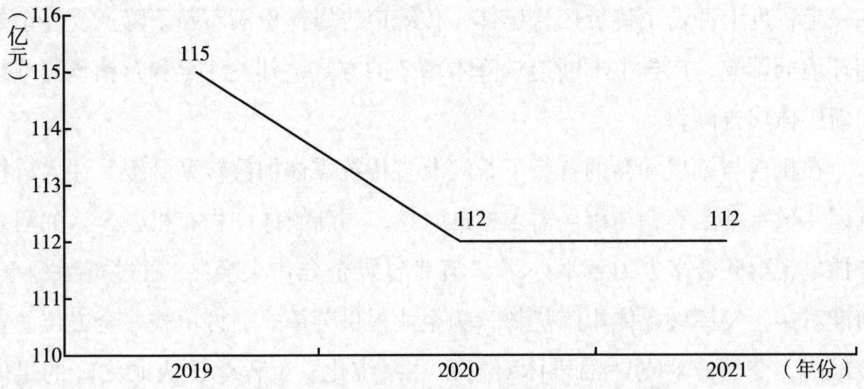

图1 2019～2021 年河北省广告营业额发展趋势

2021 年初，河北各地市的解封让专注线下投放的纯资源型广告公司和平台迎来转机。河北省广告研究院调研数据显示，河北省的电梯广告和影院视频广告实现反弹式增长，2021 年前三季度河北省电视广告和广播广告的投放量都呈增长趋势，尤其是与民生紧密相关的药品、食品、日化类产品，整体增幅超过 30%。中小规模的资源型与设计类广告机构逐渐从疫情的阴霾下走出来，回归正常的产业运作。河北省广告业主体市场的全面复苏和广告公司之间信息的有效沟通促使广告平台由单打独斗发展为联手作业。河北广告公司通过整合资源应用、拓展自身业务范畴、创新品牌、与消费者联结等方式实现广告业务的全面发展。

2021 年，河北网络广告市场快速发展。广告业主体逐渐认识到品牌传播和效果广告需要齐头并进，只有长期广告和短效营销方式相结合，才能实现从量变到质变的飞跃。然而，由于广告市场环境、数字营销技术、企业内部结构等制约因素，河北省广告业主体的商业服务尚未建立完善的整合营销传播机制。此外，算法“黑箱”带来的虚假流量，尤其是 KOL 广告投放中的刷量行为，为广告经营带来高额损失。流量购买—投放的市场是一个多方博弈的利益链，在众多参与角色中，河北省广告公司必须在保证自身利润空间前提下谋求发展。

3. 广告媒体：传统媒体稳中有进，新媒体复苏势头强劲

2021 年，新型广告营销方式、新媒体广告在创造更多市场机遇的同时，

在一定程度上冲击了传统广告媒体，传统广告媒体份额不断下降。受复杂外部环境的影响，广告主不断追求降本增效的方式，其关注点和营销预算继续向新媒体广告倾斜。

在机遇与挑战并存的背景下，河北省传统媒体加快转型升级，注入科技基因、数字基因等，与市场需求精准对接，与新媒体广告有机融合。如河北广播电视台联合多方力量举办了“河北省媒企合作大会”，通过资源分享、精准对接，发挥融媒体矩阵优势，为企业提供菜单式、订单式、全方位的宣传推广，变“点对点”的媒体对接为“系统化、工程化、认证化”的媒体合作。根据不同品牌建设需求匹配不同的品牌、栏目、活动、新媒体等宣推资源，提升品牌宣传的操作性、实效性、创新性、推广性和完整性。同时打造了“新锐品牌、实力品牌和领军品牌”的品牌推广支持体系，不仅形成了独特的品牌特色，还为全省企业高质量发展提供了更多媒体智慧、媒体方案和媒体力量。全省各级传统媒体也都不断创新广告推广方式和媒体赋能方式，这不仅强化了河北省相关企业的品牌推广力，同时也是传统媒体在媒体融合中所做出的尝试和努力。

受2021年疫情影响，分众类媒体价值得到进一步释放，其中较有代表性的是院线、梯媒与楼宇广告。虽然影院广告业务较2020年有所增加，但情况依旧不容乐观。与影院广告不同的是，梯媒广告在疫情防控常态化时期展现出可观的广告价值，楼宇广告业务从2021年开始逐步回升。受疫情影响比较严重的分众类媒体依然曲折前进，户外等分众类媒体广告受交通和娱乐休闲的约束投放下滑，不少广告主为降本增效转而投向互联网效果广告，导致分众类媒体广告上半年处于低迷状态。但令人惊喜的是，分众类媒体借此机会也优化了自身的影院、楼梯灯传媒点位，使单个点位价值有所提升，也使分众类媒体价值更加突显。

与传统媒体相比，新媒体广告市场表现较为乐观。2021年，河北省互联网广告市场规模呈现逐步上升的发展趋势，短视频、直播带货等新型营销方式日益火爆，互联网、移动互联网媒体以及自媒体平台的优势日趋明显。如河北广播电视台经济生活频道借助新媒体开展公益助农、助企，上线全媒体直播节目《冀有好物》，并采用电视端与移动端同步播出的形式，现场邀请20位淘宝电商主播进行直播，形成了“电视+网络+电商直播群”的传播矩阵。但盲目追逐效果广告的风潮也让互联网广告的监测监管成了现阶段河北广告媒体平台亟待解决的问题之一。

（二）广告产业协作发展

2021年，河北省广告业总体发展态势稳中向好，不断激发市场活力与创新力，这离不开政、产、学、研、媒各参与主体加强相互协作、优化互助发展的作用。

1. 行业自律：自律体系逐步构建，公共服务持续升级

2021年，河北省各级广告协会作为河北省广告业行业自律的重要角色，大力维护良好的广告经营秩序，开展广告专业人才培训，提高广告经营单位广告管理水平，在行业的信息交流与协同互助、行业的自律意识与自律体系、公益广告的创意创新与资源管理、广告学术的研究发展与在地应用等方面取得了不俗的成绩。

依托河北省广告协会，在全省范围内开展证明商标认证工作，推动行业标准化发展。2021年共认定22家广告经营单位为河北省广告协会证明商标企业，并推荐中广艺达（唐山）文化传播集团有限公司、河北盘古网络技术有限公司、河北春秋文化传播有限公司、铂扬广告有限公司四家广告经营单位认定国家级证明商标企业。

开展优秀广告作品评比，提高广告经营创意能力。河北省广告协会成功举办了第二十一届河北省优秀广告作品评选活动，助力广告公司广告策划、设计与创意水平的提升；参与主办2021河北省公益广告大赛，放大公益声量，共筑河北公益广告特色品牌；强化行业对外交流，全省各级广告协会积极组织省内广告企业参加了中国广告论坛、上海国际广告节、中国国际广告节等中广协及各省协会组织的各项活动。

2. 广告监管：监管服务持续优化，广告监测发挥效能

2021年，在河北省委、省政府深化“放管服”改革，“壮大市场主体、

激发市场活力、助力企业转型升级”的政策引导下，河北省广告业各级监管部门创新思路举措，做好监管服务工作。作为全省广告业的监管服务主管部门，河北省市场监督管理局开展“有创新、有抓手、接地气、解困境、可落地、见实效”的监管服务一体化探索：

第一，联合河北省卫健委、河北省教育厅、河北省药监局、人民银行等部门开展了“教育培训”“医疗美容”“纪念币纪念钞”等24个专项整治行动，开展“冒牌知名医院”“网售假冒检验检测报告”“长江野生鱼”等22类广告专项监测，曝光虚假违法广告典型案例10件，严格落实疫情防控常态化时期广告监管工作，有效遏制违法违规现象，持续优化营商环境；

第二，利用全省广告业产、学、研全产业链的优质资源和权威力量，在全省范围内创新开展以“促进生产、扩大销售、转型升级”为主题的“助产助销助转型”帮扶工程，截至2021年12月，对接全省企业267家，帮扶解决产品销售、顶层设计、大数据分析等难题200多项，为企业免费提供新闻宣传报道120多次，对接销售渠道8025个，增加直接销售额3.8亿元；

第三，修订2019年印发的《广告监测工作制度（试行）》《组织指导“三品一械”广告审查的衔接制度（试行）》，制定《广告监测数据处理工作管理办法（试行）》，指导省局广告监测中心制定了《广告监测数据采集存储与安全管理工作制度》《广告监测流程管理办法》等六项制度，从大局统筹广告监管安排，从而切实有效地规范和整治广告营商环境，优化广告市场秩序。

据河北省市场监督管理局监测中心数据，2021年，省局监测中心共监测各类媒体广告1315.7万条次，涉嫌违法8.7万条次，条次违法率0.66%。办理各类虚假违法广告案件1138件，罚没款2517.00万元。从近年来河北省违法广告罚没款来看，河北广告执法和惩戒力度较大，收效显著（见图2）。2021年河北省违法广告案件涉及行业情况如图3所示。

借助广告监测平台的接入，河北省广告监测体系逐步完善，广告监测监管效能全面提升。河北省市场监督管理局将加强广告导向监管，推进广告帮扶工程，助推河北省经济高质量发展。

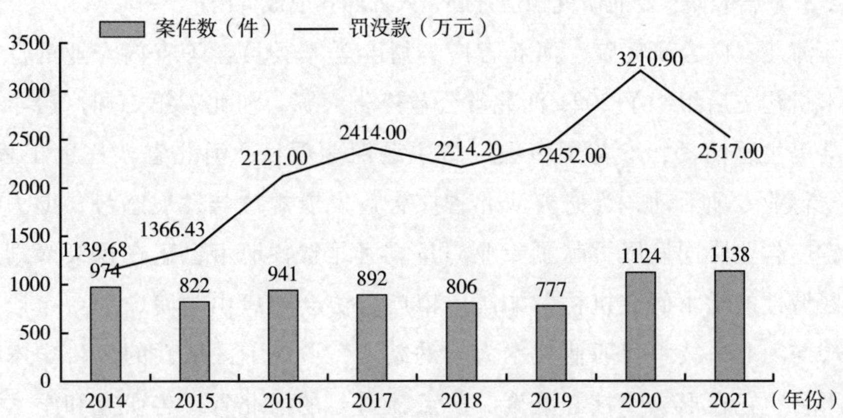

图 2　2014～2021 年河北省违法广告案件数以及罚没款统计

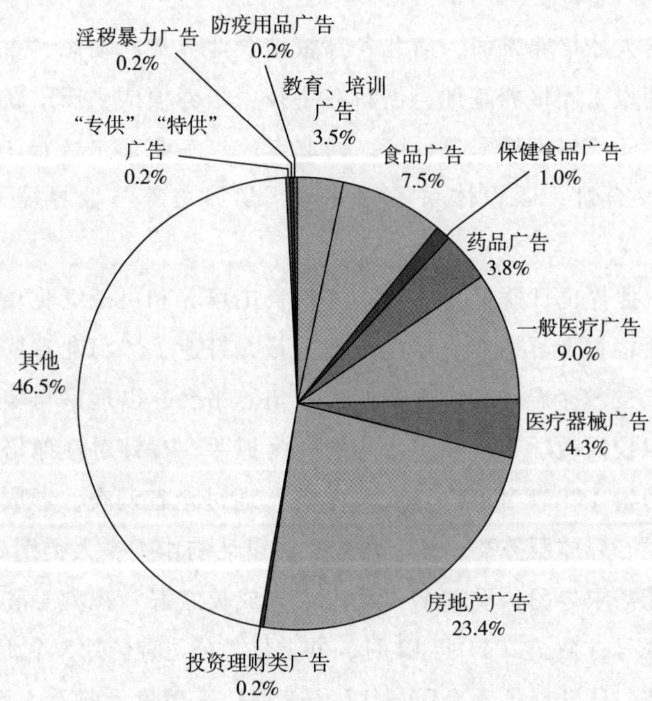

图 3　2021 年河北省违法广告案件涉及行业统计

3. 广告教研：专业研究融合开展，人才培养成效突出

河北省广告研究院、河北省广告协会学术委员会等省内专业的广告学术机构先后组织了2021河北省公益广告大赛、河北省第二届广告学术年会等主题活动，参与了多项广告主题课题项目、河北省“三助工程”等全行业专项活动，为研究河北省广告业发展规律与发展态势，助力河北省广告业协同发展贡献了专业力量。河北省各地市也正在积极筹划组建区域性的学术研究机构，如唐山市广告协会与唐山学院、邢台市广告协会与河北科技工程职业技术大学的结合，形成了区域性的广告学术研究平台；正在形成“核心凝聚、多点辐射”的河北省广告研究和学术支撑体系，为广告业界经营与广告产业发展提供理论支撑，持续打造河北广告产业高端智库。

在广告人才培养方面，河北各高校结合业界最新动态，重视专业实践导向；建设人才培养基地，创新数字技术培养模式，探索新时代教学途径。但由于广告市场瞬息万变，河北省广告专业人才培养往往面临师资结构不够合理、课程体系不够完善、学界培养与业界需求脱节等难题。

对此，业界也日益重视广告人才的自主培养和可持续化培养。河北省广告协会根据业界需求，依托行业力量，打造了“河北省广告协会云成长学院”的校企合作和广告专业人才培养平台，以理论与实践相结合为基础，以校内教学和校外实习相融合为抓手，有针对性地培养广告业人才后备力量。2021年，“云成长学院”通过全省调查，形成了广告业综合服务类、媒体服务类、数字营销类、设计制作类4大类别39个广告岗位的技能需求导图；设立了“冀广人才成长之家”视频号和云学院官方微信公众号，截至2021年12月，共上传各公司宣传片5个，录制各类课程169节，还开展了3个阶段17场直播，直播累计收看人数7054人次；举办第一期广告研学营活动，先后走访了河北行走广告、河北百度、石家庄市星河广告、春秋文化等11家广告经营单位，进一步拓展了学生对广告公司、广告行业的认识。

（三）重点领域创新突破

1. 数字广告：网络广告有新发展，数字广告有新亮点

随着互联网的不断发展，河北省数字广告市场规模总体呈逐年增长态势。网络技术更新迭代使新媒体内容向大视频、超高清方向发展，直播、短视频行业迎来有利契机。在政策支持、技术推动河北省互联网广告持续发展的背景下，河北省聚焦增强科技创新能力，推动数字与广告业态融合更新。短视频、网络直播、社交电商等营销传播新模式推动了广告数字化发展，也推动了移动程序化、视频程序化及跨设备程序化等新型广告经营模式发展。河北省以互联网数字广告业务为主的创新型广告企业在业务方面进行了更深层、更精准的优化升级，并取得一定成效；传统广告向数字化转型，致力于弥补互动性不强、无法精准投放等方面的不足。例如，河北广播电视台整合旗下的全平台宣传资源，充分利用数字化平台，在“冀时”客户端、微信、微博、抖音等平台上以“大屏直播”作为独家亮点，从而实现“声屏和荧屏”互通、“大小屏”联动。新颖的数字化平台吸引了全省各类企业的参与，充分提升了企业品牌形象和价值。

2021 年河北广告主为降本增效，将广告费用更多的投向数字广告。许多互联网公司转型承接广告业务，广告业边界再次被拓展。2020～2021 年，一种新型数字广告——短视频信息流广告骤然火爆，短小精悍、直入主题的短视频信息流能在短短几秒钟就“抓住”用户的“眼球”。河北省一些网红、电商传媒公司，比如，道易品牌策划、河北省淘宝电商直播培训基地等，利用短视频信息流这种新形式创新广告服务内容，将广告投放至用户的微信朋友圈、微博附近、抖音推荐页等流量入口，提供内容更精悍、方向更精准的数字广告，真正实现广告与数字新媒体的融合。

一系列通信新技术和营销模式，为广告业发展提供内生动力。《2020 年度河北省互联网发展报告》显示，截至 2020 年底，河北省网民数量达到 5375.1 万人，网民普及率为 70.8%。虽然有如此庞大的用户规模，但数字广告营销仍存在很多问题。比如，由于互联网准入门槛低、制作成本低，数

字营销内容、质量难以保证，广告内容同质化、娱乐化，广告质量参差不齐，市场规范不清晰等，制约广告新业态的健康发展。

2. 公益广告：公益品牌逐步建立，以赛促质稳步推进

2021 年，河北省本着“宣传部门牵头、主管单位落实、行业组织参与”的原则，不断完善公益广告的运作机制，大力激发公益广告创作实力，逐步发挥公益广告的社会引导作用，持续推进河北省广告品牌建设。

河北省市场监督管理局发布了《河北省优秀公益广告作品资源库管理办法》，完善河北省公益广告大赛的成果转化平台的管理办法和使用规则，加强优秀公益广告作品的有效集成，提升公益广告资源使用效率，为公益宣传、公益创作、公益研究等提供网络化、社会化的资源共享服务。2021 年 6 月，由河北省市场监督管理局主办，河北省文明办、河北省共青团省委、河北省教育厅、河北省广电局指导，河北省广告研究院承办，河北省广告协会协办的 2021 河北省公益广告大赛正式举办。参赛人员涵盖全国 34 个省份 80 余家业内机构、400 多所学校，共征集作品 10690 余件，比上年增长 94.72%。河北省公益广告赛事遴选和推荐给中国正能量 2021 “五个一百”优秀广告作品 20 余件。

在整个经济环境、社会环境欠佳的大前提下，河北广告产业顶住压力，通过融合“政、产、学、研、媒”多方动能，优化产业协作、创新产业生产模式，推动河北整个广告传媒业转型升级、守正创新，促进实体经济和中小型企业品牌升级、提升品牌知名度和美誉度。经过 2021 年一整年的努力，河北广告产业积累了很多相互协作、资源共享、优势互补、产业共赢的经验，在接下来的发展中也有了非常清晰的目标。

三　河北省广告业发展趋势分析

立足河北本地产业经济发展，2021 年河北省广告业的总体要求是加大执法力度，提高监管效率；加强引导，促进广告业的发展壮大；开展创新，提高管理能力，努力营造良好的广告市场环境，不断促进广告业的健康发

展。为实现上述目标，需要政府部门、广告公司、广告协会、高校等机构在多方面进行努力，助推河北省广告业实现高质量发展。

（一）强服务：树立平台思维，全方位促进企业成长

广告业作为服务业中文化创意产业的核心，本质就是为市场化发展提供有效的服务。河北省广告业发展在全国并未处于领先水平，从服务模式和质量来看都需提升。

第一，搭建多元化公共服务平台。完善管理咨询、市场调研、营销策划、业务展示、企业公关、整合传播等服务功能，促进广告企业孵化、创意展示、功能提升，助力中小广告企业做大做强。积极利用注册、动产抵押注册、商标管理等功能，为小微广告企业、新媒体广告企业、互联网广告企业等创新创业实体提供先进服务、全程服务和跟踪服务。

第二，完善广告业发展机制。探索和创新广告业发展机制，包括广告的业务机制、运营机制、人才机制、合作机制等，完善广告主体生存发展的基础性和战略性工作。河北省广告产业链上的各相关环节和各参与主体应各司其职，并且更多的考量自身在产业发展中价值实现的方法与路径，从而实现河北省广告业整体向好发展。这也是近两年河北省广告业发展必须解决的基础性问题。

（二）优业态：加快产业创新，实现多层次业态优化

针对河北省广告业务及市场的多样化需求，河北省广告业态逐渐形成以龙头企业为先导、中小企业精细化分工、产业园区逐渐落地的发展趋势，这也是河北省广告业在传统产业萎缩的大背景下所做出的战略性调整。

第一，广告行业龙头企业做大做强。一批技术先进、主营业务突出、特色鲜明的跨行业、跨地区、跨媒体的龙头广告企业将会引领河北广告业整体发展。河北日报、河北广播电视台、长城新媒体等重点媒体和广告媒体平台也将迎来新转型、新发展和新提升。

第二，中小广告企业适应转型。中小广告企业应该走专业分工、资源整

合、专业服务与特色管理相结合的发展道路，实现多元化创新，精细化、专业化发展，一批适应多元化需求、具有专业特色和细分市场竞争优势的中小型广告企业，也将逐渐打造自有的发展特色。

第三，广告产业链延伸拓展。河北广告企业通过广告传播整合公关、促销、营销、传播等其他营销传播服务领域，促进广告创意、策划、设计等上游环节与广告媒体的制作发布及节目定位、内容制作、广告运营等下游环节的双向对接，实施产业集群发展战略，发挥产业集群效能。

第四，广告产业园（基地）建设提质增效。省、市、区三级联动，加强对各级广告产业园的引导，突出个性化和集群集约化发展。争取国家级广告产业园区建设落地，把广告产业园打造为河北省广告业发展的主阵地。

第五，推进产业科技研发应用。将现代技术应用于广告制作和广告设计的各个环节，不仅可以节约资源、保护环境、降低成本，还能提高产品服务质量。提高新硬件、新软件、新平台在广告业的应用水平，加快传统广告业的现代化改造。

第六，商业模式加速创新。积极适应市场环境和传播环境的变化，创新商业模式，及时调整服务策略以满足广告商和市场的需求，寻找互联网和物联网背景下广告业创新发展的新模式。

（三）促持续：提升产业水平，促进持续健康发展

河北省广告业不仅要提升市场监管水平、增强监管履职能力，还要重点关注行业人才的培养和知识产权保护，促进河北省广告业持续健康发展。

第一，强化监管服务。行业监管部门认真贯彻落实习近平总书记关于“广告宣传也要讲导向”的重要指示精神，围绕党和国家以及全省重要工作、重要活动、群众普遍关心的问题，开展执法检查，维护风清气正的广告市场环境；加强对广播、电视、报刊等主要媒体广告的监督检查，督促媒体履行广告审查义务，提高媒体审查能力；加强广告监测数据的应用，建立和完善与广告监控相关的信息分析和沟通机制，及时提供广告监控信息。

第二，加强知识产权保护。河北省广告业已经开始认识到知识产权的价

值和能效，有效保护知识产权将成为促进广告业创新发展、保护广告主和个人权益的重要保障。广告从业人员要进一步增强产权保护意识，自觉尊重和保护产权，尊重他人的广告作品；行业主管部门也要优化所有权的注册和登记流程，简化相关授权程序，提高所有权申请的效率和服务水平。探索建立公共知识产权制度，为大多数中小型广告公司提供法律咨询和救援服务，鼓励广告公司通过法律渠道解决知识产权纠纷。

第三，以专业教研推动行业健康持续发展。教育是一个行业发展的根基，河北广告人才的教育要依托各级广告协会和各类广告学术机构，探索学界专业教育和业界技能培养相结合的有效路径，实现广告专业人才发展的“双翼共进”。近两年，河北广告学术研究已经走在全国前列，“十四五”时期，河北广告学术研究要挖掘深度、提升高度、拓展广度，进一步发挥促进行业高质量发展、智慧型创新和为业界提供更多专业服务的价值。

参考文献

宋维山、胡树明主编《河北省广告业发展蓝皮书（2017—2019）》，河北人民出版社，2020。

《2020 年上半年河北经济运行情况分析：GDP 同比下降 0.5%》，“中商情报网”百家号，2021 年 7 月 25 日，https：//baijiahao. baidu. com/s？ id = 1673153622346248258&wfr = spider&for = pc。

专 题 篇

Special Reports

B.8
河北省级主流媒体融合发展创新实践及对策分析*

田苏苏**

摘 要： 河北省级主流媒体深入贯彻落实习近平总书记关于媒体融合发展的重要论述，积极推动媒体融合发展不断深化。新技术赋能，媒体传播步伐明显加快，主流媒体逐步由发布型媒体向平台型媒体转变，“媒体+”传播格局正在形成。但面对媒体生态的剧烈变革，河北省主流媒体仍需进一步强化大数据思维，推动“媒体+”模式不断深化，促进形成多业态发展格局，加速实现媒体产业转型升级。

关键词： 主流媒体 媒体融合 大数据思维

---

* 本报告为2021年度河北省社会科学发展研究课题“媒体深度融合背景下壮大我省主流媒体路径与对策研究”（项目编号：20210101006）阶段性研究成果。

** 田苏苏，河北省社会科学院新闻与传播学研究所研究员，主要研究方向为新闻史。

河北省级主流媒体作为全省新闻宣传的主力军、主阵地，深入贯彻落实习近平总书记关于媒体融合发展的一系列重要论述和指示要求，坚持正确政治方向、舆论导向、价值取向，坚持守正创新、推陈出新，以新平台、新机制、新表达、新拓展为抓手，在“新型”上求突破，在“主流”上下功夫，加快打造新型主流媒体旗舰，“爆款”产品、优秀作品、品牌作品不断涌现，传播力、引导力、影响力、公信力不断增强，全媒体生态链不断得到拓展和延伸。

一　新技术赋能，媒体传播步伐加快，智能化转向趋势明显

随着传播格局和舆论生态深刻变化，互联网成为新闻宣传主平台、主阵地。围绕扩大主流价值影响力版图，河北省级主流媒体坚持移动优先战略，强化新技术嵌入全媒体传播，以建设功能强大的“中央厨房”为龙头，突出实用、便捷和高效，大力推动落实技术重装备向轻装备转向、向智能化转向，加快建设涵盖报、网、端、微、号等在内的立体传播平台，推进媒体传播智能化转型，全方位提升媒体技术平台引导能力、支撑能力和融合水平。

河北日报报业集团加快对“中央厨房”的更新升级，集团旗下重点时政类媒体及驻外机构的新闻生产全部纳入“中央厨房”，进行统一调度指挥，报、网、端、微、号各平台全部打通，采访、编辑和技术力量实现共融互通，实现了优质内容多介质推送、多渠道传播和多平台融合。“河北日报”客户端立足“权威信息发布、沟通网民关切”，突出“实时、深度、观点”，开设“头条”“时政”“观点”“深度”等16个频道以及27个地方频道，24小时滚动更新。截至2020年，客户端累计下载量超过1300万次，高峰时注册用户超过500万人；截至2022年1月初，“河北日报”官方微博粉丝超345万人，“河北日报”官方微信公众号订阅用户近90万人，“河北日报”抖音号粉丝量超400万人，报道总点赞量超2亿次，各项数据在省级党报中名列前茅。截至2021年10月，河北日报报业

集团新媒体用户数超过 1.2 亿人。

河北广播电视台集聚优势资源力量，打通平台各端口，致力于建设智慧广电，形成大小屏联动、发力自有客户端、借力第三方平台的融媒工作格局，改变传统频率频道独立经营的传统模式。2021 年 5 月，河北广播电视台正式获批 IPTV 集成播控服务牌照，河北 IPTV 用户规模突破 1700 万人，活跃用户占比超过 40%，位居全国前列，覆盖河北省 75% 的城乡家庭，成为河北省新媒体电视主流传播平台。升级 4K 电视节目远程制作和互动电视技术，通过超高清及高清节目的远程智能采集、编辑制作、5G 直播等技术应用，实现智能化云平台功能。利用全媒体移动平台和全媒体直播间，推进广播频率在内容制作、分发传播、用户服务及技术支撑等方面智慧化升级。在第三方平台管理方面，打通壁垒，利用 219 个第三方新媒体账号进行重大活动、重要节目宣推，平台资源引流等，形成良性互动效应。

长城新媒体集团依托冀云·融媒体和"学习强国"两大平台，通过"中央厨房"不断更新升级，构建融媒体矩阵。"学习强国"河北学习平台、冀云·融媒体平台高标准高质量推进，包括"冀云"客户端、"长城 24 小时"客户端、长城网、《河北经济日报》和官方微博、微信公众号、第三方媒体号等的网、报、端、微全媒体传播矩阵日趋完善，冀云·融媒体平台作为河北省县级融媒体中心省级总平台，开发上线市县级分端 151 个，实现了省市县三级内容的统一整合汇聚、全省覆盖，打通了主流舆论宣传"最后一公里"，截至 2021 年 12 月 31 日，"冀云"系列客户端总下载量突破 2500 万次，累计访问量超过 72 亿次。[①] 在人工智能、大数据技术方面，长城新媒体集团建立数据挖掘分析平台，研发多种 AI 应用、智能穿戴采访设备，推出河北新冠肺炎疫情动态、周边疫情查询工具、AI 旅游助手、高考志愿填报助手等大数据服务产品；开发可同时接入两百路终端的智能视频聚合系统、可全程 3D 建模的 VR 云展厅系统、能实现各类活动功能的运营级活动

① 《冀云客户端总下载量突破 2500 万　河北媒体深度融合跑出加速度》，"冀云"客户端，2022 年 1 月 1 日，https：//jiyun. hebyun. com. cn/pages/2021/12/23/f73d4eb9ebd24bc68188db24e9c728b3. html？vTime = 27354522。

平台，提供云上场景的数字化解决方案。2021 年 3 月 2 日，长城新媒体集团与河北广电信息网络集团签署战略合作协议，在内容制作发布、网络传输、云平台数据业务、技术研发等方面开展全方位合作，探索“新媒体企业 + 网络运营企业”融合创新发展新路径。

二　强化新闻产品的新媒体输出，增强主流宣传优势

河北省级主流媒体在内容形式上同步创新、同向发力，新闻产品顺应分众化、差异化传播趋势，注重满足新形势下不同用户的新要求、新体验，坚持以内容生产为根本，把内容生产优势转化为互联网传播强势，不断丰富和创新表达方式、呈现形式，强化个性化表达、可视化呈现、智能化推送和互动化传播，为正能量内容导入大流量。

（一）立足全媒体立体化传播，做好内容供给侧加减法

河北日报报业集团倾力做好观点新闻，加强全媒体平台评论阵地建设。在互联网平台开设“青园锐见”微信公众号、“河北日报”客户端“观点”频道、河北新闻网“慷慨歌”网络评论专栏，形成评论矩阵。原创短视频栏目《值班老总读报》，由集团副总编辑轮流担任主播，聚焦《河北日报》优质原创内容推介和热点话题评说，被新华社等 660 余家媒体转载推荐，2021 年初，河北突发本地新冠肺炎疫情，该栏目连续推出 9 期“战疫”特别节目，增强公众信心。推出“河北融媒头条”专栏，立足文图视融合呈现、全平台立体传播，对重大选题进行融媒体形式呈现。与此同时，大力削减新闻性、时效性不强，传播力、影响力一般化的内容生产，把工作精力和重心转移到优质内容生产上来。

河北广播电视台推进频率频道自身“消肿减负”，并将传统频率、频道嫁接新媒体出口，把传统平台打造成新媒体平台优质内容供给地。打通新媒体供稿全渠道，通过“冀时”客户端首发、开设“冀时”号、头条工程建设等手段，引导全台节目生产部门及时向“冀时”客户端供稿，做强“冀

时”品牌特色，提升影响力和传播力。2021 年初，广播电视新媒体通力协作，策划推出直播《同心抗疫·同舟共“冀”》，“冀时”客户端浏览量达到 1945 万次，全网浏览量超过 3000 万次；通过频道、频率、网络、客户端等多平台同步直播的《同心抗疫·共克“石”艰》特别节目，短短 3 小时内“冀时”客户端浏览量突破 1200 万次。

长城新媒体集团在重大主题报道上强化互动性，让融媒形态更好地为内容服务，缩短与受众之间的距离，打造现象级互动传播产品。在策划和报道中，用融媒理念、受众思维，将产品立意、互联网传播特点及传播平台特点相结合，打造符合大众口味的互动传播产品。如在红色主题报道方面，面向青年群体推出“老英雄红色故事报告会”系列活动，应用冰屏和 AI 技术，将歌舞、情景表演等艺术形式与老英雄现场讲述巧妙融合；策划“穿越时空的青春之歌”系列互动报道，让河北籍的革命先烈与同行业的当代优秀青年通过 AI 视频、航拍等形式隔空“对话”，讲述先辈的红色奋斗故事，提升主题报道的吸引力；制作系列互动 H5 产品《@共产党人，一起重温入党誓词》《重读“入党申请书”》等，以代入感强的声音和画面，唤醒广大党员不忘初心的使命；研发红色文化题材手游产品《地道战·绝境奇袭》，用户以沉浸式参与的方式体会党领导人民革命斗争的非凡历程，为青年人解读红色历史和红色文化，让红色基因永葆活力。

（二）创新产品表达形式，突出融媒体特色表达

河北日报报业集团每天推出图文、音频、视频、VR、H5、互动程序等全媒体产品 1500 多条，生产效能提高；组建视频工作室，建立重点视频专业生产、日常视频全员生产的生产机制，实现视频产品在重大主题报道中全覆盖。

河北广播电视台通过推进直播常态化、强化大小屏互动、深耕垂类内容等手段，一体化统筹、集中发力，探索了五种河北广播电视台节目转型新模式：以《冀时大直播》为代表的全媒体直播节目，以《冀有好物》《向上吧生活》为代表的电商带货节目，以《非常大中医》《名医来了》为代表的垂

类内容开发节目，以《冀时帮》为代表的大屏迁移小屏类新媒体节目，以《建楼开讲》衍生的《歪楼正说》及《老郑说车》衍生的《郑在说车》为代表的互联网衍生类节目。在融媒生产模式创新、带货节目产业经营、垂类社群服务、自属客户端内容创新、大屏孵化小屏节目方面取得突出表现。

长城新媒体集团在形式上运用虚拟技术、人工智能等最新技术传播形态，吸引更多的受众，增强内容供给的精准性、契合度；丰富传播手段，加强推广运营，突出差异化与个性化，更加注重年轻人的视角，选取年轻人感兴趣的角度，采用手绘长卷、视频、融媒访谈等形式，以故事化讲述、可视化呈现、交互式引导等方式，制作有贴近性、亲切感和说服力的融媒特色精品；加大创新力度，实现轻量化表达，适应抖音、快手等第三方“网红化”平台传播，做到既接“天线”，又接“地气”。

（三）强化用户思维，提升正面宣传到达率

河北日报报业集团注重兼顾时效与深度，新媒体平台在实时传播中以直播、快讯、图文首发等形式抢抓热点，以深度、观点等产品随后跟进，形成梯次传播，满足受众的信息需求。如 2021 年初，在应对本地突发新冠肺炎疫情的新闻宣传中，“河北日报”客户端连续 23 天推出大型不间断直播，在直播省市级新闻发布会的同时，实时推出要点快讯，30 分钟内上线发布会主要信息完全版和海报产品，当天推出评论和深度解读，形成传播合力。根据各平台特点和受众需求偏好，将权威、专业的原创内容进行个性化编辑和呈现，报纸平台与互联网平台、文字产品与新媒体产品互为补充、互做推广，有效提升正面宣传的到达率、扩大覆盖面。

河北广播电视台聚焦“大主题、大民生、大文化”三大内容体系建设，把正能量和大流量结合起来，把“受众需要”与“媒体生产”有机结合起来，提供更多个性化、特色化融媒体产品，构建涵盖多种产品形态、满足各类用户需求的全媒体内容矩阵；明确全台所有节目向移动端转型的工作要求，制定广电节目融媒转型标准，推动全台存量节目向融媒节目升级，截至 2021 年，全台 118 档（包括 39 档电视节目、79 档广播节目）广电节目，已

完成50%的存量转型；设立节目创新创优扶持资金，强调不扶持无新媒体元素的节目，以市场手段和工作标准抢占互联网主阵地。

长城新媒体集团增强媒体产品故事性和真实性的结合，寻求重大主题和网友关注的契合点。如党史教育活动方面，策划"'冀'忆初心"报道，推出"寻访'红色镇馆之宝'""寻访'第一个党支部（第一位党员）'"等系列报道，挖掘河北英烈、英模的感人故事，通过设置悬念、细节刻画等手法，展示奋斗征程；推出全长105米的手绘长卷《雄关漫道真如铁——百年风华图景志》短视频，涵盖100余个党史重大事件，刻画1000多个典型人物，再现中国共产党波澜壮阔的百年风华，成为河北党史学习教育的特色教材。如"奋斗百年路 启航新征程"主题报道方面，推出纪行式系列报道《河北！从"新"出发·向总书记报告》，回访党的十八大以来习近平总书记到河北考察调研过的地方和总书记回信涉及的地方，反映河北广大干部群众牢记嘱托、砥砺奋进的精神风貌；"沿着高速看中国"纪行式蹲点调研报告推出"穿越太行"篇、"延崇漫记"篇、"大道雄安"篇，挖掘平凡人的故事，描绘时代的变迁，感受国家发展的脉搏，受到中宣部《新闻阅评》表扬。

三 "新闻+"赋能全媒体平台传播，增强媒体生机活力

河北省主流媒体积极推进新闻传播平台向"新闻+政务+服务+商务"综合性服务平台转变，拓展公共服务领域，有效聚拢各类信息资源，加快构建和塑造媒体新型传播格局。

（一）由发布型媒体向平台型媒体转型

河北日报报业集团在做好信息发布的同时积极拓展主流媒体功能，努力为用户提供集内容、信息、服务与社交等于一体的解决方案，不断探索新业态、新模式，打造平台型媒体。

河北广播电视台进行融媒体基础平台的互联互通，升级扩容融媒体基础

平台，实现与“中央厨房”、云高清制作系统的互联互通、资源共享，为新媒体中心建立账号、为融媒体平台与新媒体中心素材推送和内容共享提供技术支撑，积极推动“中央厨房”的使用，在资源池建设使用方面迈出关键一步。以建设智慧广电为目标、以融媒体平台为总架构，涵盖“中央厨房”系统、云高清制作系统、“冀时云”平台系统等多个业务子系统，逐步实现广播电视制播平台从传统架构向云架构平稳过渡，为节目高质量制作和融媒体产品生产夯实基础。

长城新媒体集团冀云·融媒体平台发挥在全国领先的资源汇聚、技术引领等综合优势，践行平台型媒体定位，运用人工智能、大数据等新技术，做强做优舆情、大数据等平台服务，一方面为党委政府科学、精准决策提供智力支持，另一方面积极回应群众关切，更好地引导群众、服务群众，为提升基层社会治理水平提供坚强保障。如 2021 年初，在抗击本地突发疫情的新闻宣传报道实践中，冀云·融媒体平台利用其“横向聚合、纵向贯通”的优势，将省市级百余场新闻发布会等重要权威信息，通过“冀云”客户端矩阵一键配置到各市县分端，同时开设“冀云时间·共同战疫”频道，向全省 147 个县级融媒体中心统一推送抗疫专题报道，实现省市县乡村等政策措施及权威信息“一键发布、一次推送、多端直达”。开辟“我们在一起！河北同心战‘疫’疫情求助绿色通道与暖心事爆料通道”，向用户征集身边暖心事、烦心事，帮办群众难题 1500 余件。每天动态直播开辟“市民生活帮你问”专题，以群众提问、记者牵线、相关部门解答的形式，解决群众实际困难、缓解群众焦虑情绪，深受群众欢迎。

（二）打造“新闻＋政务服务商务”内容聚合平台

河北日报报业集团用优质平台聚合“众人之智”“众人之力”，实现优质内容的共创共享。如聚合政务服务资源，打造全网问政平台“阳光理政”。该平台 2010 年 9 月上线，已有省市县乡四级 5000 多家党政部门和机构入驻，微博、微信、抖音等多平台通道 24 小时接收网民留言，截至 2020 年，累计解决网民诉求 20 万件，成为河北省内各级党政领导干部践行网上群众路线的重要阵地。

河北广播电视台打造的“冀时云”移动平台，涵盖舆情、文化、旅游、医疗、美食、缴费等民生领域，有效聚拢各类社会信息资源，不断拓展在媒体资料存储、内容生产、信息发布、民生服务等方面的立体传播、媒体融合运营的全新传播体系。

长城新媒体集团冀云·融媒体平台坚持技术驱动，强化技术引领，为融合发展赋能，构建起资源整合、多元应用、协调联动、数据挖掘、一体运营的省级新闻宣传管理“一张网”，成为数据汇总和运营枢纽。赋能内容生产、传播、变现等不同环节，满足图文、音视频、H5 等多种形式的媒体产品生产需求，支撑宣传管理部门对省市级主流媒体和县级融媒体中心的统一宣传管理、资讯发布和内容监管。做大做强“问政河北”平台，优化公共智库服务，推出“今冬问暖”“帮您讨薪”等系列专栏，被省网信办评为“2021 年河北省践行网上群众路线典型案例”。策划《政策面对面》栏目，打通政策服务“中梗阻”，采取演播室视频访谈形式，全方位解读各类政策信息，共推出复工复产、减税降费、产业转型支持等专题近百个。开设民生专栏“凡人微光”，推出原创报道近百期。“民声回音”“两会民生微视”“防疫情·保民生”等系列报道，关注群众的衣食冷暖和喜怒哀乐，涵盖就业、医疗、教育等领域，助推相关问题解决。“冀云”客户端开设“我为群众办实事·党员帮办微心愿”平台，聚焦保障基本民生需求，以实现群众“微心愿”为切入点，突出融媒交互性，在各网站、客户端、微信、微博等开通心愿提交通道，将办实事与新媒体宣传融为一体，综合运用移动直播、微视频、横屏长图、创意视频等形式，在办实事中挖掘、讲述正能量故事，持续提升平台影响力。

（三）探索“媒体 +”数据信息服务运营模式

河北日报报业集团围绕主业、紧贴市场，发挥主流媒体品牌优势，探索建立“新闻 + 政务服务商务”运营模式，打造省内一流的全媒体信息服务提供商。实施智媒中心项目，深化拓展大数据、人工智能，建设实时自动更新的集团媒资数据库，提供数据产品整合营销、版权运营合作、舆情等服务；2021 年，已与数十家机构开展了版权合作，为超过百家机构客户常年提供舆情服务。

河北广播电视台以广电传媒产业为核心，积极构建“传媒+”产业格局，在信息、文化、旅游休闲等传媒相关产业加快布局，在推动内容转型全力打造节目品牌的同时，大力创新节目经营模式，探索打通节目上下游产业链条，以包括全媒体宣推、广告植入、线下活动等全案策划，有效吸纳聚拢政府行业资源，推出《我中国少年》第四季全案策划类节目，构建了以品牌节目为核心，辐射上游行业企业、下游受众人群的内容经营新模式。

长城新媒体集团拓展自有新媒体产业发展格局，在新媒体网、微、端的运营维护、舆情服务、政务服务、电子商务服务和融媒体技术服务等方面持续发力，拓展网络信息投放、大型集采业务等新产业，初步形成具有平台型媒体特色的多业态产业发展格局。“数据+服务”模式不断延伸，冀云·融媒体平台为整合全省各类资源提供支撑，涉及的民生服务范围不断拓展；“冀云”客户端深度整合社会资源，拓展政务服务“冀云”客户端接入生活缴费、医疗健康、交通出行等 76 类超过 280 项具体服务功能，实现了“冀云在手、服务通办”。“冀云”客户端自主开发上线河北省直机关党建平台、河北“扫黄打非”举报平台、新时代文明实践中心线上平台，以及全省记者证申领资格培训及考试系统等政务功能，融媒体运营生态进一步提质升级。2020 年，新冠肺炎疫情发生以来，河北省卫生健康委员会与长城新媒体集团联合推出河北省首家由新闻媒体建设的心理咨询平台“河北在线心理咨询平台”，并在 2021 年改版升级，累计 1000 余万人次咨询心理问题，省级权威心理专家在线提供心理疏导服务；为应对疫情，长城新媒体集团开设冀云“空中课堂”，覆盖人数超 3000 万人。

四　创新媒体运营机制，激发融合发展新动能

河北省级主流媒体在推进融媒体发展向智媒体转变过程中，不断深化企

业运营机制改革，以机制创新催生新发展动能，以一体化建设为方向推动融媒管理深度融合，科学稳妥地改革完善融媒体管理体制和运行机制，在统筹导向把控、选题策划、指挥调度、议定事项等方面发挥主导作用。

（一）一体化运营机制不断完善

各主流媒体通过重构采编流程，建立完善的一体化运行机制，将主力军转移至互联网主阵地，实行一支队伍办报、办网、办新媒体。坚持党报姓党，坚持政治家办报、办刊、办网、办新媒体，把增强“四个意识”、坚定“四个自信”、做到“两个维护”具体落实到每一篇报道、每一个版面、每一个新媒体产品中。

河北日报报业集团严格进行一体化管理，改变以纸媒为中心的机构设置，搭建和制定符合融合发展需要的组织架构和采编发流程，将优势采编资源、专业人才包括领导力量向互联网汇集，清晰界定报纸和互联网两个平台的内容定位，报纸围绕精品党报目标突出深度新闻以及言论评论，互联网平台突出实时、互动、信息量，通过两个平台的“此长彼长、两翼齐飞”，履行好主流媒体责任，牢牢占领传播制高点。

河北广播电视台进一步实现集约资源、集中管理、统一调配、统筹使用，在重要时间节点、重大活动报道中，由台编委会统一指挥进行广播、电视、新媒体全案策划；建立重大活动调度机制，在重大活动尤其是全媒体直播报道中，统一调配全台节目生产部门优势资源，形成策采编发合力，实现移动优先、大小屏互动。

长城新媒体集团围绕集团发展战略，结合岗位设置和工作职责，制定目标任务，从领导班子成员、中层干部、科组长到普通员工层层分解，人人有任务、有考核，实现责、权、利相统一，做到“千斤重担众人挑，人人肩上有指标”，形成完善的现代企业治理体系。

（二）不断完善奖励激励机制

河北日报报业集团改革绩效考核办法，对全媒体平台实行一体化考核，倒逼采编人员将工作重心向互联网平台转移。河北广播电视台发挥考核“指挥棒”的作用，提高融媒内容生产、品牌打造、影响力指标的考核权重，在融媒生产人员成本和相关经费方面给予政策倾斜。

长城新媒体集团构建“全员考核、精准考核、科学考核”机制，实现薪酬“能高能低”；实行“基础工作量+亮点工作+单项奖”的绩效考核模式，在基本绩效的基础上，根据原创融媒作品传播效果、整合政务资源等重点、亮点工作评定部门奖励绩效等级。

五 深度融合发展赛道清晰，“平台+”具有巨大发展空间

面对媒体格局和舆论生态的深刻变化，河北省主流媒体坚持守正创新，推动融合发展，主流媒体的传播力、引导力、影响力、公信力进一步得到彰显，但在推进媒体融合发展中仍面临诸多实际问题。一是主流媒体生态有待进一步优化。媒体之间同业竞争、行政壁垒、机构隔阂以及媒体内部运行等仍存在一些不利因素，滞碍媒体合作和交互发展；二是媒体创新能力仍需继续提升。在技术研发、设备更新、人才引进、队伍建设等方面需要继续加大力度，从内容生产到形式创新都需要继续深化提升；三是平台聚合效应尚未充分释放，平台聚集的政务、服务、商务资源还不够多，拓展技术服务、政务服务、商务服务，发挥平台聚合效用还需进一步提速；四是媒体营收能力需要大幅度提升，要进一步转变经营方式，调整产业结构，不断提升新媒体经营的能力与水平。基于河北省主流媒体融合发展的现实困境，本报告建议省级媒体立足自身优势，补齐技术短板，加大改革力度，锐意创新，拓展“平台+”发展空间。

（一）瞄准新语境、新定位、新要求

面对技术迭代更新的快速变化和新时代新闻生态新境界、新要求，切实增强推进媒体深度融合发展的使命感、紧迫感。在融媒体发展过程中，时刻

敏锐关注新闻语境的新变化，不断从宣传手段和传播形式等方面做出调整，以适应媒介技术和用户群体的最新变化，从而不断提升自身的竞争力。现阶段的新媒体平台已经在企业化运营以及市场化运营上积累了丰富的经验，在融媒体的发展中需要不忘初心、坚守信念，从而做好自身的融媒体发展。在实践中，需要提高新媒体平台的影响力、传播力和公信力，并以此作为融媒体发展的出发点，做好与新媒体的融合。

（二）强化大数据开发与应用

新媒体平台具有明显的数据分析和搜集优势，充分发挥这两点优势就能在后续的发展中获得人们更多的喜爱和关注。利用新媒体平台优势为人们提供更加优质和专项的信息定制服务，获得受众认可。根据中国互联网络信息中心（CNNIC）发布的第 48 次《中国互联网络发展状况统计报告》，截至 2021 年 6 月，我国网民规模达 10.11 亿人。在用户使用互联网的过程中，系统可以根据用户搜索和浏览内容特点对用户的喜好、特点进行分析，有了这些数据信息，就可以为每一位用户提供专项推送内容和服务，新媒体平台也要充分利用这一优势，不断地发展自身，让更多的网络用户了解自己，并逐渐成为自己的用户。

（三）进一步创新管理机制

以强化策划为先导推动采编流程再造、以先进技术为驱动赋能融合创新、以线下活动为增长点丰富传播形态、以干部人事和薪酬绩效分配制度改革为突破口激发创新创造内驱动力，改革发展取得了显著成效。适应市场发展和媒体融合特征的现代企业制度还需进一步完善。同时，优化人才队伍，吸纳优秀的全媒体经营管理人才、技术研发人才和市场营销人才。对现阶段的新媒体平台而言，对管理工作机制和新媒体的适应程度直接影响融媒体发展的落实，只有管理工作机制更好地适应新媒体形式，才能让融媒体发展顺利进行并快速实现。要充分发挥新媒体平台优秀人才的自身作用，通过管理、工作机制的完善和革新，充分发挥人才的主导作用。

（四）推进“平台+服务”模式不断深化

数据库是现代媒体的新兴工具，数据库的实践应用可以为主流纸媒的融媒体发展带来活力，新媒体平台需要做好数据库的营销和使用，加速推进平台型媒体建设，充分释放“平台+”有效聚拢信息的巨大潜力，将数据信息服务做到无限延展。要重视网络互动平台的构建和使用，将受众人群层次扩大到多年龄段，拓展受众人群基数。推进形成以融媒体建设、新时代文化实践中心建设、新型电商等为主要内容的多业态发展格局，进一步调整优化产业格局，增加基于5G、AR/VR、人工智能、云计算、物联网、区块链等先进技术的产品数量，加速推进产业发展转型。

B.9
河北省县级融媒体中心综合服务功能开发与实现路径研究*

都海虹　张　芸　戚可馨　李周沂**

摘　要： 服务群众、引导群众是县级融媒体中心建设的重要目标。县级融媒体中心建设应贯彻“媒体+”的理念，实施“媒体+政务商务服务”战略，满足用户多样化需求。本报告基于对河北省四个县级融媒体中心的受众调查，从媒体服务、党建服务、政务服务、公共服务以及增值服务等方面，分析河北省县级融媒体中心综合服务功能的开发和应用情况。河北省县级融媒体在综合服务中存在平台推广不力、服务内容缺乏创新、缺少具有本地特色和品牌效应的增值服务等问题，其应该创新体制机制，整合多方资源，积极拓展服务领域，充分发挥贴近性优势，打造本地服务品牌，提升民生服务水平。

关键词： 县级融媒体　综合服务　基层治理

截至2020年9月，河北省被列入省级建设任务的147家县级融媒体中心全部挂牌运行，县级融媒体中心建设进入发展快车道。随着传播资源的整合、传播渠道的完善、全媒体传播手段的创新，县级融媒体中心在占领基层舆论阵地、打通新闻宣传“最后一公里”、助力新时代文明实践等方面取得

* 本报告为河北省高等学校人文社会科学研究重点项目“‘媒体+’理念下县级融媒体中心综合服务平台建构路径研究”（项目编号：SD2021011）研究成果。

** 都海虹，河北大学新闻传播学院副教授、硕士生导师，主要研究方向为新媒体传播、新闻史；张芸，河北省社会科学院新闻与传播学研究所所长、副研究员，主要研究方向为媒体融合、县级融媒体；戚可馨、李周沂为河北大学新闻传播学院硕士研究生。

了突出成就、发挥了积极作用。但是，作为基层媒体、百姓家门口的媒体，河北省县级融媒体中心在媒体服务、党建服务、政务服务、公共服务、增值服务等方面发挥的作用还不充分，需要优化综合服务功能，提高服务效率。

一　河北省县级融媒体中心服务功能开发与应用现状

河北省县级融媒体中心的综合服务主要集中于媒体服务、党建服务、政务服务、公共服务和增值服务（见图1），将这些服务与用户需求对接，形成新媒体综合服务矩阵，满足当地群众和媒体用户的多样化需求。

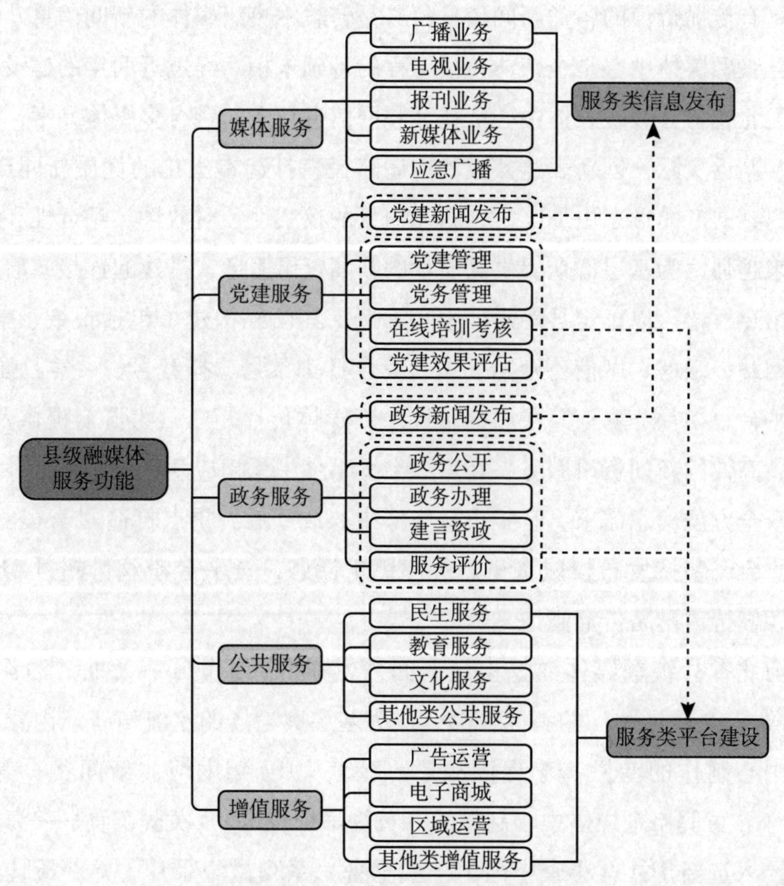

图1　河北省县级融媒体中心的服务功能

（一）媒体服务

河北省县级融媒体中心在整合县域媒体资源的基础上，建立起覆盖广泛、功能多样的媒体平台，形成全媒体传播矩阵。这些平台主要包括原有的报纸、广播电视台、政府网站（新闻网站）等传统媒体平台，微博、微信、客户端等新媒体平台，以及抖音、快手、头条号等第三方平台。此外，县级融媒体还整合了“村村响”大喇叭、广电网络、户外大屏、城乡宣传车等场景化传播媒介，织就县域媒体传播的多维立体网络。县级融媒体的信息内容主要有两个来源：一是县级融媒体采制的本地信息，包括记者和通讯员提供的具有传播价值的各类新闻信息；二是转载中央级媒体的新闻信息。

县级融媒体中心是全媒体传播工程的基础末梢。经过近两年的建设与发展，河北省各县级融媒体中心依托互联网信息技术，融合多媒体元素，聚焦本土、贴近实际，创新表达方式和传播路径，打造本土化的优质新闻产品。新闻内容的产品形态更加丰富，新闻信息的权威性、时效性、贴近性和吸引力越来越强，为基层群众提供高质量的新闻资讯服务，搭建起连接政府与群众的信息桥梁。以正定县融媒体中心为例，其已经构建了包括报纸、电视、新闻网站、微博、微信公众号、App及今日头条号、抖音号、“学习强国”二级平台、“央视频”等在内的多层级新媒体传播矩阵，为群众提供及时、权威、高效的新闻资讯服务，在重大突发事件中承担应急宣传报道任务，满足受众全方位信息需求。辛集市融媒体中心成立后，重点打造“辛集发布”系列平台，坚持发布权威资讯、关注民生话题，全平台粉丝量超过410万人，积极抢占网络传播高地。

河北省县级融媒体深挖本地新闻“富矿”，创作出一大批“沾泥土”“带露珠”“冒热气”的新闻作品，成为基层舆论场的主流声音。内丘县融媒体中心制作的专栏《李保国故事》荣获2017年度河北新闻奖一等奖；2020年，黄骅市融媒体中心制作的《黄骅吊炉烧饼》《黄骅美食——海鲜汆汆汤》入选新华社《小康中国·千城早餐》系列微纪录片，并获最佳创意奖。宁晋县融媒体中心“秒懂宁晋”栏目被河北省广播电视局推选为2020

年度“河北网络视听精品栏目”；2020年新冠肺炎疫情发生以来，香河县融媒体中心制作的短视频《香河肉饼“呼叫”热干面》在“发现香河”官方抖音号和“香河融媒发布”微信公众号发布后，先后被“学习强国”总平台、“新华社”客户端、“央视频”、央视移动网、环京津新闻网等多家媒体平台转发，总浏览量突破480万次。

（二）党建服务

河北省县级融媒体中心党建服务集中在两个方面：一是发布党建新闻，借助新媒体平台快、准、精、深的传播优势，通过精心采制时政新闻，推送党建新闻，快速准确地向广大群众传达党和政府的声音；二是提供党建和党务管理服务，组织开展党务培训、进行党建效果评估等。

“媒体+党建”是河北省县级融媒体开展较早、普及率较高的服务项目，各地县级融媒体大都在微信公众号和App开设了党建专区，把县级融媒体建成融合强大资源、提高基层党建工作能力、推进智慧党建的重要阵地。在2021年党史学习教育和庆祝建党百年主题报道中，县级融媒体尽锐出战，发挥主流化、贴近性、年轻态的融媒体优势，创新话语体系、表达方式和传播形式，产生强大的社会反响。辛集市融媒体中心录制“百名书记讲党史”视频，各基层乡镇党支部书记讲述家乡红色故事，让理论政策与群众生产生活有机融合，打通理论联系实践、联系群众的“神经末梢”，总点击量超过20万次。

看到成绩的同时，也明显感到河北省县级融媒体在党建服务方面存在内容更新不及时、缺乏与受众互动、服务内容单一等问题。调查发现，有的县级融媒体中心微信公众号的党建信息更新间隔在10天左右，还有的县级融媒体微信公众号发布的党建内容收到的反馈甚少，更缺少与基层群众进行互动。

（三）政务服务

河北省县级融媒体中心的政务服务功能主要表现为连接政府部门，为基层群众提供快捷的政务办事通道。在微信公众号、官网以及客户端开设政务板块，提供政务资讯信息和政务办理服务，包括政策公开、政务办理流程以及参政问政服务等。阜平县融媒体中心政务公开的内容涉及各类政策规定、部门年度工作情况，涉及群众利益的专项经费及其使用情况、民生项目和公益事业的建设情况、部门招聘公示等，内容较为丰富并且与百姓生活息息相关。值得一提的是，辛集市融媒体中心开设的“市委书记群众直通车”栏目，在征集社情民意、解决群众急难愁盼问题中发挥了重要作用。网友遇到的困难和问题可以在该栏目中留言，市委书记亲自督办落实。2021 年 1～7 月网友留言的 817 件事项全部办结，做到“件件有着落，事事有回音”，群众满意率达 99.8%。

目前，河北省多数县级融媒体中心政务服务功能并不完善，很多融媒体中心通过“政务大厅”并未实现完备的政务办理和参政问政功能。仍以阜平县融媒体中心为例，虽然“冀云阜平”App 可以提供政务服务，但尚未开发政务办理的相关功能，仅提供问政渠道，并且问政板块的实际功能未落到实处。

（四）公共服务

公共服务关系民生，是县级融媒体中心的建设重点，各地的公共服务应该贴近当地实际，立足本地群众需求，因地制宜开展公共服务。公共服务主要涉及民生、教育、文化等方面，河北省通过开设微信公众号、官方网站、App 等提供生活信息与服务，内容包括但不限于医疗、养老、住房、教育、交通等方面。

辛集市融媒体中心依托互联网公司的技术支持，开设了辛集市服务大厅。服务项目包括医保社保查询办理、公积金查询、水电费缴纳、公交路线、限行政策、违章查询、高速口信息查询、网上办事、挂号问诊、心理咨询、人才招聘以及网络不良信息、“扫黄打非”线索举报等。与其他县（区）相比，阜平县融媒体中心的公共服务建设具有鲜明的本地特色。阜平县是革命老区，也是深度贫困地区，脱贫工作是全县的头等大事。阜平县融媒体中心的民生服务与红色文化、脱贫工作紧密结合。“冀云阜平”App开设了“红色历史”“游在阜平”“家乡味道”文旅服务栏目，短视频、直播板块也有相关的旅游宣传推介。扶贫减贫政策、脱贫帮扶等相关服务也是民生服务的重要内容。

（五）增值服务

增值服务要求县级融媒体中心在服务群众的同时开发商业模式，完善综合服务建设，提高自身“造血”能力。河北省只有少部分县级融媒体中心具备了开发电子商务的条件。衡水高新区融媒体中心开辟电子商城等增值服务，扩大内销；石家庄正定县融媒体中心依托当地旅游业，与周边景点开展业务联系，在“掌上正定”微信公众号上设置电子商城，打造了具有当地特色的生活消费旅游特价平台。大部分地区的县级融媒体中心依旧靠政府财政补贴运行，并未形成广告运营、电子商务等商业模式，增值服务也是河北省县级融媒体中心综合服务建设的重点。

二　河北省县级融媒体中心服务功能应用情况受众调查

2021年4月12日至5月15日，本报告通过多种方式向衡水市高新区、保定市阜平县、沧州市盐山县、石家庄市正定县等四个区县的受众发放问卷150份，调查了解河北省县级融媒体中心综合服务功能应用的实际情况，共回收有效问卷135份。调研内容主要包括以下方面：县级融媒体中心服务业务目前发展情况，即目前所开展的服务业务种类（如政务服务、党建服务、媒体服务、公共服务等）、所开展的服务业务的建设完成率（如普及程度、惠民程度、受欢迎程度等）、服务类信息发布情况（如信息来源、信息传播速度、所发布的信息是否本土化、信息内容是否贴近大众、信息发布中存在的困难、信息发布后的反馈效果等）；县级融媒体中心服务业务建设情况，如服务业务种类的完善情况、政府政策的落实情况、服务业务当前发展现状及瓶颈等；受众对本地县级融媒体中心服务业务的评价，如相关信息发布是否准确及时、是否接受受众的反馈提议、发布信息的内容是否贴近大众、是否有与受众互动交流的平台等；调查对象对完善县级融媒体中心服务业务的意见。

（一）县级融媒体中心的用户特征和信息获取方式

1. 县级融媒体中心用户集中在中青年人群，老年和少年群体边缘化

四个区县的调查对象在年龄分布方面，17～25 岁占 40.74%，36～60 岁占 38.52%。可见，县级融媒体中心用户的年龄结构以中青年群体为主，老年人和 16 岁以下少年所占比例较低，处于县级融媒体的边缘，尤其是老年群体对县级融媒体中心的使用占比最少（见图 2）。在获取信息的渠道方面，依靠手机获取信息的占比为 91.85%，远远超过看电视和看报纸这两个渠道（见图 3），用户获取信息的方式已经深深依赖移动互联网，智能手机成为基层受众获取信息的第一媒介，基层受众对报纸、电视等传统媒体的关注较少，传统媒体的使用率非常低。可见，随着移动互联网向县城、乡村的加速下沉，移动互联网已经成为基层舆论主阵地。

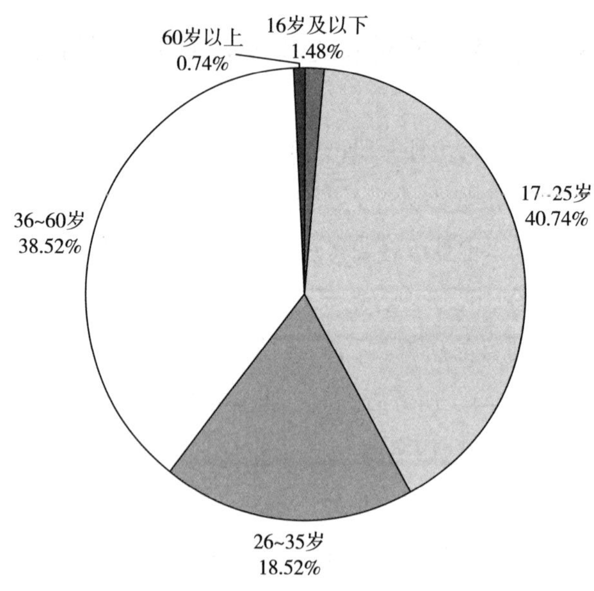

图 2　河北省县级融媒体中心用户年龄分布

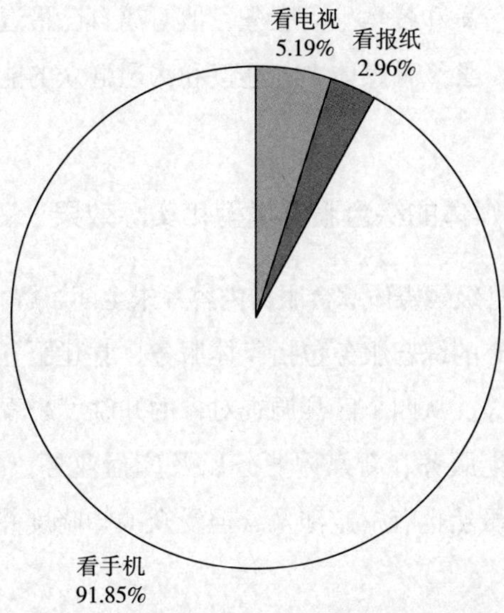

图 3　河北省四个区县受众获取信息的渠道

2. 县域受众对县级融媒体的知晓度不高

从县级融媒体中心的受众知晓度来看，调查对象中对县级融媒体中心非常了解的人较少，只占 13. 33%，大部分调查对象对县级融媒体中心的了解程度只停留在一般了解或不太了解（见图 4）。这说明基层群众虽然高度依

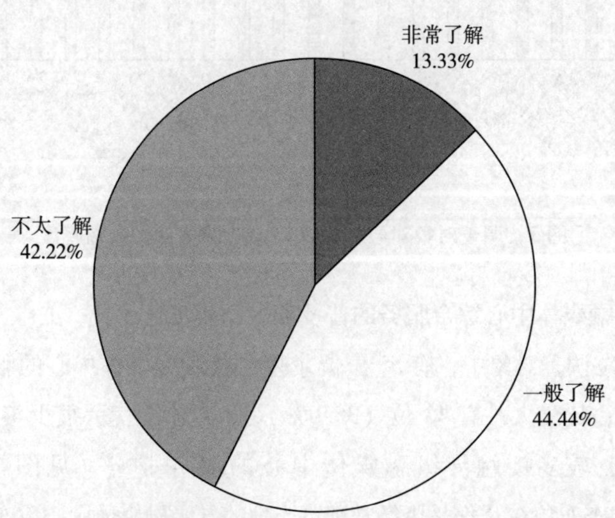

图 4　河北省四个区县受众对县级融媒体中心的知晓度

赖移动互联网获取信息和各类生活服务，但对离自己最近的县级融媒体并没有过多了解和关注。县级融媒体中心连接和沟通群众的能力仍有很大的成长空间。

（二）县级融媒体的综合服务类型和实际效果

1. 调查对象对县级融媒体综合服务内容并未全面了解

县级融媒体中心的综合服务包括媒体服务、党建服务、政务服务、公共服务以及增值服务等。从四个区县调查对象的知晓度来看，用户最熟悉的为党建新闻发布、民生服务、新媒体业务以及广播业务、电视业务等（见图5），其他服务业务虽然也有一定涉及，但受众的知晓度并不高。

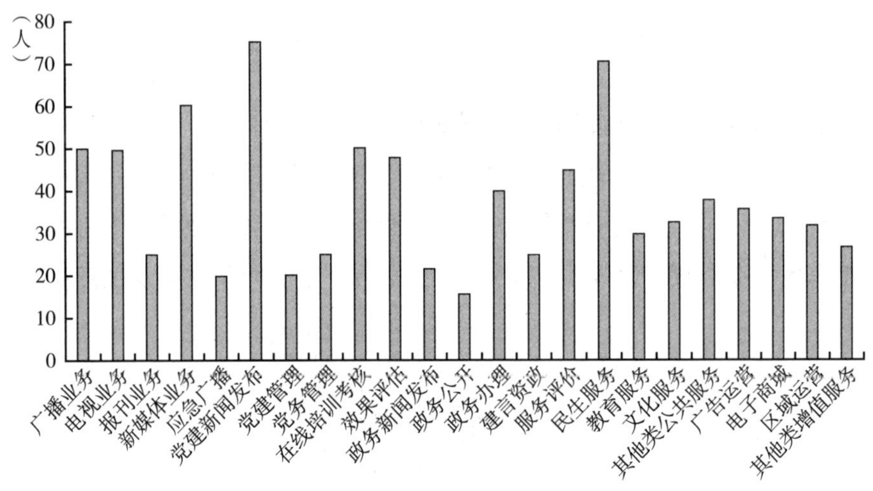

图5 调查对象对县级融媒体中心服务业务的知晓度

2. 县级融媒体中心综合服务的普及和应用程度还不高

在135位调查对象中，有55位偶尔接触县级融媒体中心的服务业务，约为40.7%，占比最大；有48位（35.6%）调查对象表示很少接触，只有26位（19.3%）较多接触县级融媒体中心的服务业务（见图6）。有大约58.52%的调查对象在“您是否经常浏览当地的县级融媒体中心发布的信息”一题中选择“否”。以上数据说明县级融媒体中心的新闻宣传和服务还没有达到理想效果，县级融媒体中心的信息服务还没有真正触达用户，县级融媒体中心的综合服务与群众的日常生活关联度不高，对县域居民的影响力比较小（见图7）。

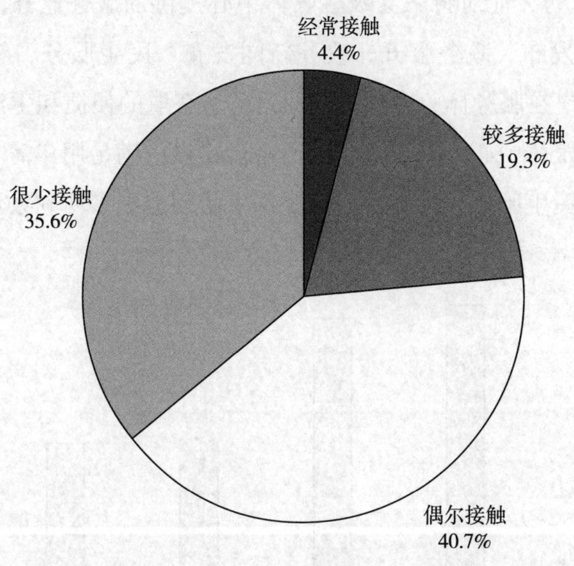

图6　调查对象接触县级融媒体中心服务业务的频率

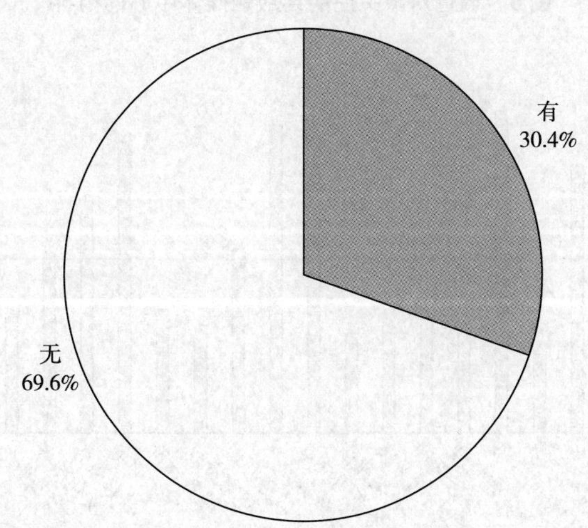

图7　县级融媒体中心的建设对本地居民生活等的影响

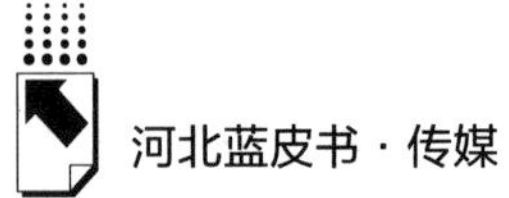

（三）用户对县级融媒体中心综合服务业务的需求

用户对县级融媒体中心的内容，最为关注的是本地资讯、教育政策和党政新闻（见图8），而对将来县级融媒体中心提供的服务业务，用户最期待的是党建新闻发布、政务公开、政务新闻发布、民生服务、新媒体业务等（见图9）。用户在服务体验中最关注的是信息获取的便捷和生活服务使用的便利。县级融媒体中心的基层综合服务平台建设应满足用户需求，为群众提供切实有用的民生服务，为基层群众工作生活创造更多便利条件。

（人）
70
60
50
40
30
20
10
0
党政新闻
本地资讯
教育政策
交通情况
就业情况
其他

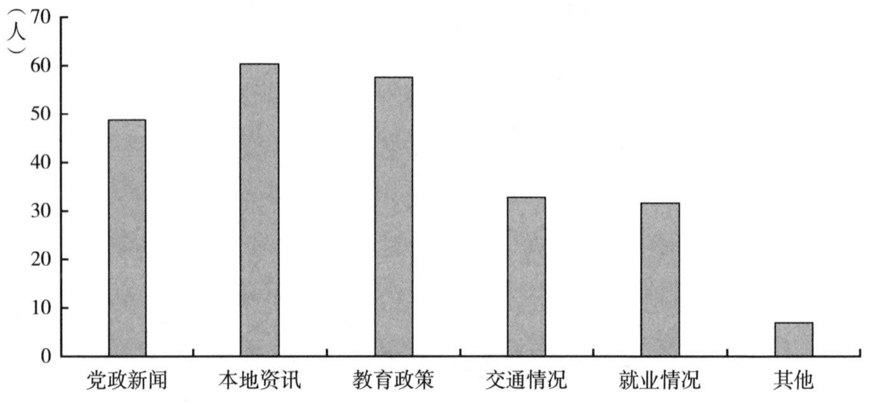

图8　调查对象关注的县级融媒体中心的内容

（人）
90
80
70
60
50
40
30
20
10
0
广播业务
电视业务
报刊业务
新媒体业务
应急广播
党建新闻发布
党建管理
党务管理
在线培训考核
效果评估
政务新闻发布
政务公开
政务办理
建言资政
服务评价
民生服务
教育服务
文化服务
其他类公共服务
广告运营
电子商城
区域运营
其他类增值服务

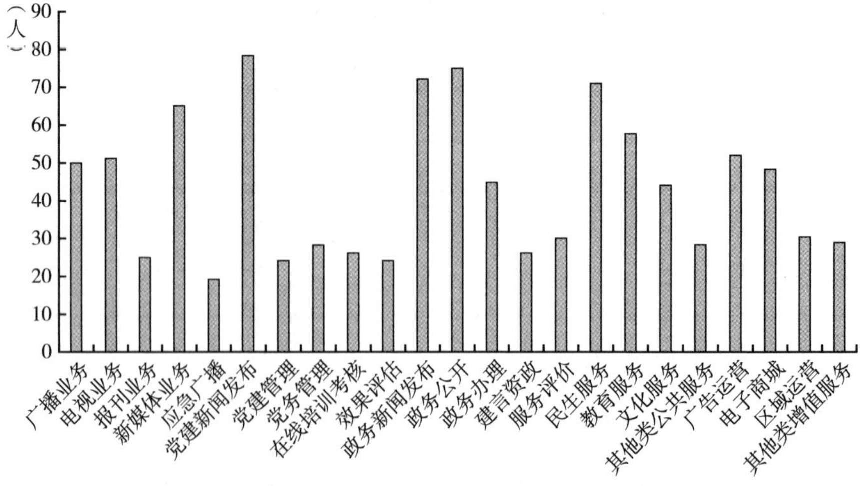

图9　调查对象希望当地县级融媒体中心未来开展的服务业务

三　河北省县级融媒体中心综合服务业务现存问题及原因分析

（一）主要问题

1. 融媒体平台的推广力度不够

调查的四个县级融媒体中心的各个平台流量数据差别较大，但普遍不高。相对而言，2021 年 10 月，微信公众号推送内容浏览平均值明显高于短视频平台（见图 10）。正定县融媒体中心的微信公众号“正定发布”在 2021 年 8 月 28 日推送的新闻——《我县召开招商选资、项目建设、推动高质量发展暨百日攻坚动员大会》，阅读量高达 1.5 万次，究其原因是与新闻内容涉及大量民生工程与服务项目有关。各县级融媒体中心在“冀云”App 中，各类信息发布的官方账号粉丝数量少，入驻的部门机构不够全面，整个平台的用户数量较少，且无法满足使用苹果手机的用户下载。

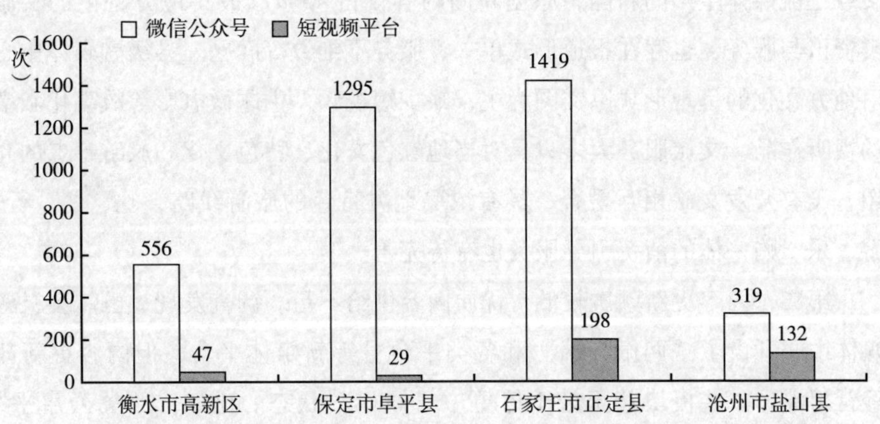

图 10　2021 年 10 月县级融媒体中心主要平台推送内容浏览平均值

由此可见，县级融媒体中心新媒体平台粉丝数量少，浏览量低。县级融媒体中心在县域内的知晓度和覆盖面还有待提升和扩大。缺乏与目标受众的有效连接导致信息的有效到达率、转发率不高，这成为影响县级融媒体开展综合服务业务的主要障碍。

2. 内容生产缺乏创新性

县级融媒体平台的服务功能种类较少，特别是与百姓关系密切的民生服务项目还不健全，教育、住房、医疗、民政、城乡规划等与民生资讯信息和服务业务相关的内容相对较少。一些县级融媒体中心已经开设“五险”查询、实时公交、交通违章等服务板块的业务，这些业务过于单调，所提供的讯息及服务在其他开设较早、运行较成熟、用户应用频率较高的平台（比如支付宝、国有银行、民生部门的政务新媒体等）也能够实现，并且内容更丰富、功能更齐全、使用更便捷。相对于这些已经“跑马圈地”、沉淀了大量用户资源的服务平台，县级融媒体中心的服务业务、服务体验明显缺乏特色与优势，主要表现为以下两点。

第一，服务类内容产品缺少原创性，特色和优势不明显。大多是直接从上级主流媒体、政务新媒体、官方网站等将资讯内容搬运而来。例如“冀云阜平”App 平台在 2021 年 10 月发布的 109 条头条新闻中，有 62 条都是转载主流媒体生产的新闻，原创新闻内容仅占 43%。最具地方特色的文旅类资讯与服务，也存在报道形式单一、服务不细致等问题。县级融媒体中心对地方文化的呈现形式以文图为主，缺少短视频、主题微电影等故事化叙事的视听作品。文旅服务大多只是对当地红色文化、特色文化和旅游景点的介绍，没有开发文旅相互融合、具有浓厚地方特色的旅游线路，吃、住、行、游、乐、购一体的消费引导服务也有待完善。

第二，内容更新频次较低，优质内容供给不足。调查发现，虽然县级融媒体中心开设了“两微一端”和各类平台号等新媒体平台，但内容更新却经常迟滞，一些板块甚至处于停更、“僵尸”状态。比如，“冀云阜平”App 平台上的旅游板块仅有 3 条推送，时间跨度为 2020 年 3 ~4 月，之后再无更新。2021 年 10 月，“冀云盐山”App 头条推送更新频率为每日 3 ~4 条，数量也较低。相对而言，发掘地方特色、深耕本地文化资源的正定县融媒体中心显现出内容生产的优势，2021 年 10 月“冀云正定”App 推送原创内容占比为84%，不断放大“正定故事”的声量。

3. 缺少具有本地特色和品牌效应的增值服务

县级融媒体中心的增值服务应该将本地原生态的历史、文化、风俗、物产等资源充分融入服务业务的实践中，建构能惠及本地居民、吸引周边群众的特色服务品牌。县级融媒体中心因其扎根乡土，离百姓最近，本身就具备外埠媒体无法复制的独特性和无法企及的贴近性，这是县级融媒体中心开发服务功能的不二优势。但在现实发展过程中，县级融媒体中心对地方资源的掌控能力较弱，受众定位相对窄化，打造特色媒体品牌和服务品牌面临壁垒。

调研发现，县级融媒体中心普遍缺乏具有本地特色、本地品牌的增值服务项目。衡水市高新区融媒体中心开办电子商城，通过开发电商业务提供增值服务，刚刚具备一定的增值服务功能。正定县依托当地旅游业，与周边景点开展业务联系，在“掌上正定”微信公众号上开办电子商城，打造了具有当地特色的生活消费旅游特价平台，计划与国内较大的电子商务平台（如阿里巴巴、唯品会等）建立合作关系，为贫困地区的农产品、手工艺品等拓宽销路。但目前两地融媒体中心打造本地品牌增值服务还处于规划阶段。

4. 用户反馈机制不健全

县级融媒体中心大都存在反馈渠道少、用户反馈机制不健全的问题，难以及时获取有效的信息反馈，从而导致服务质量折损。例如，“阜平发布”微信公众号在2021年9月1日发布的一则公共服务类推文《全民健康生活方式月来了，“三减三健”你做到了吗?》，文章主题为阜平县组织开展以“三减+三健，健康新动力”为主题的宣传月活动，然而整篇报道仅仅概述了9月1日当天举行的活动内容，并未告知活动具体地点和后续安排，以及群众的参与方式。9月2日“微博阜平”账号下有3条评论询问上述活动的信息和参与方式，而账号主体并未给出答复。衡水市高新区和沧州市盐山县都拥有多个新媒体平台账号，但是各平台账号主体与受众的互动（回复评论占比）平均值仅在23%以下。保定市阜平县的“冀云阜平”App和“阜平发布”微信公众号均未提供服务评价渠道。石家庄市正定县开展的网络直播和融媒体直播虽然拥有高效的反馈渠道，但仅在直播和微博中有互动，并且缺少专业人员运营维护，还未形成健全的反馈机制，受众诉求反馈时效不强。

（二）原因分析

1. 县级融媒体中心缺乏自我营销意识

县级融媒体中心承担着主流舆论阵地、社区信息枢纽和综合服务平台的职能，却忽略了自身的宣传推广和营销。在县级融媒体中心建设起步之时，微信公众号、微博视频号、抖音、快手、哔哩哔哩网站等商业平台强势兴起，政务媒体、自媒体等也已经抢占先机，新老媒体铺天盖地，加速向基层渗透，信息竞争异常激烈。在这样的环境中，县级融媒体中心既要靠权威性、公信力提高传播力和影响力，积极占领舆论阵地，同时，也要注重开展营销推广，为融媒体发展积聚流量，避免淹没在信息海洋之中。在这方面，江苏、浙江等地的县级融媒体思路开阔，通过实行会员积分、开展惠民活动等吸引大量用户。

2. 缺乏具备融媒体传播理念和相关技术的新媒体运营人才

县级融媒体中心基本上是以当地广播电视台为基础建立起来，岗位建制中缺少或较少设置新媒体营销人员。来自传统媒体的从业人员缺乏互联网思维，对新媒体的运营方式不熟悉、不适应，导致县级融媒体的信息内容和服务不能较好满足用户的媒介使用需求。

在调查过程中，几乎所有的县级融媒体中心都提到“专业人才短缺”的问题，尤其是高层次人才匮乏是发展的最大障碍。“没有吸引力的薪酬待遇”“机构编制少”“岗位设置不合理”“人员年龄结构偏大”“毗邻京津虹吸效应”等导致县级融媒体中心留不住人才。

3. 县域资源尚未实现统筹整合和开发利用

县级融媒体中心建设是个庞大而复杂的系统工程，建设高效的综合服务平台需要聚合县域内的各种资源，打通部门和行业之间的数据、信息、技术和利益壁垒，因此，这不是县级融媒体中心自己就能完成的，需要借助县委、县政府的力量，全面把握、统筹协调，以强有力的顶层设计为主导，推进各部门的协同配合。

4. 缺乏稳定的资金支持

县级融媒体中心建设需要持续的资金投入，由于县域经济实力差异较大，很多地方财政不能为县级融媒体中心提供稳定的资金支持。目前，河北省多数县级融媒体中心还没有强大的自我“造血”功能，建设发展离不开财政支持。调查发现，很多县级融媒体中心认为资金短缺是影响事业发展和开拓服务功能的掣肘因素，特别是在经济发展相对落后的地市，有的县级融媒体中心摄录设备老化，不能实现全高清播出，影响视听产品质量，还有的因为人员待遇低，造成严重的人才流失。

四　完善县级融媒体中心综合服务功能的实现路径

（一）明确定位，服务为先

建设县级融媒体中心不仅是国家推进媒体深度融合的媒体实践，也是国家治理体系与治理能力现代化的政治实践。在中央一系列政策和意见指导下，县级融媒体中心不再处于主流传播体系末端和边缘位置，而是定位于党和政府推动基层社会治理的重要工具和载体，在服务基层政权建设和乡村振兴事业中担负着重要的历史使命。

在国家推动社会治理和服务中心向基层下移的传播格局中，县级融媒体中心应充分利用其“贴近基层，贴近受众”的最大优势。一方面，在打通舆论引导“最后一公里”的过程中，县级融媒体中心要努力发展成为主流舆论阵地，将党的声音第一时间传入基层，强化主流意识形态在基层的传播，巩固基层政权，为党和基层群众搭建一个良好沟通的“桥梁”；另一方面，县级融媒体中心立足于县域，要强化服务意识，利用网络的便利和融媒体平台为基层群众提供各类公共服务，打通群众与政府、群众与信息、群众与社会以及群众之间的联系，满足基层群众实际需求，成为一个开放的综合服务平台。

（二）创新体制机制，充分释放政策红利

创新人才激励机制，科学选人用人。对于原传统媒体的从业人员，加快技能培训和业务转型。完善人才引进机制，优先录用熟悉当地经济、政治、文化的本地人才，吸引高学历人才。地方政府为融媒体发展提供更有力的政策支持，增加融媒体中心编制数量，建立灵活高效的薪资体系和晋升机制，提高薪资水平，给予优秀人才待遇倾斜，创建“拴心留人”的工作环境。

以用户为中心，创新用户评价机制。建立以用户活跃度和满意度为主要指标的评价体系，考察融媒体平台的实际影响力，引导融媒体中心转变行政思维和固化观念，全面树立以用户需求为导向的发展理念。发挥县级融媒体“上接天线、下接地气”，覆盖广泛的渠道优势，建设畅通的民意表达渠道，根据民众需求完善相关服务，使民生服务真正成为民心工程。

（三）发挥贴近性优势，打造本地服务品牌

县级融媒体中心目标受众是县域群众，提供的服务是便民服务，自然要贴合当地实际，从实际出发开展综合服务。围绕本地特色开展服务，打造本土化的品牌服务。例如，衡水市高新区抓牢“工业新区”定位、保定市阜平县大力发挥“旅游”“红色革命”特点、石家庄正定县紧紧围绕“旅游”特色、沧州市盐山县做好“冀鲁枢纽”“京津门户”特色等，围绕中心工作，开展具有实际应用价值、能够为地方经济社会发展带来拉动作用的政务、民生和商务服务。

在服务内容上，聚焦本地用户需求。县级融媒体中心守住县域一方土地，应因地制宜，将目光聚焦到当地群众，不同地域受众生活习惯、思维方式不同，各地县级融媒体中心所提供的服务必然不同，本地受众作为主要市场，开发具有实用性的、符合本地受众需要的项目，服务于本地受众。利用本地的文化底蕴和现行经济发展政策，创新思维，开发特色文娱产品，例如

保定市阜平县依托“红色革命”背景，将革命旧址、革命故事制作成书签、挂件等纪念品，为当地的旅游业增添活力，这也能充分体现出本地的特色优势，打造特色品牌。

在服务形式上，融入本土元素。县级融媒体中心的信息服务要深入生活，挖掘地方特色资源，将本地方言、风土人情、名胜古迹、百姓日常、当地特色文化作为叙事元素，开设短视频和直播栏目，讲好地方故事，构建记得住乡愁的集体记忆。

（四）整合多方资源，拓宽服务市场

在媒体融合的背景下，媒体靠单打独斗已经无法跟上时代步伐。县级融媒体中心应有效整合线上线下的资源，拓展服务平台、完善服务功能。

对外，县级融媒体中心可寻求与腾讯、阿里巴巴、百度等头部互联网公司合作，整合市政、交通、教育、社区等各部门资源，利用支付宝、淘宝等App做不同领域、内容的服务，在平台上打造县域“服务社区”，用户根据自己的需求进入相应的社区，做好垂直服务。

对上，加强与中央、省、市媒体合作，利用5G、大数据、云计算等技术共享信息、资源、数据，建立一个信息互通的大数据库，在平台服务、业务资源、运营管理等方面为县级融媒体提供技术支持与服务。

对内，县级融媒体中心要加强与当地政府服务部门、企事业单位的合作，整合政务、民生、商务服务资源，共同开发线上综合服务平台。实现平台功能与线下政务中心、便民服务中心服务业务的对接，简化群众办事流程，完善“指尖上的服务”，提高办事效率，着力实现县级融媒体一终端、即时办。

（五）畅通民意渠道，提升民生服务效果

新媒体具有强社交属性，用户的参与性强，新媒体的传播力和影响力才会更强，同时又会给新媒体提供更多的信源和话题，扩大内容再生产，实现用户资源的变现。县级融媒体中心不仅是政策推广平台、信息推送平台、政务生活服务平台，还是连接政府与群众的直接“窗口”。县级融媒体应该利

用新媒体的社交特征，发挥与基层联系紧密、渠道全覆盖的优势，建立有效的民意汇聚、信息反馈渠道，打造一个互动话题圈。在这个公共空间内，群众通过融媒体平台留言、评论，表达意见诉求，县级融媒体及时回应，并与有关部门联动，反馈处理意见，帮助群众解决急难愁盼问题，从而更好地发挥公共服务功能。

参考文献

丁和根：《县级融媒体中心核心功能的实践路径与保障条件探析》，《南京师大学报》（社会科学版）2020 年第 4 期。

张宏邦等：《整合与协同：县级融媒体的现实困境及本土化推进路径》，《西安交通大学学报》（社会科学版）2020 年第 3 期。

许晓明：《河北省县级融媒体中心“四力”提升策略研究》，《出版广角》2021 年第 17 期。

何志武、陈天明：《乡村社会治理视域下县级融媒体的服务加冕与行动框架》，《西南民族大学学报》（人文社会科学版）2021 年第 11 期。

方提、尹韵公：《论县级融媒体中心建设的重大意义与实现路径》，《现代传播》（中国传媒大学学报）2019 年第 4 期。

谢新洲、黄杨：《我国县级融媒体建设的现状与问题》，《中国记者》2018 年第 10 期。

B.10

河北省主流媒体建党百年重大主题报道研究

杨晓娟　戴　玉　杨亚田*

摘　要： 重大主题报道是新闻媒体在特定时间，围绕特定主题进行的报道，做好重大主题报道是主流媒体的职责使命，是提升主流媒体传播力的实践载体。2021年，中国共产党迎来百年华诞，河北省各级主流媒体集中发力，守正创新，在宣传报道中深挖本地红色资源，突出地方特色，注重用小切口展现大主题，用全媒体手段"轻量化"呈现、故事性叙事，精彩讲述党史故事、红色故事和时代故事。在媒体融合不断向纵深推进的时代背景下，建党百年主题报道也是检验主流媒体"围绕中心服务大局"、增强全媒体传播能力的"考题"，河北省主流媒体建党百年重大主题报道的实践探索为创新重大主题报道提供了经验。

关键词： 党史　重大主题报道　故事性叙事

一　河北省主流媒体建党百年重大主题报道概况

做好重大主题报道，是主流媒体牢记职责使命、讴歌火热实践、凝聚精神力量的有效方式，是履行主体责任和强化舆论导向的内在要求，更是

---

* 杨晓娟，河北经贸大学文化与传播学院副教授、硕士研究生导师，主要研究方向为新媒体、新闻传播史；戴玉、杨亚田为河北经贸大学文化与传播学院硕士研究生。

提升影响力和公信力的重要路径。[1] 2021 年，围绕建党百年这一主题，河北省各级主流媒体精心策划、深入采访、全媒体联动，生动讲述河北党史故事、弘扬伟大建党精神，推出一系列有思想、有温度、见真情的优秀作品，持续营造浓厚的舆论氛围，彰显了主流媒体坚守舆论主阵地的责任担当。

从 2021 年 3 月 31 日开始，河北日报、河北广播电视台、长城新媒体集团等三家省直主流媒体统一开设“在习近平新时代中国特色社会主义思想指引下——学党史 悟思想 办实事 开新局”专栏专题，地市级和县级主流媒体协同联动，迅速在全省兴起党史学习教育热潮。河北日报报业集团积极谋划，发挥内容生产和平台优势，精心采制特刊、消息、通讯、综述、评论、长图、H5 等一大批全媒体报道产品，引发读者的广泛关注。其中，《沿着高速看中国丨穿行燕赵大地，来一次慷慨激昂的红色记忆之旅吧!》总阅读量 47.6 万次，《沿着高速出发，去看美丽河北》阅读量 25.3 万次。“红色记忆”“改革发展”“文化寻根”系列稿件各新媒体平台阅读量均在 20 万次以上。融媒体产品《河北为什么这样“红”》一经发布便被河北省委网信办全网推送，截至 8 月 4 日，全网阅读量达 1.3 亿次。7 月 1 日《河北日报》推出 8 个整版篇幅的特刊《燕赵丰碑——百年风华中的河北印记》，全网阅读量 5132.2 万次。

河北广播电视台整合传统广播电视和新媒体平台资源优势，推出了一大批精品力作。《河北新闻联播》《河北新闻》《全省新闻联播》等广播电视龙头新闻节目推出“中国共产党百年瞬间”等系列专题。在“冀时”客户端、河北网络广播电视台、“河北广播电视台”头条号等新媒体平台开设多个专题。2021 年 5 月 1 日推出的“红色胜地 光耀河北”河北省党史学习教育主题红色文化线路全媒体采访直播活动，联合“冀时”客户端、河北新闻网、长城网、腾讯微视等多家新媒体平台进行同步直播，发挥新闻传播的

① 常凌翀：《融媒视野下重大主题报道的创新传播路径——以中央媒体对湖州生态文明建设典型经验报道为例》，《新闻爱好者》2019 年第 3 期。

集聚效应，全网浏览量达 1200 万次以上。

长城新媒体集团发挥融媒特色，用新颖的“手绘长卷 + 视频”形式，推出《雄关漫道真如铁——百年风华图景志》，作品全长 105 米，涵盖 100 余个党史重大事件，刻画了 1000 多个典型人物，该作品分别在河北省级领导干部党史学习教育专题读书班和省直宣传系统党史学习教育专题读书班上播放，成为河北党史学习教育的特色教材；充分发挥平台优势，依托冀云·融媒体平台，联合县级融媒体中心，在“冀云”客户端首屏首页推出“扎实推进党史学习教育·经验交流汇”专题，推动党史学习教育入脑、入心，实现传播效果最大化。

地市级媒体在统一开设“在习近平新时代中国特色社会主义思想指引下——学党史 悟思想 办实事 开新局”专栏专题的同时，结合各地实际，推出一批特色报道。《石家庄日报》紧扣建党百年这一主线，充分挖掘红色资源，精心组织新闻采访活动，着力讲好石家庄红色故事；2021 年 7 月，推出“石家庄英烈故事”“红色旋律的石家庄故事”“品读河北大地上的红色经典”等多个系列报道，累计刊发相关报道 150 余篇；《瞭望｜河北：大力弘扬西柏坡精神，努力在新时代赶考路上交出一份优异答卷》被新华社刊发，取得良好社会反响。沧州广播电视台创新节目形态，策划制作百期《我是共产党员》系列微视频、百期《党啊，请接受我的爱!》系列微广播，选取当地 200 名优秀共产党员代表，全方位、多角度、深层次展示新时代共产党员的闪光品质。

各县级融媒体中心也用心、用情、用力做好建党百年宣传报道。邢台市任泽区融媒体中心推出专题专栏 320 余篇，制作“学党史 悟思想 办实事 开新局”新媒体海报 10 张；拍摄的《匾额背后的故事》短视频入选河北广播电视台“冀忆中的党史”短视频征集活动。2021 年 6 月 2 日，辛集市融媒体中心策划发布短视频“舞台上最动人的表演！6 月 1 日，辛集市特教学校的学生在手势老师引导下，表演架子鼓”，献礼建党 100 周年，视频点赞量破 10 万次，网友称赞孩子们是“折翼天使”，为孩子们点赞。

二 河北省主流媒体建党百年重大主题报道的特点

（一）把握宣传主动性，主题报道贯穿全年

河北省主流媒体把建党百年宣传报道作为贯穿全年的工作主线，根据党史学习教育的安排部署，抓住时间节点，分阶段精心设置议题，持续打造宣传报道热点。各级主流媒体先后开设了“奋斗百年路 启航新征程”“河北党史百年百事”“燕赵英烈”等专题专栏，开展“重温初心、再启征程”“从延安到西柏坡”庆祝建党百年大型融媒体报道，形成了延续全年的强大舆论声势。

河北日报报业集团把做好庆祝中国共产党成立100周年和党史学习教育宣传报道作为全年的工作重点，提前谋划选题，组织骨干力量深入一线，精心采制特刊、消息、通讯、综述、评论、理论、长图、H5、视频等一大批全媒体报道产品。相继推出“沿着高速看中国”“奋斗百年路·启航新征程·循着家书访家乡”系列报道，系列微纪录片《红色档案印初心》、“旗帜引领河北筑梦”系列特稿、微视频《河北这百年》、“新青年对话老党员”大型专题报道，形成接续不断的宣传声势。“七一”前夕，习近平总书记为29名优秀党员颁发了代表党内最高荣誉的“七一勋章”，其中有5人来自河北。2021年7月27日，《河北日报》策划推出融媒体报道《河北为什么这样“红”》，深情礼赞这5位“七一勋章”获得者的典型事迹，引发强烈社会反响，截至8月4日，全网阅读量达1.3亿次。

自2021年3月开始，河北电视台循环播出《党史上的今天》系列短视频，主要讲述建党百年历程中的重大事件，展现我党百年伟业巨变，精心策划并开设“建党百年”专题板块。于2021年4月初首发的32秒短视频《九旬老兵初心不改》讲述的是保定市大岸底村党员，饱经战事仍初心不改的故事，这条短视频一经发出，便受国家广播电视总局重视并转发，在“视听中国”快手账号的播放量达700万次以上。2021年4月17日至5月

11 日播出百集微纪录片《百炼成钢：中国共产党的 100 年》之“革命篇”，展现中国共产党的百年历史风云和光辉历程。2021 年 4 月 28 ~ 30 日，电视端播出 3 集纪录片《初心李大钊》，分为《淬火》《播火》《薪火》这三个篇章，以革命先驱李大钊先生的功绩为主，追溯共产党人的思想发展历史。

长城新媒体集团采用纪行式报道形式，精心组织“奋斗百年路 启航新征程”大型主题采访、“‘冀’忆初心”系列报道等重点采访活动。面向青年群体，首创情景剧模式，策划推出“老英雄红色故事报告会”系列活动，推出“穿越时空的青春之歌”系列互动报道。围绕“我为群众办实事”中心工作，在“冀云”客户端开设“我为群众办实事 · 党员帮办微心愿”平台，在各网站、客户端、微信、微博等开通心愿提交通道，组织记者深入社区、农村、学校等征集心愿，对接党员干部和志愿者认领帮办，成千上万的心愿诉求被党员干部认领和妥善解决。在帮办过程中，挖掘讲述正能量故事，综合运用移动直播、微视频、快板视频、横屏长图、创意视频等形式进行新媒体报道，进一步提升帮办实效。

涿州市融媒体中心把握宣传主动性，主动设置议题，利用新媒体与传统媒体相结合的形式，2021 年全年相继推出“学党史跟党走”“人民至上”“聚集一线”等“拳头”栏目。“党史知识宣传上街头”活动、“奋斗百年路 启航新征程”讲好党史故事系列主题短视频，受众群体触达约 20 多万人。全年持续进行的《行涿州》直播活动，走进涿州 10 余个乡村进行主题直播。将镜头聚焦在基层、将民意收集在基层、将问题解决在一线，受到农村群众的关注和欢迎。据了解，《行涿州》系列直播在新华社“现场云”、视频号同步直播，总浏览量超 50 万次。

（二）镜头聚焦精准，传播效度得以提升

1. 故事化叙事，小切口见大主题

在党的百年征程中，河北涌现一大批英雄人物、一幕幕英雄事迹，为建党百年重大主题报道提供了丰厚资源。河北省主流媒体建党百年重大主题报道注重“小切口、大主题、讲故事”的报道策略，拉近与用户之间的距离，

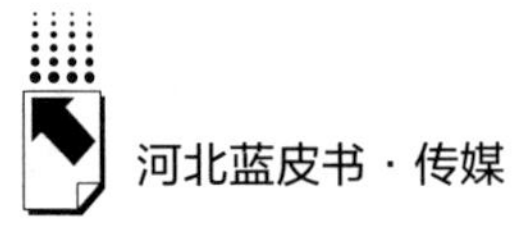

使政治性主题报道更加可亲、可感。

《河北日报》深挖“红色富矿”，讲好红色故事。在“红色记忆之旅”系列报道中，推出《桑干河畔阳光暖　葡萄园里话幸福——走进涿鹿县温泉屯镇丁玲纪念馆》《红色基因融血脉　太行土岭变“金岭”——走进涞源县银坊镇黄土岭战斗遗址》《“赶考”出发地　今朝气象新——走进革命纪念地西柏坡》《穿越两千余年的文化地标》等优秀作品。这些报道深挖实采，进村入企，通过“小人物”“小物件”的发展和变迁，呈现党的百年发展重大主题。

河北卫视精心策划一系列栏目，以人物和事迹为载体，生动讲述峥嵘岁月中的党史故事。重大文献纪录片《光明在前》真实再现了 1947 ~ 1948 年，毛泽东和中央机关人员转战陕北、东渡黄河、在河北阜平县城南庄短暂停留，并最终到达平山县西柏坡的一段历史。

长城新媒体集团在增强故事性上下功夫，寻求重大主题和网友关注的契合点，策划“‘冀’忆初心”报道，推出“寻访‘红色镇馆之宝’”“寻访‘第一个党支部（第一位党员）’”“寻访‘无名烈士’”等一系列报道，挖掘河北英烈、英模的感人故事，通过设置悬念、细节刻画等手法，展示中国共产党波澜壮阔的奋斗征程，让主题报道真正入脑、入心。

《石家庄日报》将一个个感人至深的素材转化成受众能够深刻感知的故事，在显要位置刊发《“红船精神”照耀嘉兴》《泸定桥头写传奇》《焦裕禄精神点亮“兰考明珠”》等重点报道逾百篇，以一个个鲜活的故事展现中国共产党的精神谱系，树立党的光辉典范，实现传播效果的最大化。

2.“轻量化”呈现，满足用户阅听需求

随着信息技术不断迭代更新，用户的阅读习惯逐渐发生转变，“浅阅读”“碎片化阅读”已然成为受众新闻阅读习惯，新闻产品的碎片化表达以及“轻量化”传播成为一种趋势。此时，以 Vlog、短视频、微纪录片、海报等形式呈现的“轻量化”产品就会减弱厚重感，成为重大主题报道的“轻骑兵”。

2021 年 5 月 1 日起，河北日报报业集团与河北省档案馆联合推出 33 集系列微纪录片《红色档案印初心》，每集时长 7 分钟左右。微纪录片通过河北省档案馆的珍贵档案，在展现历史事件、人物故事的同时，采访相关党史专家和见证者，用全新的视听化表达，生动讲述共产党人秉承的初心使命的感人故事，将人物从观众记忆中的“英雄符号”转化为有血、有肉、有感情的“真实形象”。《红色档案印初心》在网、端、微等新媒体平台广泛推送，全网总阅读量突破5000万次。

河北新闻网发起的“冀忆红色足迹 凝聚无限力量”主题融媒体传播活动，组织网友用健步走的形式，共同追随河北省革命先烈的足迹，用快闪、直播、视频等新媒体形式记录革命历程，探访红色记忆。活动历时一个月，走访了河北5处经典红色旅游景点，行程近2000公里，800多名网友参与。这次报道活动带领网友边走边看，互动性、灵活性得到凸显。

河北卫视推出系列短视频《红色故事会》，从河北爱国主义教育基地、革命纪念馆、红色旅游景点中寻找故事线索，把镜头对准一幅幅图片、一件件实物，邀请见证者、知情人、讲解员讲述它们背后的故事。节目播出11期后，全网总播放量已经突破2600万次。

长城新媒体面向青年群体，融合情景表演、AI视频、航拍等方式，推出“穿越时空的青春之歌”系列互动报道，让河北籍的革命先烈与同行业的当代优秀青年隔空“对话”。节目形式新颖灵动，互动感强，吸引青年群众广泛关注，提升了主题报道的亲和度、增强了主题报道的感染力。

3. 对话群众，县级融媒体“贴地传播”显优势

县级融媒体中心作为引导群众、服务群众的“最后一公里”，充分发挥党建引领作用，创新体制机制、整合社会资源、夯实平台建设，把党的先进思想融入内容生产，以党建创新拓展服务边界，提升县级融媒中心的传播力、引导力、影响力、公信力。[①] 在河北省建党百年重大主题报道中，县级融媒体中心坚守初心、立足本职，为群众服务，依靠地缘上、话语上的贴近性将党史学习教育落实到群众中，积极对话群众。

内丘县融媒中心推出的《内丘党史故事》，以公益宣传片的形式，为广

---

① 朱琳琳：《党建创新助力深度融合的县融实践》，《视听界》2021年第5期。

大党员干部详细解读内丘的红色历史，在“央视频”内丘融媒号、人民号、抖音号、快手号、内丘发布等平台刊发，广泛传播内丘党史上的英勇事迹。同时，内丘县融媒体中心招募的380名“百姓代言人”转身成为“百姓党史讲述人”，让他们在各村的田间地头、农家小院，带领身边的乡亲们一起学党史、讲故事，让党史宣传更接地气。

香河县融媒体中心组织全县广大少年、青年、老年党员代表及各行各业党员代表近万人，以独唱、合唱、朗诵、舞蹈、器乐演奏等多种形式演绎歌曲，并拍摄成大型MV红色组歌，将全县人民的最美歌声献给党，表达对党和祖国的热爱，激励全县党员群众团结一心。该作品在“香河融媒发布”官方微信公众号发布后，被“学习强国”河北学习平台、“央视频”、河北日报、环京津新闻网等多家上级媒体转载播发，引起强烈社会反响。

饶阳县融媒体中心精心策划，开设了“庆祝中国共产党成立100周年线上文艺汇演”等专题专栏，播发相关作品810个。依托5G智慧电台以及微信公众号、“5G智慧电台”App、FM频率联合推出《聆听党史故事 传承红色基因》以及《党史上的今天》两档节目，实现党史学习教育县、乡、村三级全覆盖，增强了党史学习教育的贴近性。

（三）守正创新，精彩呈现重大主题

1. 打造立体式融媒体矩阵传播

守正创新，是主流媒体推进媒体融合的必经之路。随着信息技术的不断发展，传播方式、传播策略都发生着深刻变化。河北省主流媒体借助融媒体优势，改变以往“单枪匹马作战”的模式，主动联合、积极联动，形成高强度、立体化、聚合化的“大兵团作战”，构建起融合传播矩阵，形成“蛛网”式传播格局，助力建党百年重大主题报道发出最强音。

为全景介绍河北革命历史的光辉历程，河北省文物局和河北新闻网共同出品22集《红色“冀”忆》革命文物纪录片。为了生动呈现革命事迹的真实历史细节，该创作团队重走革命红色之路，历经近100多天，以纪录片的方式重现了中国共产党百年艰苦奋斗的红色事迹。该纪录片在河北新闻网首发后，在“学习强国”总平台、“河北日报”客户端、河北新闻网官方微博、微信、抖音、今日头条等平台同时发布。为了吸引各个年龄段的网友对革命文物的注意、对党史学习的重视，该系列纪录片还在哔哩哔哩网站、优酷等视频网络平台进行发布。2021 年 6 月 30 日，新浪微博开机屏发布该纪录片宣传海报。据不完全统计，《红色“冀”忆》网络总播放量破亿次。

长城新媒体集团搭建“网、端、报、微、视、屏”六位一体的融媒体传播渠道，联合“学习强国”河北学习平台、冀云·融媒体平台形成全媒体传播矩阵。各平台互相赋能，形成立体化、全覆盖、高联动的传播网络，对建党百年优秀作品以图文、视频、H5、短视频等形式进行全网推送，不断推动新媒体产品“破圈、出圈”。

习近平总书记强调，要全面提升国际传播效能，对外讲好中国故事。借用外媒，实现共产党形象全球传播，多层次、多角度、多方位、立体化传播好中国声音。2021 年 5 月 12 日，在国务院新闻办公室组织开展的“建党百年·境外媒体红色之旅”活动中，包括路透社、法新社、华尔街日报在内的境内外 27 家媒体机构的记者组成采访团来到河北，深度采访报道河北红色文化传承和党的百年奋斗历程。

2. 精耕细作，创新主题报道形式

守正创新还在于利用新技术与融媒体的优势，创新节目样态，为正能量引入大流量，实现传播效度的突破。河北省主流媒体在建党百年重大主题报道中，改变以往单一内容呈现的方式，更多采用短视频、文字、H5、图片等多种方式融合传播，积极联动智能设备，为全媒体新闻报道、沉浸式全景体验打下了坚实的基础，彰显了媒体深度融合时期新闻报道的创新特色。①

2021 年 7 月 1 日，《河北日报》推出 8 个整版篇幅的特刊《燕赵丰碑——百年风华中的河北印记》，通过《星火燃耀》《砥柱中流》《“赶考”启程》《建设高潮》等主题，以文图形式讲述百年党史中发生在河北的重要

① 尹晓雪：《地方主流媒体重大新闻报道的策划创新——以各地建党百年主题新闻报道为例》，《出版广角》2021 年第 9 期。

事件或河北的典型人物，全景呈现中国共产党百年奋斗的光辉历程。特刊通过报、网、端等多平台转发，河北新闻网还制作了《动报纸丨河北日报特刊〈燕赵丰碑——百年风华中的河北印记〉》，全网阅读量达到5132.2万次。

《河北经济日报》也在“七一”当天推出8连版融媒特刊——“庆祝中国共产党成立100周年·河北画卷”，版面设计推陈出新，以“大型手绘漫画长卷+照片+图表”的形式，以AB两版从历史和现实两个视角，以古观今，展现百年来河北人在中国共产党的领导下，锐意进取、披荆斩棘、创造辉煌、开辟未来的探索和实践。

河北广电无线传媒股份有限公司充分发挥主流媒体平台的传播力、影响力，精心策划，多渠道、多栏目打造建党百年主题视听内容，汇聚各类庆祝建党百年的视频类节目。河北交互式网络电台（IPTV）聚焦红色主题，重磅推出“奋斗百年路 启航新征程”大型系列报道专区，汇聚了权威的党史学习资料、精彩的主题栏目、海量的影视资源，下设“峥嵘岁月”“不忘初心”“百年风华”等众多栏目，供观众自主选择。与此同时，IPTV开机图和EPG背景图更换为“热烈庆祝中国共产党成立100周年”，营造了喜迎党的百年华诞的浓厚氛围。值得一提的是，河北IPTV专区开设的地方展馆部分，基于地域文化和红色资源，突出各地本土特点，深挖特色、展示成就，通过差异化传播提升了传播效度。

地市级媒体在建党百年重大主题报道中也交出了精彩答卷。《邯郸日报》和《邯郸晚报》推出7个专栏、10个专版，“新邯郸”App、“视觉邯郸”抖音号等新媒体平台以H5、短视频、专题报道等新形式累积发稿4000余篇，多维度展现在党的领导下，邯郸的新成就、新突破、新变化。

三 借鉴与提升：河北省主流媒体重大主题报道的优化策略

1. 加强内容建设，摆脱同质化窠臼

互联网时代，信息来源逐渐多元化，各媒体之间的竞争越发激烈。在重

大主题报道中，由于主题集中、资源有限，新闻报道更容易出现同质化问题，特别是部分媒体忽视受众定位、选题策划不精细、片面追求宏大的叙事视角，从而造成千篇一律、千稿一面的局面。

河北省主流媒体应借鉴建党百年重大主题报道的成功经验，聚焦目标受众，不断调整自身的传播策略，提升内容质量，拉近与受众的距离，摆脱报道的厚重感和距离感，进一步增强用户黏性。在重大主题报道中，主流媒体要基于自身的市场定位，突出创新引领，打造彰显媒体特质和本地特色、具有高度适配性和辨识度的新闻产品，满足目标用户的不同需求。只有这样，主流媒体在重大主题报道中才能更好地起到“领头羊”的作用。

2. 实现技术赋能，提升用户体验感

5G、4K、VR、AR、大数据、区块链等新一代信息技术正在向新闻传播领域快速渗透，从多个维度为新闻内容生产、传播蓄势赋能。主流媒体在重大主题报道时，必须重视传播技术的多维赋能，扩大舆论影响力。在建党百年重大主题报道中，河北省级主流媒体运用最多的报道方式为图片、短视频、纪录片，虽然也有不少 H5、动图、长卷等新媒体产品，但是运用 AR、VR、AI 等新技术制作的高技术含量的新闻产品还相对较少，具有大数据支撑的新闻报道也较为稀缺。这在很大程度上影响了重大主题报道的科技感、参与度，对青年受众的吸引力有待提升。

在构建新型主流媒体的过程中，技术赋能的作用不容小觑。河北主流媒体需要在内容产出、传播方式上寻求技术突破。主流媒体在重大主题报道中要充分运用“互联网思维”，加强 5G、人工智能、大数据等信息技术的研发应用，在内容创制和技术使用上破旧出新，打造精品内容，传播好河北声音。

3. 强化融合思维，放大重大主题报道声量

在全媒体背景下，主流媒体的重大主题报道也要强化融合思维，将媒体融合理念贯彻策、采、编、发、评各个环节。河北省主流媒体在建党百年重大主题报道中虽然推出了大量富有创意的融媒体产品，但内容产品的差异化、对象化程度不高，形式、内容与渠道的匹配度不高，精准传播的用户理

念和服务意识还需进一步强化。做好重大主题报道，需要主流媒体紧盯受众需求，利用大数据对受众进行精确识别、精准画像，创新表达方式和表述手段，让形式更好地服务于内容，通过互动式、服务式、场景式传播，提升重大主题报道的到达量、阅读量、点赞量，使主流舆论落地生根，发挥成风化人的引导作用。

随着媒体融合不断向纵深推进，构建内外联动的全媒体传播网络，增强对外传播能力也应成为河北省主流媒体做好重大主题报道的精进方向。面对当前复杂的国内国际环境，重大主题报道作为宣传党的政策主张、围绕中心服务大局的重要任务，不仅需要做好对内传播，增进共识、凝心聚力，更需要强化外宣意识，以开放的思维、国际化的视角讲好本地故事、中国故事，增进价值认同。

B.11

河北省新冠肺炎疫情“加试”期主流媒体的传播创新研究

仝文瑶　张海馨　仝　欣*

摘　要： 2021 年，河北省在年初与年末突发了两次较严重的新冠肺炎疫情。面对突如其来的疫情，河北主流媒体积极行动，及时传递党和政府的声音，播报疫情信息，传递人间温情，为有力地引导舆论、打赢疫情防控歼灭战做出贡献。但相关疫情报道也存在一些不足，如评论性报道未完全发挥作用，缺少品牌新闻评论栏目；疫情报道不乏“爆款”，但“引爆”作品的常常不是自有平台；新闻报道存在同质化现象；等等。本报告建议针对这类重大突发公共卫生事件，应以医学、科学为指导，做实新闻报道，强化新闻评论，打造地方特色，用新内容、新形式形成凝聚力。

关键词： 主流媒体　新闻报道　河北

2021 年，国内疫情呈现多点散发、局部突发态势，这场疫情“大考”进入了“加试期”。河北省在年初与年末突发了两次较严重的新冠肺炎疫情，疫情防控形势变得异常严峻。疫情突袭，既考验着河北省的城市治理，也考验着河北省主流媒体的舆论引导能力和宣传报道能力。河

---

* 仝文瑶，河北师范大学新闻传播学院教授、硕士生导师，主要研究方向为新闻传播、艺术创意与传播；张海馨，石家庄学院文学与传媒学院副教授，主要研究方向为新闻实务、舆情分析；仝欣，石家庄学院文学与传媒学院副教授，主要研究方向为新闻史。

北省主流媒体为打赢这场没有硝烟的战争贡献着力量，力求交出让民众满意的合格“答卷”。

一　疫情“加试”期河北主流媒体的报道现状

所谓河北省的疫情“加试期”主要指2021年初（1～2月）和2021年末（10～12月）两大疫情防控阶段，本报告关于河北省主流媒体相关报道的探讨，也将集中于河北省疫情“加试期”。

（一）2021年河北疫情突发情况

2021年1月2日，河北出现本轮首例新增本土病例，即石家庄市藁城区小果庄村报告一例本土病例。从1月2日到1月31日，河北省每天都有新发病例报告，直到2月14日，石家庄市报告新增一例病例，此后再无新发病例报告，河北省此轮疫情累计报告924例，绝大多数在石家庄市，少数在邢台市和廊坊市。

2021年末，河北再次出现较大规模的疫情。10月23日，河北省石家庄市裕华区居民李某确诊为新冠肺炎，裕华区立即对辖区内24个小区进行管控，对5.47万名居民进行核酸检测。10月31日，深泽县新增新冠肺炎确诊病例1例，无症状感染者1例。当日下午，深泽县全域采取了管控措施。11月1日，辛集市居民就地隔离，全体核酸检测。12月3日，鹿泉区山尹村普兴电子搬迁项目工地检测出4例新冠肺炎确诊病例。当天，工地所在山尹村实行了全域管控，对山尹村镇所辖7个行政区及企业、小区进行了全员核酸检测，全部阴性。12月6日，河北省无新增病例报告。此次疫情，石家庄政府实行分层精准封控管控，积极开展核酸检测，坚决阻断疫情传播链条，使疫情很快得到了控制。

（二）疫情“加试”期河北主流媒体的报道现状

2021年初和年末，新冠肺炎疫情在河北突发，形势非常严峻。在疫情大考的面前，河北三大主流媒体（河北日报报业集团、河北广播电视集团、长城新媒体集团）反应及时迅速，凭借自身的优势和特点，在省内舆论场中发挥“定海神针”的作用。全媒体平台迅速联动，快速占领了舆论的制高点，在引导舆论、回应社会关切、普及疫情知识、舒缓公众心理压力等方面发挥了积极有效的作用。围绕疫情，省内主流媒体进行了大量的报道。现梳理主流媒体的报道情况如下。

1. 全媒体报道，利用平台优势，共同为正能量声音打造精准传播端口

河北日报报业集团突出权威、观点、实时、深度和全媒体特色，报、网、端、微、号全平台联动，及时准确发布权威信息，推出一系列评论有力引导舆论，开启一系列直播实时呈现现场情况，推出一系列深度报道深入解读热点话题，全力以赴做好疫情防控各项报道。

河北日报报业集团积极利用生产观点新闻的优势，采用全媒体平台推出多组系列评论，在众声喧哗中发出最强音，有力、有效引导舆论。首先，由社长、总编辑亲自点题，在《河北日报》连续推出《全力以赴打赢疫情防控阻击战攻坚战》《刻不容缓落实各项防控举措》《让党旗在抗疫第一线高高飘扬》《坚定不移坚持人民至上生命之上》《科学精准推进疫情防控工作》等共10篇评论员文章，这10篇评论员文章对部署的重大决策进行阐释和解读，更好地为群众解疑释惑。

其次，《河北日报》和河北新闻网同步开设评论专栏“抗疫快评”，约请《陕西日报》《四川日报》《深圳特区报》《北京日报》等全国20多家党报的评论员撰写快评，共同为河北抗疫加油。截至2021年11月，该专栏已刊发《逆行是寒冬中最温暖的光》《铭记令人震撼的“河北时刻”》等19篇评论，总阅读量230万次。报纸评论专栏“燕赵论坛”、客户端“观点”频道“锐评”专栏、微信公众号评论“青园锐见”专栏协同发力，共推出《全力以赴有效应对 坚决控制疫情扩散》《致敬，最美的寒冬逆行者！加油，英雄的河北人民!》《这是争分夺秒的“石家庄72小时”》等21篇评论。

2021年1月14日下午7时，河北新闻网、“河北日报”客户端以及河北新闻网微博、今日头条号、百家号、快手号、“冀看点”抖音号同步推出慢直播《与疫情赛跑——直击石家庄黄庄公寓隔离场所建设》，15 日下午又独家开通 VR 全景直播，邀请网友一同多角度见证隔离场所建设过程，截至 2 月 28 日播放量超过 1940 万次。①

河北广播电视集团成立疫情防控宣传工作协调调度领导小组，统筹集团、整合资源，团队作战、协同分工，坚决打赢疫情防控的攻坚战。集团整合电视频道、广播频率、“冀时”客户端、微博、微信、抖音、快手等平台资源，彻底打破常规节目编排，大量开办特别节目、推出特别策划、制作融媒体产品，使抗击疫情的报道形式和内容具有丰富性和深刻性。例如河北卫视的《河北新闻联播》和河北综合广播的《河北新闻》《全省新闻联播》，共 3 档重点新闻节目，这 3 档新闻节目中都开设了“全力以赴做好疫情防控”专栏，每天不间断地播出大容量、形式新颖、多角度的疫情报道。此外，其他电视频道、广播频率都推出精心策划、公众喜闻乐见的抗击疫情专题，及时播报新闻，权威解读信息，凝聚社会正能量，极大地鼓舞了公众。

长城新媒体集团立足长城网、冀云·融媒体平台和“学习强国”河北学习平台，发挥新媒体传播速度快、信息量大、内容丰富的优势，与全国百家媒体联合建立网络直播矩阵。“冀云”客户端直播的同时，与“学习强国”总平台、中国网、中新网、中国青年报、工人日报、新京报、澎湃等近百家媒体同步联动直播，是省内权威的移动发布平台。长城新媒体集团以权威党媒的身份，全面准确地传递河北省的疫情权威信息和各级党委政府的决策部署，有效疏导了公众的焦虑心理，最大限度地消除公众疑虑，使信息更加公开透明，起到了社会情绪“减压阀”的作用。

2. 关注民生，拼抢时效，及时引导舆论

人们封闭在家中，不可避免地会产生烦躁和焦虑情绪。第一时间了解疫情相关信息，可以极大地缓解这种不良情绪。主流媒体的新闻节目往往反应

---

① 《河北日报报业集团：在抗疫新闻宣传一线彰显主力军作为》，澎湃新闻，2021 年 1 月 20 日，https：//www. thepaper. cn/newsDetail_ forward_ 10865996。

迅速、应对积极，能够精准地把握新闻报道中的“时、度、效”，充分满足公众的需求。

疫情防控常态化时期，受众对相关信息十分关注，网络及新媒体平台成为各类信息的汇集地。河北日报把互联网平台作为主战场，充分运用近几年融合发展的成果，提高报道的到达率和有效性。

视频产品的受众面广泛，传播速度快，河北日报发挥视频产品的优势，进行全媒体播报。河北新闻网的《值班老总读报》栏目连续播出“战疫”特别节目，午夜时分夜班总编辑走进演播室，历数当天抗疫要闻、分享思考和感悟，《“不约不聚”防疫情》《他们昼夜鏖战，我们用什么致敬》《打好防控歼灭战，每个人都是战士》等6期节目播放总量超过2400万次。河北新闻网的微视频《感谢有你！逆风的天使》再现了前往疫区、不惧危险、忘我工作的一线医护人员，被网友大量转发。《有你们在，不孤单》生动展现全国各地支援河北的感人场景以及坚守在岗位的工作人员，点击量超过2600万次。《防疫小哥跳舞暖身坚守岗位》的视频报道了凌晨在疫情防控一线坚守岗位的小哥哥为驱寒而跳起了活力十足的舞蹈，播放量1.4亿次。①

长城新媒体集团推出不间断网络直播专题报道《我们在一起！2021河北战“疫”全记录》，报道了“菜来了”“快递来了”“物资来了”，以及“定点救治医院”“黄庄公寓”等隔离场所建设等。直播集合了多现场实时视频直播、图文视频滚动直播、同类话题聚合等功能，聚焦当下的热点、焦点，全程式记录，多场景切换，常态化直播与慢直播结合，既有长时段现场的实时记录，又有碎片化的海量信息聚合，动态更新，生动鲜活，成为整个河北战“疫”报道的动态资料库、信息源。2021年1月13日，策划推出的14个小时的《同舟共“冀”·邀你“云接车”》，把慢直播与现场实时直播相结合，有点有面、有全景有故事地展现各地援助物资和医疗队日夜兼程、

① 《河北日报报业集团：在抗疫新闻宣传一线彰显主力军作为》，澎湃新闻，2021年1月20日，https：//www. thepaper. cn/newsDetail_ forward_ 10865996。

驰援石家庄的难忘场景，“学习强国”总平台和全国80多家新媒体平台同步直播了这一现场，全国超6000万名网友通过网络实时观看了全国各地援助物资和医疗队“进庄”的情况，网友刷屏热传纷纷点赞。①

在抗击疫情的过程中，主流媒体记者不畏风险，纷纷奔赴疫情核心区，第一时间向全国、全省人民传递河北的疫情信息，关注民生，有力地引导了舆论，彰显了主流媒体新闻记者的职业素养和专业水平。

3. 关注人物，深度报道，围绕热点话题还原真相

一开始，主流媒体的相关报道集中在疫情最新进展及数据通报上，以满足公众对权威信息的需求。随着疫情的发展，媒体在突出报道的深度上下功夫。

2021年1月7日，石家庄市社区干部李瑞芝倒在了疫情防控一线，从此就再也没有起来。围绕做好李瑞芝典型事迹报道，“河北日报”客户端的“河北融媒头条”栏目刊发通讯《“李子”心中燃着一团火》，并配发评论文章《做李瑞芝那样的“疾风劲草”“烈火真金”》，同步推出微视频《追忆李瑞芝》，河北新闻网推出H5长图《“李子”心中燃着一团火》，专题集纳有关李瑞芝的通讯、视频、图片、公益广告等多种新闻产品，相关报道形成了巨大的传播合力，李瑞芝的名字和事迹被石家庄人所熟知。

2021年1月15日，河北新闻网的报道《认识一下，我就是“热搜”中的河北人!》，选取疫情防控常态化时期一个个普通河北人的感人故事，进行串联和整合，描绘出了疫情面前河北人团结昂扬、心存大义的群像，发布当天点击量达373万次，并被中国青年网、澎湃等29家媒体平台转发。②

藁城区增村镇是此次疫情中人们关注的焦点，河北日报派出全媒体记者两次深入增村镇采访，分别推出文图报道《他们，坚守在疫情“暴风眼”》、微视频《现场直击！河北日报记者藁城探访》和通讯《党旗下的坚守》《越

① 《长城新媒体集团：融媒报道河北战“疫”强信心暖人心聚民心》，澎湃新闻，2021年1月17日，https：//www. thepaper. cn/newsDetail_ forward_ 10826223。

② 《河北日报报业集团：在抗疫新闻宣传一线彰显主力军作为》，澎湃新闻，2021年1月20日，https：//www. thepaper. cn/newsDetail_ forward_ 10865996。

危险，我们越要留下来》等多篇报道，帮助公众多角度了解当地疫情防控的最新情况。

河北日报还针对疫情防控热点、焦点问题进行选题策划，如《河北日报》推出的深度报道《石家庄现 5 次“假阴”转阳案例，如何解读？专家回应三个关键问题》《农村为何成疫情“重灾区”，如何加强防控？专家分析来了》《轨迹怎么查出来的？我为何接到流调电话？记者专访河北省疾控专家》《为何实施集中隔离，隔离点生活如何保障？记者探现场访专家》等十几篇独家报道，充分发挥了解疑释惑、消除公众恐慌的作用，被《人民日报》《北京日报》等纷纷转载，总点击量超过 540 万次。[①]

《燕赵都市报》开设《我的抗疫生活》栏目，以文字、图片等形式聚焦那些在疫情“风暴”最中心的凡人凡事。有《石家庄车友志愿者：我为抗疫贡献“马力”》《一个庄里人的隔离生活》《抗疫护士：8 岁儿子一个人留在家里》《漂在石家庄中风险小区》《我在黄庄书写抗疫加速度》《我在隔离点做志愿者》等，该专题报道展现了为抗击疫情做出贡献的普通人，真切感人，让人泪目。

4. 及时辟谣，做好社会服务，助力战胜疫情

石家庄疫情发生以来，有一些谣言在坊间流传。“欧美神父在石家庄藁城传教？”“春运取消，提前放假”“新冠疫苗接种开放网站预约”“河北籍人员一律禁止进京”……新冠肺炎疫情发生以来，相信很多人看过这样的信息，并且引发了“高度紧张”“盲目乐观”“抢购物品”等各种情绪和行为。主流媒体通过直播石家庄市新冠肺炎疫情防控新闻发布会及时进行辟谣，稳定了公众的情绪。

长城新媒体集团的冀云·融媒体平台打造集“新闻”“政务”“服务”于一体的智能化信息服务体系，研发推出了“河北疫情实时动态”“2021 周边疫情查询工具”“河北确诊病例行程轨迹实时查询”等大数据融媒体产

① 《河北日报报业集团：在抗疫新闻宣传一线彰显主力军作为》，澎湃新闻，2021 年 1 月 20 日，https：//www. thepaper. cn/newsDetail_ forward_ 10865996。

品，准确发布病例信息，做到信息公开、透明、及时、准确，总点击量已突破3亿次。①

2021年2月8日，长城新媒体集团与河北省卫健委共同推出了“河北在线心理咨询平台”，该平台是依托冀云·融媒体平台所建立的。这一平台联合河北省精神卫生中心、河北医科大学第一医院等多家省级医院，义务为公众进行心理疏导，帮助公众积极应对疫情，同时还搜集了一些典型案例，这些案例成为长城网报道和冀云·融媒体平台直播的鲜活素材。冀云·融媒体平台的直播节目专门设置了“心理援助”板块，每天播出一个“河北在线心理咨询平台”的典型案例，这些案例更好地帮助公众在疫情防控常态化时期保持心理健康，为更多的心理援助机构开展服务提供了可以借鉴的案例。

此外，长城新媒体集团发挥服务功能，积极关注人民群众在疫情防控常态化时期，最关心的，最直接、最现实的吃、住、行、学等问题，专门开辟了“我们在一起！河北同心战‘疫’疫情求助绿色通道与暖心事爆料通道”，向公众征集身边暖心事、烦心事，及时将求助信息与其他诉求反馈给有关部门。冀云·融媒体平台联合“北京云”推出冀云“空中课堂”的升级版，为全省900万名中小学生提供来自北京名校的丰富教育资源。

二 疫情“加试”期河北主流媒体报道引发的冷思考

2021年，河北疫情发生以来，省内三大主流媒体竭尽全力，为疫而战，发布了大量优秀的抗疫报道。这些报道极大地鼓舞了河北人民战胜疫情的决心。同时，疫情相关报道还存在一些不足，引人深思。

（一）新闻评论没有完全发挥作用，缺少融媒体新闻评论品牌

新闻评论以新闻事实或社会现象作为由头，融入主流价值观，传递媒体

① 《长城新媒体集团集团：融媒报道河北战“疫”强信心暖人心聚民心》，澎湃新闻，2021年1月17日，https：//www. thepaper. cn/newsDetail_ forward_ 10826223。

的声音，发表具有一定权威性、思想性和建设性的观点，尤其是在重大事件中，高规格的新闻评论代表的是媒体的声音、代表的是同级党委的意见，主流媒体应该在重大报道中重视新闻评论，充分发挥新闻评论的作用，更好地引导舆论。

在三大主流媒体中，河北日报最具有生产观点新闻的优势。在疫情报道中，《河北日报》发挥新闻评论的作用，连续推出10篇评论员文章，阐释和解读重大决策部署。《河北日报》和河北新闻网同步开设评论专栏“抗疫快评”，约请全国20多家党报的评论员撰写快评。《河北日报》评论专栏与客户端“观点”频道、微信公众号评论栏目协同发力推出评论。这些评论都属于传统意义上的新闻评论，风格严肃专业，以理性分析为主。在一定程度上，传统新闻评论的叙事方式能够彰显主流媒体的权威性和公信力，但由于思想性、思辨性、逻辑性的要求而造成受众流失，尤其是青年受众群体的流失最为严重。在此次疫情报道中，评论报道的影响力、引导力有待进一步增强。

近年来，主流媒体在新闻报道方面积极利用新技术、新形式，而在新闻评论方面努力创新的尝试较少。随着媒体融合不断加深，主流媒体在继续坚守新闻评论传统阵地的同时，也应积极探索新闻评论的新形式和新路径，利用移动发布平台创新话语表达方式和呈现方式，打造新闻评论的品牌栏目。

（二）疫情报道不乏“爆款”，但是作品的“引爆”点并不在自有平台

疫情发生以来，各大主流媒体推出了大量公益短片、短视频，生动、形象的视频发挥了动员公众、凝聚人心的作用。其中，河北广播电视台的短视频《我是石家庄》在“冀时”客户端首发后，迅速成为新媒体端抗疫宣传的热点和亮点，全网浏览量超过200万次。[①] 该视频呈现了石家庄低调内

① 《战“疫”一线尽锐出征，河北广播电视台彰显主流媒体责任担当》，新浪网，2021年1月25日，http：//k. sina. com. cn/article_ 1198531673_ v4770245901900qf6l. html。

敛、开放包容的城市风貌，也展示了河北人民众志成城战胜疫情的信心、决心。这则短视频受到了国家广播电视总局、河北省委宣传部的高度评价。同时，它还赢得了众多网友的点赞、评论和转发，很多人就是通过这则短视频了解、认识了石家庄这座城市。这则短视频颇受追捧，几经转载，许多公众看到了《我是石家庄》这则短视频，但并不是通过“冀时”客户端收看的，而是通过其他平台收看的。

在抗疫过程中出现的具有较大影响力的“暖新闻”，以短视频等形式在全媒体传播，也并不是在自有平台被“引爆”。例如“河北广播电视台”快手账号发布的《“警察同志，借个打气筒”》短视频登上热搜榜，播放量高达947.7万次。[①] 视频中76岁退休老医生骑自行车奔赴一线，向警务人员敬礼的一幕让人泪目，展现了全民抗疫的正能量，网友纷纷留言“全国人民向您致敬”。微博@交通发布播发的河北空管分局对江苏、浙江医疗队员寒夜驰援河北的暖心致谢词，“感谢医务人员跨越万水千山，驰援河北，驰援石家庄。没有燕赵儿女过不去的坎儿，更没有中国人民翻不过的山……”这些“爆款”凝结着采编制作人员的汗水和心血，并最终“引爆”了全网。非常遗憾的是，“爆款”并不是在自有平台“引爆”的，这一现象值得深思，应进一步增强自有平台的传播力、影响力。

（三）疫情“加试”期的报道，同质化现象较为普遍

在抗击疫情的过程中，每家媒体都会追逐热点，避免出现漏报，这是“相同”的。但是，对于同一新闻事件，还要做到“不同”。“不同”指的是在报道时需要独立思考，在其他媒体都在做同质化报道的时候，去找寻一些不一样的视角。

例如，2021年1月11日，河北新闻网、“河北日报”客户端及河北新闻网微博等推出24小时慢直播《守望石家庄　静待重启日》，通过设置在

① 《战“疫”一线尽锐出征，河北广播电视台彰显主流媒体责任担当》，新浪网，2021年1月25日，http：//k. sina. com. cn/article_ 1198531673_ v4770245901900qf6l. html。

石家庄市裕华路青园街路口、中山路建设大街路口、石家庄电视塔的 3 个固定镜头，将石家庄这座城市目前的运转情况传递到千家万户，市民与网友可以通过 24 小时慢直播看到城市的变化，共同守护此刻的石家庄，一起为这座城市的重启加油。同时，新华社、“人民日报”客户端、中国网、工人日报网、华商报、今日头条、百家号、微博、抖音、快手、微信视频号及石家庄广播电视台等平台同步直播。截至 16 日 21 时，各平台总播放量 4924 万次。[①] 这一事件具有非常重要的意义，众多媒体共同关注是无可厚非的，但是各媒体的报道基本是雷同的，这就造成了资源的极大浪费，是不可取的。但是，众多媒体如果转化视角对这一事件进行报道，或者采用“慢直播 + 现场直播”的方式，这一报道就会呈现“和而不同”的报道内容和报道形式。

融媒体时代，热点新闻发生后，微博、微信朋友圈充斥着类似的内容，这些内容大同小异，内容同质化的现象比较普遍。作为新闻媒体的平台，优质的原创内容一定是最重要的。用户是否被吸引，取决于内容是否满足用户的需求、是否能够满足受众深层次的思考。主流媒体应该牢记内容为王，不但要追求传播的广度，更要追求报道的深度，以深度的报道打开格局，赢得受众。

三　国内疫情相关报道的主要亮点与经验分析

疫情发生以来，全国各级的主流媒体围绕抗击疫情打造了大量精品报道，彰显出主流媒体的传播力和影响力。这些抗疫报道具有内容科学专业、形态新颖多样、传播快捷高效等特点，具有借鉴意义。

（一）坚持移动优先策略，创新评论传播样式

2020 年初，新冠肺炎疫情突袭而至。初闻这一消息，公众内心充满了

① 《河北日报报业集团：在抗疫新闻宣传一线彰显主力军作为》，澎湃新闻，2021 年 1 月 20 日，https：//www. thepaper. cn/newsDetail_ forward_ 10865996。

焦虑、恐惧，社会中出现了不安定因素。面对这一形势，引导舆论、稳定民心是当务之急。多家主流媒体从政府采取的政策措施，疫情的追踪报道，科学防治疫情的方法，全国各地支援湖北、支援武汉等方面进行了报道，有力地消除了谣言，稳定了局势，正确地引导了舆论。

2020 年 1 月 23 日，《湖南日报》刊发《防控重大疫情，我们在一起》的评论员文章。坚持移动优先策略，文章首先在“新湖南”客户端及华声在线网站推出，并同时在“湘伴”“新湖南评论”“长沙发布”等公众号上推出，该文单篇全网总点击量超 6000 万次。①

1 月 23 日晚，评论员文章《非常之时，果断之举——坚决遏制疫情扩散蔓延①》第一时间在湖北日报“两微一端”推出。第二天，文章在《湖北日报》刊发后，又在“学习强国”湖北学习平台上以“党媒声音”推出，产生强大反响。在武汉封控的 2 个多月里，《湖北日报》大规模、高密度推出多个系列 60 多篇评论员文章，紧密追踪疫情进展和跟进疫情防控各项措施，抓住人民群众普遍关心的焦点、热点问题，及时回应、敏锐发声。由于疫情的原因，纸媒的传播力、影响力受限，重大评论都是第一时间在移动平台上刊发，不少媒体刊发新闻评论遵循着这一原则。

2020 年 5 月 10 日，新华社推出重磅评论《钟华论：在民族复兴的历史丰碑上——2020 中国抗疫记》。该评论的一大亮点就是采取融媒体报道组织和生产传播机制，文字版、视频版和观点海报同步制作、多元生成、多次传播。评论内容在报纸、电视台、电台、网站、客户端、微信公众号、微博等传播平台广泛传播，引发受众强烈共鸣，纷纷留言跟帖，仅在“学习强国”总平台上的阅读量就超过 2700 万次、点赞量超过 48 万次。评论网络总浏览量超过 3.3 亿次，转评赞等互动量超过 100 万次。②

① 《防控重大疫情，我们在一起》，中国记协网，2021 年 10 月 28 日，http://www.zgjx.cn/2021-10/28/c_1310259081.htm。

② 《钟华论：在民族复兴的历史丰碑上——2020 中国抗疫记》，中国记协网，2021 年 10 月 29 日，http://www.zgjx.cn/2021-10/29/c_1310277591.htm。

（二）报道主题集中，自有平台的传播效果良好，社会效果显著

2021 年 11 月 7 日，第三十一届中国新闻奖揭晓。在第三十一届中国新闻奖的获奖作品中，有关疫情的报道所占的比重非常大。也就是说，近年来，各大媒体的报道主题是围绕抗击疫情、复工复产所展开的。相关的疫情报道形式非常灵活，有报纸、音频、视频、漫画等，但是获奖的疫情报道有一个共性，即报道的主题集中、自有平台的传播效果良好、社会效果显著。

例如特别奖的获奖作品、2020 年 3 月 31 日刊登在“人民日报”客户端的视频《生死金银潭》。这部作品也是全国最早深度报道武汉定点医院隔离“红区”的纪录片。为完成该片的拍摄，记者和摄影师驻守医院，深入“红区”连续跟拍 36 个日夜。这部视频真实记录了武汉市金银潭医院医患之间的救援故事和生死时刻，令人唏嘘不已。2020 年 3 月 31 日，该视频一经推出，刷屏网络，社会反响热烈，并产生强烈的国际影响。全片没有主观性的旁白，都是医护和患者的画面及同期声，客观、冷静、克制的镜头语言，用白描的手法呈现了金银潭医院在疫情发生以来最真实的样子。

这部视频首发在人民日报自有平台，播放总量超 1 亿次，主持的微博话题#连续 36 天跟拍武汉金银潭医院#和#生死金银潭英文版#持续占据热搜榜单，话题阅读总数超 2.1 亿次。①

再如 2021 年 9 月 2 ~7 日，特别奖的获奖作品《同心战“疫”》在央视综合频道黄金时间播出。在这部作品中，运用 6 集纪录片全景式地展现抗击新冠肺炎疫情的全过程，展现了中国人民坚强不屈、顽强拼搏的精神与毅力，该片获得了良好的传播效果。截至 2020 年 9 月 8 日上午 10 时，电视端《同心战“疫”》相关新闻宣传及节目累计观众触达人次达 6.06

① 《生死金银潭》，中国记协网，2021 年 10 月 29 日，http：//www. zgjx. cn/2021 -10/29/c_1310278362. htm。

亿人次。其中，9 月 2 日起综合频道黄金时段播出《同心战“疫”》第1～6 集平均收视率为 0.52%，单集最高收视率为 0.59%，首重播观众触达人次达到 2.05 亿人次。相关新闻报道总触达人次 4.01 亿人次。《同心战“疫”》在总台国内新媒体端的总阅读浏览量达到 2.01 亿次。其中，央视网多终端浏览量 248 万次。微博话题#纪录片同心战“疫”#阅读量达到 1.9 亿次。[①]

截至 2021 年 12 月 31 日，“人民日报”客户端的下载量为 1636 万次，央视影音的下载量为 4587 万次，“央视频”的下载量为 1571 万次，“河北日报”客户端的下载量为 288 万次，“冀云”的下载量为 492 万次，“冀时”的下载量为 40 万次。这两类平台分别属于全国媒体和地方媒体，下载量必然有一定的差异。但是，下载量的不同可以说明平台影响力有着很明显的差异。传播平台的影响力必然影响融媒体产品的点击率和传播量。

《中国新媒体研究报告 2020》认为，媒体最主要的平台构建方式就是建设自有平台。建设媒体的自有平台，首先要考虑技术支持，能够具有个性化，实现交互性，提高受众的体验感；其次要从内容入手，作为新闻平台，应当遵循内容为王的宗旨，平台提供内容要具有用户导向、服务意识，满足受众对于信息和服务的需求。从技术和内容两方面入手，进一步提高自有平台的传播力、影响力。

（三）融媒体产品内容丰富、形式灵活，加强传播效果

针对 2020 年的疫情报道，中国记者协会举行“践行‘四力’创新深融——战‘疫’新媒体精品案例展示”活动，对新媒体的疫情报道进行评比，全国共有 45 篇融媒体报道入选。在战“疫”报道中，因融媒体产品阅读的便利性，占据了大部分份额，发挥了重要作用。这 45 篇融媒体产品最大的特色就是形式多样。其中有人民日报的长卷漫画《中国抗疫图鉴》，全

---

① 《同心战“疫”》，中国记协网，2021 年 10 月 29 日，http：//www.zgjx.cn/2021－10/29/c_1310278369.htm。

景记录抗疫震撼感人瞬间；有人民日报社新媒体中心推出的纪录片《生死金银潭》；“央视新闻”客户端利用“新闻+UGC”，制作微视频《等你回来》；浙江广电集团推出手绘H5作品《浙江记“疫”》，这部作品的难度比较大，是利用“插画风格+交互动画+3D建模”完成的；广西新闻网推出疫情系列公益动漫《阿扭哥》；山西广播电视台每天推送抗击疫情数据分析的新媒体产品“数据新观察系列”；西藏广播电视台推出MV，唱响战“疫”主旋律；中国日报Vlog系列视频产品《90后战“疫”日记》；天津津云新媒体集团创新条漫形式，生动讲述海陆空三大战“疫”……在抗疫报道中，有条漫、长卷漫画、海报、手绘H5、MV、Vlog系列视频、纪录片、微视频、公益动漫等融媒体产品，内容丰富、形式多样。

利用不同的融媒体产品报道不同的内容，也可以通过不同的融媒体产品传播相同的内容，例如前文提到的新华社推出重磅评论《钟华论：在民族复兴的历史丰碑上——2020中国抗疫记》，该评论的传播方式融合创新，创作团队专门制作视频版和金句海报，对评论内容多次生成，在各类媒体和网络空间进行广泛传播，引起广大网友的关注和转发，取得良好传播效果和社会效果。

四　河北省疫情“加试”期主流媒体传播创新的对策建议

新冠肺炎疫情是一场席卷全球的重大突发公共卫生事件，严重影响了社会的方方面面。当媒体面对重大突发公共卫生事件时，应当采取以医学、科学为指导，用新闻事实立足，以新闻评论为“翼”，凭借地方特色形成凝聚力，用新内容、新形式吸引人的报道策略。

（一）以医学、科学为指导

新冠肺炎疫情作为重大突发公共卫生事件，需要专业人士来“解决”，也就是医护人员和医学专家。根据新冠肺炎疫情发展的不同阶段，媒体的报

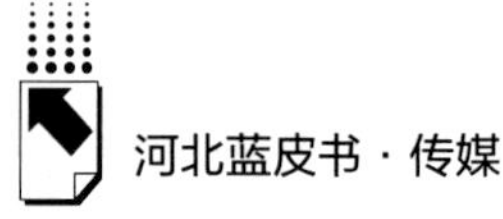

道应有不同的侧重点。

预警期：重大突发公共卫生事件具有突发性、广泛性、未预见性，同时涉及医学领域的专业性与复杂性，这给媒体报道带来很大的挑战。在预警期，媒体向上要党委、政府的相关部门做好沟通，掌握方针政策措施；向下要了解人民群众在特定时期的呼声与需求，做到上情下达、下情上达。同时，媒体要加强与医学专家的沟通，增强报道的专业性，传递、科普疫情知识和防护技能。

暴发期：重大突发公共卫生事件具有极大危害性。媒体应在了解各方真实状况的基础上，使消息公开、透明，不瞒报、不隐报，掌握信息传播的主动权，做好疫情通报信息，报道每日确诊病例的情况以及确诊病例的行程轨迹图，对不实信息进行及时辟谣。媒体还应该充分利用原创内容，以新颖的形式发挥正能量宣传、引导舆论的作用。

消退期：目前，全球范围内新冠肺炎疫情形势依旧严峻，国内的新冠肺炎疫情整体得以有效控制，但局部的疫情此起彼伏，再加上病毒不断出现变异，使疫情防控的难度不断加大。媒体有关疫情的报道呈现常态化趋势，同时，要注重疫情消退期的新闻宣传工作，发挥舆论引导作用，全面提高公众的媒介素养，增强辨别信息真伪的能力。

（二）做实新闻报道

真实是新闻报道的生命。在报道重大突发公共卫生事件时，要保证新闻真实、准确无误。反而言之，新闻真实、准确无误，也会推动重大突发公共卫生事件的顺利解决。疫情发生以来，各大媒体每天发布疫情最新通报，并公布病例行程轨迹。这使疫情信息透明、公开，公众享有充分的知情权。

适当引入慢直播。疫情发生以来，出现了一种新的传播形态——慢直播。慢直播与以往的直播有较大的差异，过去的直播体现了镜头的剪辑、镜头的调度，有主持人在直播中引领、调动观众收看。慢直播通过设置在现场的镜头，将现场的情况进行实时传播，没有任何外界的干扰，是现实生活的自然呈现，是一种原生态的对现实生活的反映。慢直播的内容具有强烈的真实感，能够充分彰显新闻的真实性。在慢直播中，受众直接成为了事件的参与者、见证者。例如“央视频”等媒体运用24小时不间断、连续多日慢直播聚焦火神山、雷神山医院建造过程，吸引众多网友留言观看。

坚持涉疫新闻的真实、及时性。重大突发公共卫生事件对人们的生产生活产生一定的影响，其间容易产生谣言。谣言对社会稳定、人心向背起着重要的作用。在公共卫生事件中容易引发谣言肆虐，谣言影响了社会稳定，使受众心里更加恐慌。真实、准确的媒体报道，能够压缩谣言的产生和生存空间，制止不良传闻，以正视听，缓解大众的恐慌心理。媒体应本着“用新闻事实立足”的原则，增强信息的透明度，公正、公开地做好疫情通报工作，以权威信息服务受众。

（三）做强新闻评论

在抗击疫情的过程中，围绕抗疫中的政策方针、理论思考、实践做法、先进典型进行宣传，发挥评论引领的作用，有效发挥了强信心、暖人心、聚民心的作用。在重大主题报道中，评论起到了举足轻重的作用。

目前，河北省影响力较大的新闻评论栏目尚少，河北的主流媒体应努力创新、开拓进取、解放思想，着手打造具有一定影响力的融媒体评论专栏。在打造品牌评论栏目时，应从内容、传播形式、表达方式等方面下功夫。首先，要创新新闻评论的传播形式。在融媒体时代，报纸、广播、电视、网络、微博、微信公众号、手机App等各个平台都应该重视新闻评论的作用，发挥主流媒体的平台优势，运用不同的传播形式，有效地引导舆论。其次，新闻评论的内容也应多元化、丰富化，可以对防疫政策进行权威的通俗化解读，也可以针对家长里短的小细节进行评论，用新颖的内容吸引受众、引导舆论。再次，新闻评论的采写可以由融媒体中心统一负责，组建强大的评论队伍，形成舆论合力。复次，学习借鉴业内成功经验，重点在移动发布平台打造品牌新闻评论栏目。最后，对于评论的表达方式，注意与时俱进，可采用当代年轻人喜闻乐见的语言，符合公众阅读、收听、收看的习惯。

（四）打造特色聚民心

一方水土养一方人。不同地区因气候、环境、饮食习惯的差异形成不同的地区文化，生长在同一地区的人们具有共同点，会形成强烈的共情。例如《人民日报》推出的与美食相关的一系列海报《最有烟火味的应援！加油，热干面!》。这一系列海报通过各地代表性美食组合，用当地特色食物与武汉特色食物热干面的“交流”传递着温情，“我在广西，桂林米粉给武汉热干面加油”“我在云南，过桥米线给武汉热干面加油”“我在广东，干炒牛河给武汉热干面加油”……这一系列海报构思巧妙、创意新颖，用心的情感表达获得网友广泛点赞与传播，增强了传播影响力。

在疫情“加试期”，依据本地特色进行抗疫报道。长城新媒体集团利用石家庄当地俗语，制作《海报派丨石家庄，沾!》（沾：好、行的意思），展现抗疫斗争中各行各业的普通人奋战在各个岗位的感人瞬间。2021 年 1 月 7 日，江苏、浙江医疗队员寒夜驰援河北，微博@交通发布播发河北空管分局和机组的一段超暖心对话，“……没有燕赵儿女过不去的坎……”。2021 年 1 月 18 日，河北新闻网第 182 期《值班老总读报》的内容为《“热干面”挺过来了，“宫面”同样一定行!》，用“热干面”指代武汉，“宫面”指代石家庄。这些融媒体产品引起了公众极大的关注，具有较高的点击率，这充分彰显了疫情报道与当地特色结合起来，增加公众的亲切感、认同感，热爱祖国、热爱家乡的自豪感油然而生，同时为家乡打赢疫情阻击战贡献自己的力量。

（五）以“新”突围扩影响

媒体融合不仅是资源的整合，更是传播形式的融合。在融媒体时代，依托新环境、新技术，出现了新的传播形式。在疫情管控期间，传播环境较平常有较大的变化，传播形式也随之发生了变化。其间，纸媒的传播力和影响力受到制约。在这种情况下，为了保证传播的效果不受影响，主流媒体要充分发挥线上平台的作用，利用线上平台进行全天候的信息发布、疫情报道，最终实现有效传播。

报道在融合之下实现多元呈现，融媒体产品异常丰富。比如，此次疫情发生以来出现了一种新的传播形态——慢直播。慢直播是利用5G技术24小时不间断地进行直播，这一传播形式彻底颠覆了以往的传播模式，这是原生态的直播形式，完全复制新闻现场，使报道更具真实性。例如2021年1月11日，河北新闻网、“河北日报”客户端及河北新闻网微博等推出24小时慢直播《守望石家庄　静待重启日》……在疫情报道中，各地纷纷采用慢直播这一新的传播形式进行报道。

在疫情报道中，有现场采访和官方发布的、具有权威性的专业新闻报道，即专业生产内容（PGC），还有用户自行发布的非专业信息（UGC），此外还有人工智能生产内容（MGC）。用户自行采集、自行发布的非专业信息内容在自媒体平台广泛传播，既反映了社情民意，又成为报道内容的重要来源，使疫情的报道内容更加丰富。例如“央视新闻”客户端利用“新闻+UGC”，制作微视频《等你回来》，由医护人员的家属自己拍摄他们的日常生活，使最终的报道内容更加丰富感人。不同类型的生产内容，使新闻报道内容更加多元化、报道形式更加灵活多样，使疫情报道的影响力不断扩大。在疫情报道中，媒体融合产品日益丰富并广泛传播，成为促进媒体公信力和传播力不断增强的新生力量。

用“新”突围的“新”，是报道的新内容也是报道的新形式。面对重大突发公共卫生事件，媒体通过新鲜的、原创的内容，通过新技术、新平台和新方式，突破重大突发公共卫生事件“围城”的困局。

在疫情“加试期”，河北主流媒体打破常规，统筹调度，全力进行正能量报道；关注热点，关注食、衣、住、行等民生诉求，及时引导舆论；突出深度，解读剖析，帮助受众更全面地了解事件真相；及时辟谣，做好社会服务，助力战胜疫情。河北主流媒体通过大量的传播创新与社会服务，有效地引导舆论，发挥了强信心、暖人心、聚民心的作用。

B.12
2021年河北省网络舆情发展特征与趋势分析*

窦玉英　曹瑞宁**

摘　要： 2021年河北省舆情事件总量较上一年增加，京津冀协同发展、雄安新区规划建设、北京冬奥会“三件大事”的舆论引导工作成效显著，另外，新冠肺炎疫情防控类舆情时有发生，教育类恶性舆情事件明显上升，房地产舆情呈爆发之势，谣言类舆情频发，这构成了河北省全年舆情图谱。综观一年来的全省舆情，其呈现如下新特点新变化：一是社交媒体的长尾理论与主流媒体的异地监督助推了舆论的生成，二是自媒体发起与主流媒体跟进加速了舆论传播，三是舆情回应主体从幕后走到了台前，四是谣言治理产生了辟谣与普法的双重效果。2022年，河北省舆情工作重点是做好“三件大事”的舆论引导，同时要适当开展疫情防控舆情应对演练，重视教育舆情的监测与处置，提升舆情涉事主体媒介素养，探索社会治理共同体机制，推动社会走向善治。

关键词： 网络舆情　社会治理　舆论引导　河北

一　2021年河北舆情概况

2021年是中国共产党建党百年，也是脱贫攻坚成果巩固拓展之年，河

---

* 本报告系河北省教育厅课题“网络舆情案例库”（项目编号：KCJSZ2020106）系列成果之一。

** 窦玉英，河北传媒学院新闻传播学院院长助理，副教授，主要研究方向为新闻实务、网络舆情；曹瑞宁，河北新闻网舆情中心主任，高级舆情分析师，主要研究方向为舆情监测与研判。

北省各地媒体及众多企事业机关单位都积极组织策划了一系列庆祝、总结和考核评估活动，营造了良好的舆论氛围。河北省张家口作为2022年北京冬奥会、冬残奥会的承办地之一，与张家口有关的舆情受到人们前所未有的关注，在各方努力下，北京冬奥会宣传和舆情引导工作总体呈现良好态势。2021年，雄安新区建设进入加速阶段，在持续优化营商环境、社会经济、政务财政，加快城市建设的同时，也积极回应民生关切，舆情态势总体平稳。

（一）舆情事件总量增多

除了京津冀协同发展、雄安新区规划建设、北京冬奥会筹办这“三件大事”外，根据河北新闻网舆情中心统计，2021年河北全年舆情事件总体数量较上一年增多。从地域分布上看，石家庄作为省会城市，人口数量多、受关注度高、民众较其他地区更熟悉新媒体使用、维权意识更强等，是全年舆情事件发生最多的地区；邯郸位于河北、河南、山东、山西四省交界处，地缘关系复杂，不稳定因素较多，2021年舆情事件数量仅次于石家庄，位居第二，保定位居第三（如图1）。从时间上看，每月舆情事件发生数量从高到低依次是1月、11月、3月、5月、8月、7月、4月、10月、12月、

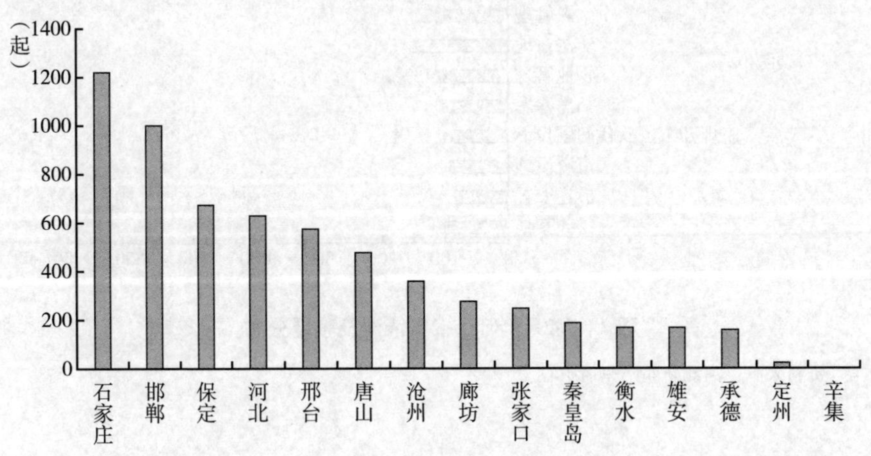

图1　2021年河北省各地舆情数量分布

资料来源：河北新闻网舆情中心。

9月、2月和6月；舆情数量最多的1月是860余起，舆情数量最少的6月是320余起。从舆情涉及领域看，位居前四的依次是疫情防控、生态环保、社治安和突发事故（火灾、爆炸、交通事故等），另外市场监管（消费纠纷、食品安全）和教育类投诉也呈高发态势（如图2）。从发布平台看，微博是最重要的舆情发布平台，其次是微信、抖音、快手等。从舆情发布形式看，以图文形式发布最多，其次是短视频。

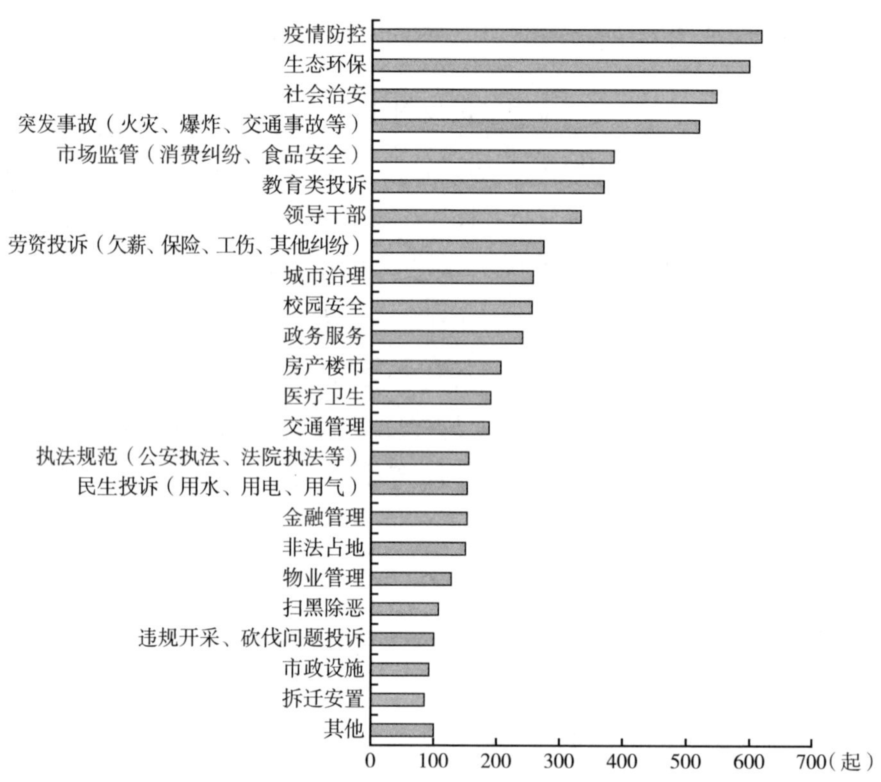

图2　2021年河北省舆情涉及领域分布

资料来源：河北新闻网舆情中心。

（二）疫情防控类舆情时有发生

在新冠肺炎疫情防控大背景下，2021年初石家庄藁城区突发疫情，引发了一系列疫情防控类舆情事件。如1月9日，被曝“石家庄放假大学生因为疫情流落街头”；1月19日，抖音、微博等平台流传一段发生在藁城区南营镇的“石家庄一老人疑似因违反防疫规定，被身穿红马甲的人绑在树上辱骂”的视频，引发网民热议；3月27日，微博、贴吧、头条号等平台流传“石家庄某药厂发现带病毒的原材料”“石家庄石药集团A区有人感染新冠肺炎”“藁城良村经济开发区又封了”等爆料信息。

因全年各地疫情不定时发生，相关舆情也呈现多地不定时突发的特征。1月16日晚间，微博、微信朋友圈等平台流传“隆尧县出现确诊病例”“隆尧一家四口瞒报行程、逃避核酸后确诊”等相关信息；1月24日晚间，@漩涡视频、@青蜂侠等发布视频新闻称，当日上午，秦皇岛抚宁区榆关镇平市南村一村民不配合防疫检测，撞死工作人员后逃逸；2月2日，今日头条、微信、微博、抖音等平台流传“女子在邢台沙河一酒店隔离时，遭自称‘警察’人员刷卡入屋性侵 警方已立案”相关信息，引发大量网民围观；8月6日，“保定满城区一税务局干部从高风险地区返满后隐瞒行程纪委监委介入问责”的相关爆料，迅速引发舆论关注；11月12日，“张家口一下午封了30多个小区，全部核酸”“张家口好多小区封闭，等待全员核酸检测”的相关爆料，滋生了一定恐慌情绪。

（三）教育类恶性舆情事件明显上升

相较于2020年教育类舆情事件，2021年教育类舆情呈现两个突出特点，一是数量明显增加，二是舆情性质发生变化。2020年教育类舆情大多是封校所带来的生活不便、出行受阻等中性舆情事件，而2021年舆情主要是校园霸凌、食物中毒、学生自杀等恶性舆情事件，如3月上、中旬发生在河北省体育局体操举重柔道运动管理中心的“五名省体操队小队员在校遭霸凌”事件；3月11日，“丰宁县职教中心一女生遭多人围殴”的视频在当地微信群、微博等平台流传；4月15日，微信、微博、抖音等平台出现“肃宁县育英中学学生疑遭欺凌上吊自杀，家长在校门口拉扯横幅讨要说法”的视频；7月23日，“馆陶某商场楼顶现初中生欺凌”的短视频及图片；8 月 23 日，廊坊一位七年级学生暑期在校外遭另一学生殴打的视频在网络传播；9 月 10 日，“霸州金字塔中学发生学生集体食物中毒事件”的视频；11 月 19 日，河北大学男生擅自进入教学楼女卫生间骚扰他人事件等。

（四）房地产舆情呈爆发之势

受国家政策调控、整体经济景气指数走势下行等多方面因素影响，2021 年房地产负面舆情呈现爆发之势。1 月 18 日，财新网登载文章《华夏幸福身陷困境，房地产“灰犀牛”要来了》，该文章指出华夏幸福面临股价连连下跌、股份质押比例不断扩大、大量债务集中到期、多家机构先后下调评级、债券被持续折价抛售等债务危机；6 月 13 日，《中国房地产报》发文《“争议地块已停止施工”！河北白沟征收千亩土地建商品房遭质疑》；6 月 18 日，地产类自媒体“大碗楼市”在企鹅号推文《五大品牌房企集体出逃，这个县城不简单》，称泰禾、融创、华润等五大品牌房企于2020 年全部撤出张家口崇礼区，该地区楼市回归理性；7 月 10 日，《中国房地产报》登载文章称，廊坊固安在坐享环京房地产红利的同时，催生了畸形的土地财政，对固安三大园区快速发展过程中的土地问题提出质疑。

（五）谣言类舆情频发

谣言常与舆情事件相伴而生。2021 年 1 月 22 日，微信朋友圈、今日头条等平台流传“石家庄市公安局交通管理局关于分区分级有序恢复交通管理工作措施”的不实信息；2 月 18 日，产生了“20 日起藁城全域调整为低风险，藁城区已符合调整至低风险等级标准”的谣言；3 月 27 日，“石家庄某药厂发现带病毒的原材料”“石家庄石药集团 A 区有人感染新冠肺炎”“藁城良村经济开发区又封了”等爆料信息，引发一定舆论恐慌；4 月，抖音、西瓜视频等平台流传“张家口坝上地区出现狼”“尚义县 9 只羊被不明动物咬死，怀疑是狼”等虚假爆料；5 月，微信群、朋友圈等流传“石家庄疾控已通知 6 月份再接种第一针新冠疫苗开始收费，免费接种第一针到 5 月底，疫苗数量有限”的谣言；11 月，“辛集要建设方舱医院”“辛集武警封城”的不实信息频现舆论；12 月 19 日开始，微信群、微博等平台流传一段“石家庄一饭店 7 人中毒死亡，疑有人故意投毒报复社会”的视频，最后被证实系谣言。

二 2021年河北舆情生态演化进程

2021 年，河北舆情生态演进可以通过以下几个重要事件进行刻画。

（一）央视3·15晚会曝光沧州青县“瘦肉精”事件的舆情处置，提供非突发重大食品安全类舆情应对样板

3 月 15 日，央视 3·15 晚会曝光了沧州青县存在部分经销商贩售瘦肉精羊肉问题，引发舆论热议。晚会播出后，农业农村部立即责成河北省迅速组织开展查处工作，并连夜派出工作组赶赴现场。河北省农业农村厅、沧州市政府连夜派出人员赶赴青县全面排查整治曝光问题。当晚 10 时许，青县发布“沧州市连夜开展瘦肉精羊肉问题调查处置工作”的通报，指出涉事企业负责人已被控制，工作人员对问题羊肉进行封存，同时追溯瘦肉精来源。16 日，青县又发布关于严厉打击非法添加、使用瘦肉精等违禁物质行为的通告。

该舆情的处置提供了非突发重大食品安全类舆情应对样板：一是线上及时动态发声，事发当晚即发布情况通报，并第一时间通过主流媒体表态，同时动态发布后续声音，使权威声音始终占据舆论主流；二是线下行动迅速，连夜开展封控排查处置各项工作，取得较好查处成效；三是提级应对，农业农村部、省农业农村厅等上级单位介入处置，表明官方重视，提升应对效果；四是后续工作快速落地，夯实舆情态势，打造完整舆情应对链。

（二）货车司机在唐山丰润区某超限站被处罚后服毒身亡，警惕引发舆情的“平庸之恶”

4 月 6 日，微信公众号“金伍之音”发布文章称，一名货车司机途经唐

山丰润区超限检查站时，因北斗车载终端处于掉线状态被罚款2000元并被扣车。随后，该司机在超限站内服农药自杀身亡。北京青年报、澎湃新闻、新京报等权威媒体快速介入，舆情在短时间内迅速爆发。当晚，@丰润发布通报称，已组成联合调查组，依法依规开展全面调查，结果及时向社会公布。随后，诸多事件外延因素与关联话题接入，引发部分大V转载评论，车载定位系统的产品质量、交通执法痼疾、货车司机生存现状等成热议话题。10日，唐山市政府通报事件调查情况，再次引发舆论广泛关注，舆情热度持续较长时间。

该事件在舆论场形成旋涡，对此，涉事地区迅速介入，多部门联合成立调查组，安抚家属情绪，做好善后事宜，并迅速通过官方平台发出权威声音，澄清网络不实言论，在一定程度上匡正和疏导了舆论偏激情绪。同时，网信部门持续做好舆论引导和管控工作，促进舆情热度回落。

“平庸之恶”由汉娜·阿伦特提出，是指现代社会的管理制度，将人变成复杂管理机器上的一个个齿轮，人被非人化了，平庸到了丧失独立思想的能力，无法意识到自己行为的本质和意义。在该起舆情事件中，执法者与货车司机之间没有仇恨，执法者不是恶魔，只是在执行规定，而往往是这种无意识的“平庸之恶”，却背离了执法的初衷，执法的本意是为了更好地保障社会秩序、保护人们的生命安全，可执法的结果却是生命的消亡。此舆情事件再次警示，刚性管理和柔性执法要相互结合，执法的目的与初心需要反思。

（三）衡水中学校长之子西藏高考引争议，再现“舆论搭车”怪圈

8月18日，澎湃新闻发布视频新闻称，有人在网上发帖举报河北衡水中学校长郗会锁之子郗某某高中三年在衡水中学学习，却于2021年赴西藏参加高考，此举涉嫌违反西藏、河北两地的教育厅相关政策及教育部相关规定。对此，西藏教育考试院回应称，郗某某户籍在藏但其父援藏未满三年，已取消其报考资格。上述报道发出后，在舆论场掀起轩然大波，光明网、中国青年网、南方日报等多家媒体跟进评论，将衡水中学推到舆论的风口浪

尖。8 月 21 日，多名用户在知乎平台曝光衡水中学历史老师张某欢猥亵骚扰学生，再次引发广泛讨论，衡水中学成为舆论众矢之的。对此，衡水市妇联接受媒体采访表示，当事老师已被停职，公安检察院已介入；衡水市团委也表示市教育局已对此事展开调查。

该事件中，“衡中教育”“援藏政策”“高考移民”“教育公平”等话题交织，“老师猥亵学生”更刺激了舆论情绪，舆情热度持续绵延反复。“河北高考为何如此内卷”“如何维护教育公平”“事件过程中是否存在监管环节疏漏”“衡中管理是否合规”成为舆论讨论焦点，呼吁“进一步调查和问责”的声音高涨。

此事件再现“舆论搭车”现象，导致次生舆情和舆论失焦。“舆论搭车”是指这样一种现象：有突发事件进入公共空间，受到舆情关注，使人们在地域、身份、内容等方面产生相关联想，导致舆情内容延伸或目标发生转向，引发更多社会关注和讨论，并促使公权力介入问题的解决。在此事件中，造成“舆论搭车”的主要原因是此前舆情“老师猥亵学生”未能形成舆情闭环，公众要求权威介入，以呈现欲知而未知的事实。因此，要破解“舆论搭车”现象，需要管理部门及时回应民生关切，化解社会矛盾，实现有效社会治理，以避免后期更强烈的舆论批评。

（四）石家庄平山县政法委书记对求助短信回复“滚”引质疑，关注强情绪—弱事实引导策略

9 月 12 日，一张“石家庄平山县委政法委书记尹惠强用‘滚’回复群众反映情况短信”的截图在微博平台流传，引发网民和媒体关注。13 日，平山县委宣传部发布通报称，事件当事人误以为是电信诈骗信息，于是进行了不当回复，已对其进行严肃批评，责令其做出深刻检查。14 日，石家庄市委对当事人尹惠强做出停职检查处理，并决定成立两个调查组，分别对尹惠强存在的问题和信访人反映的信访问题进行调查。人民日报、新华网等央级媒体发布评论文章，对“公职人员素质”“工作作风”等话题持续讨论，舆情热度持续较长时间。

该事件结合了公职人员素质、信访、干群关系、政法队伍整顿等热敏元素，很多网民关注的重点也是对官员行为的调查和处置，而忽略了“发短信群众”的诉求是否得到了解决。这再次体现了在网络舆情回应中疏导公众情绪与向公众解释事实的前重后轻原则。在此事件中，舆情处置效果较好：一是事情曝光当日下午即发布官方通报，解释事件原委，并第一时间联系反映人说明情况，缓和公众负面情绪，遏制事态升级；二是态度明确，对涉事人员提出严肃批评、深刻检查、停职处罚等一系列问责措施，体现了涉事地区正视问题、积极应对的态度，消减了负面影响；三是提级处置，石家庄市委、市政法委作为上级单位快速介入，依法依纪做出相应处理，不仅关注尹惠强存在的问题，还对信访人反映的信访问题进行调查，消除了舆情隐患；四是注重联动，石家庄市、平山县积极争取上级网信部门工作指导和支持，采取有力调控管控措施，加强舆论引导。

（五）石家庄平山县载51人通勤班车涉水倾覆事故，凸显提级管理的有效性

10 月 11 日清晨 7 时许，石家庄平山县敬业集团一辆核载 55 人，实载 51 人的通勤大巴车，在滹沱河王母桥发生涉水倾覆事故。12 日下午 2 时许，最后一名失联人员被打捞上岸，已无生命体征，现场救援工作结束，事故造成 14 人死亡。央视网、中新网、新华网等多家主流媒体介入报道，相关话题引发持续热议。13 日，石家庄新闻网发布报道称，公安部门已立案侦查，对涉事人员依法追究责任。纪委监委成立事故追责组，对相关责任人员进行调查取证，依法依规依纪追究相关责任人责任。

该事件社会关注度高、影响大，且责任归属较为复杂，涉及多个政府职能部门及敬业集团这一民企品牌，存在较高衍生炒作风险，现实处置压力较大。对此，涉事地区和相关部门及时采取“提级管理”，紧紧把握住了该舆情处置的关键，遏制了事态升级。通过提级管理，省委、省政府高度重视，国家职能部门迅速发声，省市级单位及时介入，统筹指挥、统一资源调配，形成各方联动，提升了处置工作专业性和权威性，有效打消公众疑虑。提级

管理实现了如下效果：一是线上统一出口、动态回应，从现场救援到善后处理，直面公众最关切的问题，信息公开适时到位，对冲各类负面杂音，且权威媒体为主要信息出口，避免信息矛盾引发次生舆情；二是线下救援稳妥有序，省市领导第一时间赶赴现场指挥救援，人员搜救、事故调查、医疗救治、善后赔偿各项工作稳步推进，助推舆情快速降温。

（六）秦皇岛山海关古城禁柴封灶致使群众取暖困难被指“一刀切”，诠释价值累加理论

12 月 20 日，央广网登载报道称，多名秦皇岛山海关区古城内的群众反映，由于古城内设有大气监测国控点位，当地在推进清洁取暖过程中，采取禁止烧柴、封堵炉灶等手段，导致部分老人和困难群众挨冷受冻。当地政府虽提供了电暖气，但供暖效果不佳，且取暖成本较高。居民向有关部门反映，得到的回复是“咱这也没办法”。对此，山海关区区长于 21 日接受媒体采访称，将全面深入反思，深刻吸取教训，已立即启动整改。生态环境部也于 23 日发声称，将督促地方迅速整改，并继续关注整改情况。多家媒体平台跟进报道、发布评论，促使舆情深度“发酵”。

近年来，各地在“煤改电”“煤改气”过程中因“一刀切”致使居民受冻现象频发，上述事件一经曝光即点燃舆论，在舆论场形成明显的传播共振效果。对此，涉事地区高度重视、迅速整改，第一时间推出稳妥可行的整改措施，推动事件线下解决。同时，及时接受首发媒体采访，线上释放权威声音，呈现官方“知错即改”的态度，缓和网民负面情绪，助推舆情热度降温。但由于事情发生周期较长，且应对中缺乏对相关责任人的问责、舆论引导中主流声量较弱，引发公众“倒逼执政”的现象。

该事件诠释了价值累加理论。该理论由美国学者斯梅尔塞提出，用于解释集群行为的产生，该理论认为网络舆情的形成往往经历六个阶段，不断累加，最终导致社会失控爆发舆情，这六个阶段分别是社会结构性失衡、引发公民的相对剥夺感、普遍性信念的产生、刺激事件出现、社会化动员和社会失控。具体到该舆情事件，由于环保需要，各地禁柴禁煤，改变了人们传统

的取暖方式，由此导致社会结构性失衡，这种失衡会给部分村民带来不便，从而产生怨气，个体公民的怨气广泛扩散后即达成了群体共识，这时一旦出现一个刺激性事件，就很容易引爆情绪，如果此事件经由网络传播，引发了更多网民关注，即形成了社会化动员，最终产生舆情。社会价值累加所涉及的六个步骤，按顺序依次发生，才会爆发舆情，因此防范此类舆情事件的发生，可通过阻断前面五个环节中的任意一个环节来实现，即相关部门要在日常中多体察社情民意，及时解危济困，平衡好生态环境保护与民生问题。

三　2021年河北舆情新特点新变化

综观2021年河北舆情的综合演变过程，其呈现如下新特点和新变化。

（一）舆论生成：社交媒体的长尾理论与主流媒体的异地监督

根据我国2007年11月1日起施行的《中华人民共和国突发事件应对法》的规定，突发事件是指突然发生，造成或者可能造成严重社会危害，需要采取应急处置措施予以应对的自然灾害、事故灾难、公共卫生事件和社会安全事件；非突发事件是指社会组织或公民个人由于经济、政治、文化、宗教等方面权利、利益和观念的矛盾而引发的冲突，其特征为非隐性、非突发、非激化、波及面窄、参与度低、逆反心理弱。综观2021年河北舆情的主要传播平台是微博，其次是微信、抖音、快手等，一些突发事件的首发媒体往往是这类平台，而一些非突发事件的首发媒体常是除此之外的主流媒体。

1. 社交媒体的长尾理论

突发事件经常首先由网民通过社交媒体平台上传到网络，随后主流媒体跟进报道，形成网络舆情。因传播内容和传播形式不同，选择的社交媒体也不尽相同，一般图文和视频类内容上传到微博、微信，而纯视频类内容主要上传到抖音、快手或App等。

如“张家口崇礼云顶滑雪场游客被电线绊倒身亡”事件先从微博、微信等社交媒体平台流出多张事故照片，引发舆论热议。“唐山玉田一焦化厂发生燃爆事故致2死”“石家庄众鑫大厦发生火灾事故”“秦皇岛发生驾车致防疫工作人员死亡案”等首发媒体为抖音、快手、微博等。

长尾理论是经济学中的一个概念，指只要产品的存储和流通的渠道足够多，需求不旺或销量不佳的产品所共同占据的市场份额可以和那些少数热销产品所占据的市场份额相匹敌甚至更大，即众多小市场的汇聚可产生与主流市场相匹敌的能量。在舆情传播中，如果把事件形象地比喻为一个产品，那么主流媒体或网络大V有更多的话语权，他们的声音和意见在信息传播中占据主要地位，就像少数热销产品所占据的市场份额。而来自各行各业的网民虽然数量众多，但是力量分散、弱小、独立，就像需求不旺或销量不佳的产品所共同占据的市场，并不被人重视。但自媒体时代，由于传播和集合成本迅速降低以及微博、微信“双微”平台对微内容的有效传播，无数散落的、零星的“长尾”表达往往得到大量网民的赞同，通过自媒体“聚木成林、积沙成塔”，数以万计的渠道碎片和内容碎片集结成一条超长的“尾巴”，“草根”弱小的声音通过聚合产生强大的传播效力和话语场，网络舆论监督的长尾效应得以凸显，助推了舆论的形成。很多突发性事件，通过社交媒体传播形成强势舆论，正是长尾理论的具体体现。

2. 主流媒体的异地监督

2021年，一些重大非突发事件首发媒体基本都是异地监督。所谓“异地监督”也称跨地区监督，是相对于当地新闻舆论监督报道而言的，指的是一个地区的新闻媒体对发生在外地的人和事的监督报道，多指批评和揭露报道。

沧州青县的“瘦肉精”问题由中央电视台首次曝光后，武安铁矿疑似瞒报3人死亡事故由“新京报”客户端、“北京青年报”客户端等媒体最先报道，主要中药材集散地存在“罂粟壳地下交易”最早由澎湃新闻报道，邢台南和农民割麦需花钱喷淋降尘由《新华每日电讯》第一个报道。以上非突发事件的首发媒体均为河北省外媒体。之所以会出现异地监督现象，主要缘于我国媒体实行属地管理模式。而互联网时代，媒体的异地监督效果并不会受媒体所在地域影响，依然能快速传播，实现监督目的，因此异地监督盛行。

（二）舆论传播：自媒体发起与主流媒体跟进

在传统媒体时代，舆论的传播在主流媒体的控制下，而在移动互联时代，由于技术赋权，每个网民都可以进行议程设置，随时传播。无数的网民比记者更早地置身现场，他们无须像传统媒体时代，先把新闻线索提供给媒体记者，由记者筛选后再见诸媒体，而是随时记录、随时传播。因此，目前大部分舆情事件的传播规律是由网民最先发到自媒体上，经由网络大V介入传播产生影响，接着主流媒体跟踪报道，进行深入调查，核实新闻的真实性、准确性，再引发媒体评论，进行有效社会动员，形成舆论态势。

如石家庄高邑“40种药剂催生毒红薯致土地绝收”的视频在微信群、朋友圈广泛传播后，又由多个网络大V介入传播，多家媒体追踪报道，引发舆情持续“发酵”。“承德县突遇强降水造成局部水灾，两名干部因公殉职”的新闻先在微博平台出现“承德县新杖子镇突发洪水，村民被要求上高处避难，镇政府书记已遇难”的相关爆料，随后，《中国青年报》介入报道，话题热度持续升温。2021年7月4日，有网民通过抖音、快手、微博等社交平台发布视频称，唐山迁西龙井关长城漂流一处隧道内出现大面积翻船情况，有人被水流冲走，游客被困两小时。视频显示，隧道内水流较急，有十多名穿着救生衣的游客并排站在岸上。视频点击量迅速攀升，诱发舆论热议。5日，涉事景区对此发布通报，就事件原因、救援情况、伤亡情况、后续处置等问题进行回应，并郑重说明“没有伤者，更没有亡者”。但多名事件目击者通过媒体采访、自媒体发帖等渠道发声，认为通报内容部分与事实不符，将会进行维权。对此，迁西县文广旅局表示，有两条船倾覆，有数人擦伤，事件还在调查中。九派新闻、极目新闻、封面新闻等多个主流媒体介入报道，舆情持续较长时间。

在以上舆情事件中，传统媒体时代的通讯员和新闻媒体的地域边界、能力边界、传播边界逐渐消失，非专业与专业、非权威与权威之间的互补、协调与融合，共同重塑了舆论传播生态。

（三）舆论引导：回应主体从幕后走向台前

一起舆情事件发生后，主流媒体曾作为重要的传播中介在舆情回应主体和公众之间架起沟通的桥梁，引导舆论走向。而移动互联时代的舆论引导，主流媒体的中介作用大大被削弱，公众或网民要求舆情回应主体从幕后走到台前，借助自己的传播平台，而不限于主流媒介，直面公众诉求，直接回答公众疑惑。而主流媒体的功能主要体现在通过舆论施压督促问题解决和弥补涉事主体与公众沟通不充分不细致的空缺信息。如“秦皇岛一村支书在救火现场被捅伤致死”事件中，红星新闻、界面新闻、光明网等多家媒体介入报道，对涉事村支书其他事迹，纵火者身份经历、可能纵火杀人的原因等更多细节进行披露，秦皇岛市公安局抚宁分局以及抚宁区委宣传部不得不对外表态和展开调查。3 月初，微博平台陆续出现“五名省体操队小队员在校遭霸凌”的爆料消息，引发少量关注。3 月 14 日，《新时报》以《河北 5 名 10 岁儿童遭受校园暴力：泼开水、烟头烫、甩棍打、灌鸡蛋》为题，详细报道了河北省体育局体操举重柔道运动管理中心五名体操小队员遭遇同校两名 15 岁少年严重虐待一事，引发舆论强烈反响。

由于缺少了媒体作为“缓冲”地带，舆情回应主体直面公众时需要积累经验和教训，掌握一些必要的技巧。

1. 舆论引导范式

总结 2021 年处置效果较好的舆情案例，可发现如下舆论引导范式。一是时间上把握先机，即在舆情发生后的“黄金 4 小时”甚至“黄金 2 小时”内及时发声，成为事件的第一定义者，掌握话语主导权，避免首因效应所引发的舆论“跑偏”或“被带节奏”；二是线上动态回应及时，即根据舆情发展进度，有计划地发布事件调查进度、公布调查结果，避免“空窗期”过长带来的外界想象和猜疑，给谣言的传播留下空间；三是线下行动有效，即针对不同的舆情事件主动作为、积极作为，推动事件的解决；四是提级处理促联动，即当舆情事件复杂，涉及领域多时，要第一时间提交上级部门管理，由上级部门统筹协调资源配置，统一指挥、多方联动，实现“高处着眼，低处着手”的有机融合，保证舆情处置的快速有序开展。如 2021 年 5 月 2 日下午，微博视频号“旋涡视频”发布视频新闻称，网民爆料承德海潮游乐场设备突发故障，有游客被悬停在半空，消防救援人员已赶至现场，将被困人员解救。相关信息在微博平台广泛传播，诱发舆论关注。事件发生后，当地消防、公安、网信、应急等多个部门各司其职，现场救援稳步推进，展现官方重视态度，同时，承德双滦区委宣传部接受采访称，27 名游客已全部被解救，现场无人员伤亡，事故原因正在调查。当日晚间，@双滦印象发布通报，就事件经过、救援和伤亡情况再次回应。多家权威媒体转载通报内容，统一媒体报道口径，阻断谣言传播，占据舆论先机，引导了舆论走向。

2. 舆论引导误区

不容忽视的是，舆论引导中也有一些误区需要引起重视。

一是舆论引导的目的不是消灭舆情，而是实现“善治”。舆情是社会的“晴雨表”，允许公民在法律框架内发出不同的声音是社会进步的表现，古有谏鼓谤木、微服私访，今有网络舆情、信访维稳，古今同理，都是了解百姓诉求、化解社会矛盾，寻求最大公约数、画出最大同心圆，即“善治”。古今不同的是，不同的社会情境下，矛盾表现形式不同，民众诉求有别，因此解决方案也不尽相同，但无论哪种解决方案，一味地回避问题、推诿责任，甚至压制舆情，是无法化解矛盾，满足民众诉求的。如 2021 年 4 月，在“沧州肃宁一学生疑遭欺凌上吊自杀”的舆情事件中，从舆情处置角度看，涉事地区和相关部门虽发布了官方通报，就公众质疑和事件情况进行了澄清和定性，但在应对中仍存在反应滞后、态度冷漠等不足，应予以反思。一方面，反应滞后，事件发生一周后，才发出权威通报，前期仅在媒体追问时被动发声，给舆情留下“发酵”空间，也给舆论留下被动应付的不良观感；另一方面，态度冷漠，涉事学校在接受媒体采访时出现“家长敲诈”“学校无责”等言辞，导致网民质疑其缺乏人文关怀，激化了舆论情绪。

二是舆论引导的路径，要注意平台对应。社交网络时代的来临，为个体找到志同道合的圈层提供了可能，不同的个体基于血缘、地缘、学缘、业缘、趣缘等形成独立的圈子。舆情传播会因事件内容不同、关注群体不同、传播形式不同、信息传播者身份不同等而选择不同的传播平台，如抖音和知乎平台上聚焦的人群是有差别的，习惯于关注微博动态的群体与经常发微信朋友圈的群体也有所不同。但是在一些舆情回应中，回应主体有时缺少对平台的辨识和区分，对平台不加选择地回应，导致舆论引导效果欠佳。舆情回应平台的选择原则有三个：第一，对应原则，即回应平台也是引发舆情事件、产生广泛影响、被网民关注的平台；第二，权威原则，即以主流媒体作为主要回应平台，以体现权威和对舆情事件的重视；第三，效度原则，即通过多个媒体平台进行回应，形成媒体矩阵，达到广泛有效传播的目的。三个原则可以联合使用，也可以结合具体舆情事件重点坚持一个主要原则兼顾其他。

三是避免舆情“烂尾”，重视舆情闭环。信息爆炸时代，注意力成为稀缺资源，注意力经济勃兴，导致舆情事件被迅速围观也会被转瞬即忘，但互联网是有记忆的，一起舆情事件“取消关注”容易，被“重复关注”更容易。从 2021 年的河北舆情事件来看，有的舆情事件产生较大影响力，在很大程度上是让公众产生了接近性联想，即对曾经相似或同类舆情事件结果的追问。如在 2021 年“张家口崇礼云顶滑雪场游客被电线绊倒身亡”事件中，网民就对 2018 年曾发生过的同类事件进行了关联，从而加大了本次舆情的处置难度，而在本次舆情事件中，涉事部门有重蹈覆辙之嫌，依然未对事故原因等调查结果进行通报，引发网民猜测，强化刻板印象。同样，2021 年 6 月的“邯郸街头发生杀人案件致一人死亡”事件发生后，涉事部门也需要对事故原因等具体调查和处理结果给予通报，以防范类似事件再次发生后引发更大舆情。

四是舆情通报不宜过于强势，要“弱传播”。在一些舆情事件中，涉事主体能够做到及时回应，但回应内容却存在不足之处，不仅未促成舆情回落，反倒引发二次舆情。如在 7 月的唐山迁西龙井关长城漂流一处隧道内出现大面积翻船的舆情事件中，涉事景区对此发布通报，就事件原因、救援情况、伤亡情况、后续处置等问题进行回应，并郑重说明“没有伤者，更没有亡者”“水深不足一米，只有惊险，没有危险和风险”“对于散布谣言，虚假声势，景区将通过法律追究其责任”等，这些言辞缺乏对游客应有的温情，刺激了舆论情绪，诱发舆论反弹。舆情通报写作的基本原则：首先是真实，即告知公众真相，且直击舆论争议的焦点，不要顾左右而言他；其次是及时，第一时间定义事件，掌握话语主导权，一般要求快报事实，慎报原因；再次是掌握“弱传播”方法，“弱传播”理论由人民网新媒体智库顾问邹振东教授提出，他指出生活中的强势群体就是舆论世界中的弱势群体，揭示了“舆论世界弱者优势”的传播现象，进行舆论引导要学会“弱传播”，具体到舆情通报的写作中，要树立与公众平等对话的意识，采取“弱者”姿态，表达“强者”担当；最后，情理交融，即动之以情，晓之以理，有行动有态度、有力度有温度，既彰显人文关怀，又体现理性行动与思考。

（四）谣言治理：辟谣与普法并重

“造谣动动嘴，辟谣跑断腿”。谣言浪费公共资源、消解公信力，其危害显而易见。在 2021 年出现的谣言中，一类是把欲望当作现实的乐观谣言，如“石家庄市公安局交通管理局关于分区分级有序恢复交通管理工作措施”“20 日起藁城全域调整为低风险，藁城区已符合调整至低风险等级标准”“张家口举办冬奥会拟给孩子提前放假”；另一类是表达恐惧或忧虑的谣言，如“石家庄某药厂发现带病毒的原材料”、“石家庄石药集团 A 区有人感染新冠肺炎”、“藁城良村经济开发区又封了”、“张家口尚义出现狼吃人事件”、辛集“建方舱医院”“武警封城”。谣言产生的两个基本条件：一是主题必须对传播者和听众有某种重要性，二是相关事实有一定的模糊性。谣言一般具有三个特征：一是谣言中包含着某种新闻性，容易引起人们的广泛关注；二是谣言以社交媒体传播为主要形式，带有很强的人际说服特征；三是谣言具有很强的非官方性。

治理谣言，除了在源头上严格把关，强化平台监管外，还要及时辟谣，并对造谣者以惩戒，警示后来者不要以身试法，特别是在舆情通报或警情通报中给予重点提示。如2021年12月，“石家庄一饭店7人中毒死亡，疑有人故意投毒报复社会”的视频在网上流传后，石家庄市公安局桥西分局及时发布警情通报，不仅辟谣，且明示按相关法律规定对造谣者处以行政拘留10日的处罚，起到了辟谣与普法的双重效果。

总之，谣言止于公开、谣言止于智者，对谣言的治理强调信息的及时透明，注重科学知识、常识类知识的普及，有“真”知识武装头脑，“假”知识也就没有了容身之地；多些科学思维，就会少些愚昧盲从；经常普法就可能减少以身试法的行为。

四 2022年舆情研判与风险提示

（一）做好“三件大事”的舆论引导

京津冀协同发展、雄安新区规划建设、北京冬奥会这“三件大事”的舆论引导工作依然是2022年河北舆情工作中重点关注的领域。新的一年，河北省要紧紧“抓”住承接北京非首都功能疏解这个“牛鼻子”；推进廊坊北三县与北京城市副中心一体化发展，加快雄安新区建设，完成投资2000亿元以上；围绕12个省级主导产业和107个县域特色产业抓好项目建设；持续实施20项民生工程，深入打好污染防治攻坚战。①

2022年要充分吸取2021年工作经验，发挥主流媒体权威性高、影响力大的优势，做好各项主题报道和采取不同的宣传策略，实现硬新闻软表达，真实故事艺术化表现等，引导舆论，提升宣传效果。如2021年河北省和国家级各媒体关于脱贫攻坚报道上百篇，以河北日报报道量最大，新

① 徐运平、张志锋：《奋力开创建设现代化经济强省美丽河北新局面——访河北省委书记王东峰》，《人民日报》2022年1月1日。

华社、河北新闻网、长城网、河北画报、燕赵都市报、中国电力报等媒体也进行了报道。为宣传脱贫攻坚成果，反映河北脱贫攻坚题材的电影《春天的约定》《扶贫路上》《扶贫主任》等在2021年先后完成拍摄，以影视剧的形式记录下这个时代，把艺术作品与舆论引导有机结合。

2022年与“三件大事”相关的舆情主要注意以下几点。一是与冬奥会雪上项目承办地张家口地区的疫情防控、交通运输、安全生产、房地产相关的问题，要做好线上群众路线，及时体察民意，转变思路和作风，变异地监督为“自曝家丑”，把矛盾解决在萌芽状态；二是北京冬奥会的赛场安保问题，反思曾经出现的有关比赛场地问题，汲取经验教训，为后续工作做好预警；三是雄安新区农民工、代课教师、征迁群众等群体反映传销、征迁补偿、核酸检测等问题，相关部门要进一步走好网上群众路线，重点加大社会民生领域舆情监测预警和处置力度，妥善化解风险，防止社会矛盾在网上聚集，切实为雄安新区规划建设营造良好网络环境。

（二）适当开展疫情防控舆情应对演练

在疫情扩散不确定的环境下，社会治理也存在着诸多不可预测因素，应对疫情防控舆情的关键是做好疫情防控管理，一是科学管理与经验总结相结合，即在科学管理的基础上总结两年来各地疫情防控经验，同时结合河北的社情民风、行政系统的惯性以及资源禀赋，处理好随时可能出现的疫情防控风险；二是重视提级管理，疫情防控工作涉及人多、面广，情况复杂，一旦出现疫情传播，一个单位、社区或城市都会面临资源调配、统筹安排等具体又具有挑战性的问题，因此要充分吸取以往工作经验，及时向上级主管部门汇报，从更高层级进行资源配置和统一行动、联合行动，促进防控工作的有效开展；三是多部门协作联动，在湖北武汉疫情防控中，民政部门总结的经验为“五社联动”，就是社区、社会公益组织、社工志愿者、社区居委会、社会资源的联动。疫情作为公共卫生事件，要上下同心、同频共振形成合力共同应对。

在做好疫情防控准备的前提下，可适当开展疫情防控舆情应对演练，一是建立舆情案例库，从以往真实案例中提炼规律、总结经验，如武汉、上海疫情防控的经验，西安疫情防控的教训，以及河北疫情防控的得失等；二是建立应急响应管理制度，用制度化、规范化方式应对和化解风险；三是适当开展舆情应对演练，对可能出现的某一舆情事件或某一问题，通过演练发现问题，以备突发舆情时能够从容应对；四是学习数字治理，利用大数据、人工智能、物联网等新技术，赋能疫情防控，提升防控技巧，并实现“非接触式”填表、送表以及“非面对面式”疫情信息传播，通过掌握数字治理技术实现治理的全面化、全程化和全员化。

（三）重视教育类舆情，提升媒介素养

从近两年河北教育类舆情呈高发趋势看，在疫情防控常态化背景下，教育类舆情面临的挑战可能会越来越大，特别是学生的心理疏导，同学之间、师生之间关系的协调，校园安全等，需要给予特别关注。一是加强网络舆情预警。中学的校园欺凌、极端恶性事件，高校的学术造假、师风师德问题，需要日常深入了解师生工作中的重点难点问题，加强对师生的教育和引导，帮助学生做好相关工作。二是建立政府、教育、媒介和公众之间的良性互动，综合运用权力、知识、民意，实现权力主体的政府、掌握科学知识的专家和民意表达的公众三者不同利益诉求的有机结合，将从“表层信息控制”转向“潜在情绪引导”，从“运动式意见治理”转向“对话式凝聚共识”，由此，以人民为中心的教育就会有比较坚实的社会根基。三是提升媒介素养。当教育类舆情发生后，首先树立舆情是社会治理过程中应有之义的意识，不要心存抗拒或逃避，要把舆情处置看作各方利益诉求相互交流与达成共识的过程，态度上要积极作为，认真分析问题的核心和原因，寻找解决方案，而不要被动发声，消积抵制；其次要学习在公共空间如何对外发声，深刻认识网络空间与现实世界的联系与差异，主动进行议程设置，有效引导公众“想什么”和“怎么想”。如2021年12月29日，有网民发表了《我从未见过如此厚颜无耻之书》（作者许容与），对中华书局出版的《梁佩兰集校注》的校注质量提出了尖锐的批评。12月30日，中华书局在微博上发表

“致读者书”，就《梁佩兰集校注》出现的错误向公众道歉，承认许容与的文章“持论客观公正，所反映的问题属实”。除了道歉，中华书局还提出了补救办法，读者可以选择换货（等新版校注出来后换新版）也可以直接选择退款。中华书局对此次舆情事件的处理，态度明确、措施有力，体现了直面错误的勇气，更显示了闻过则喜的胸怀。把负面舆情反倒做出了一定程度的正面效果，可以为鉴。四是完善相关制度。建立新闻发言人制度、应急响应机制，在舆情发生后要做到舆情处置稳定有序、多方联动、有始有终，信息互通、回应有理有据，契合网民关切，提升处置工作的权威性和可信度，完善教育舆情处置的系统性、长效性机制。

（四）探索社会治理共同体机制

从“新冠肺炎疫情防控的公共卫生”舆情到“儿童溺亡乡村池塘”舆情，舆情事件的发生有其特定的时空维度，更是深层次的历史和空间共同演化作用的结果，分析很多问题的解决方案，都指向了如何构建共建共治共享的社会治理共同体这样一个迫切命题。党的十九届四中全会提出“建设人人有责、人人尽责、人人享有的社会治理共同体”，“社会治理共同体”作为一种新理念为社会治理现代化指明了方向。社会共同体一般包含政府、市场、社会和个人四个维度，每个维度都有其特征、功能和局限，政府有其强制高效性，同时也存在张力空间的有限性，常陷于“一管就死”“一放就乱”的两难中；市场的经济灵活性与逐利本性有时又会让社会治理显性效果显著而隐性成本过高；社会组织的活力激发与行为边界的平衡；个人的主体性与“搭便车”思维的交织。如何发挥共同体中每个角色的优势，形成优势互补，同时守土有则，坚守各自领域边界的同时又能不越位不缺位，是建立社会治理共同体的重点和难点所在。

西方的多中心协同治理理论强调：社会当中的自发秩序体系是通过体系内多中心要素相互调整而自发实现的，并不能通过共同性团体有意地完成。该理论要求共同体成员坚持辅助原则，即个人、社会与国家之间是一种非常复杂的关系。一方面，社会和国家不能干预或介入个人权利范围内能够凭借自身力量处理的问题；另一方面，社会和国家在个人遇到自身不可克服的困难时又应当提供救济和支持。从辅助原则的角度看，国家应当尽可能将社会能够处理好的事务交由社会处理。具体到中国的历史文化和社会现实语境中，社会治理共同体的构建还在借鉴与探索的道路上。比如在激发社会组织活力的实践中，山东荣成市港湾街道成立了“港湾大妈”服务队，由 110 多名责任心强、善于协调的社区大妈组成，在拉家常中了解情况、化解矛盾，对群众反映的民生热点、邻里纠纷、信访稳定问题，现场办公解决，涉及急难问题，第一时间上报社区、街道，统一调度解决，把工作做在平时，就会避免异地监督。另有“老娘舅工作室”“和事佬调解队”等，运用情感治理，在一定程度上维护了基层社会的安定，避免了舆情的发生。媒体作为社会组织，也可在社会治理中体现自身价值。除了传统的舆论监督外，媒体还可适应社会发展需要，拓展新媒体功能，深度嵌入社会治理。如南方都市报从 2013 年开始每年发布《广州城市治理榜》，并于 2019 年荣获首届“中国城市治理创新奖”优胜奖，其主要通过打造治理测评类智库产品参与社会治理。具体做法是运用“媒体 + 大数据”的方法，在政府公开数据的基础上，结合互联网抓取的大规模网络数据、南都民意调查数据及记者实地测评数据，通过媒体独立的第三方视角，对政府的治理水平和公共服务质量进行公开评价。

从情感治理到媒介治理，社会组织功能的发挥还有很大的待开发空间，而共同体中每个角色的优势发挥和行为边界还要在具体实践中去发现和磨合。总之，社会治理共同体的构建需要具有高瞻远瞩的视野、深入具体的行动方案和细致入微的工作，并且在不断探索和实践中走向完善。

参考文献

孟威：《“舆论搭车”现象中的社会心理与困境破解》，《人民论坛》2019 年第 17 期。

冉朝霞：《自媒体时代政府舆论导控“长尾效应”风险的破解策略》，《领导科学》2021 年第 11 期。

孙英臣：《关口前移：下功夫处理好非突发事件》，《领导之友》2009 年第 6 期。

靖鸣、单奕：《聂树斌案异地监督的实践与思考》，《传媒与法治》2016 年第 12 期。

李龙、范兴科：《关于“善治”的三个追问》，《法制与社会发展》2017 年第 23 期。

陈潭、梁世杰：《组织动员、社区学习与应急治理——社区公共卫生应急治理的响应范式与实践逻辑》，《社会科学》2021 年第 12 期。

蒋建华等：《舆论、教育政策与教育治理现代化》，《教育研究》2021 年第 11 期。

B.13

河北省政务微博网络结构特征分析

王秋菊　陈彦宇*

摘　要： 政务微博作为政务新媒体建设的组成部分，已承担起政务公开、舆情引导和国家治理能力提升的重要责任。本报告选择2020年河北省政务微博中BCI排名前50的微博为研究对象，运用UCINET等软件工具，采用社会网络分析方法对河北省政务微博网络特征结构进行分析。研究发现：河北省政务微博形成了横向职能领域维度和纵向行政级别维度交织的双维传播矩阵，其特点是核心意见领袖突出，具有较高点度中心性、中介中心性和接近中心性；一些政务微博节点在传播力、影响力等方面存在明显差异；创新内容建设有助于凝聚目标用户，提升政务微博点度中心性，充分发挥政务微博意见领袖的枢纽作用，提高核心节点中介中心性，增强多层级的动态互动能力有助于提升政务微博点度中心性及影响力，并有效推动政务新媒体发展、提升数字时代的舆论引导力。

关键词： 政务微博　网络结构特征　河北

互联网技术的革新与普及使新媒体的影响力渗透进日常生活的方方面面，现实生活逐步向网络空间迁移。新的媒介技术不仅带来传媒生态的变

---

* 王秋菊，河北大学新闻传播学院教授、博士生导师，主要研究方向为网络传播与新媒体；陈彦宇，河北大学新闻传播学院硕士研究生。

革，也带来社会治理手段和治理方式的创新。随着网民数量不断增加，政务新媒体承担起政务公开、舆情处理和国家治理能力提升的重要责任。政务微博作为政务新媒体的主要组成部分，已成为传播政务信息、开展政群沟通、提供公共服务的重要“窗口”。微博作为分享信息的社交软件，其“短、平、快”的内容呈现、“转、评、赞”的及时反馈以及基于网状传播带来的裂变效应，使其从根本上打破了政务媒体因信息不对称带来的认知偏差。① 2009 年全国首个政务微博开通以来，我国政务新媒体在互联网热潮下飞速发展，无论是规模、应用形态、功能服务还是传播效果均取得了质的飞跃。

就河北省而言，各级行政机构基本已经实现政务微博账号的全覆盖，形成了一批具有较高传播力、影响力的政务微博账号，微博传播矩阵基本形成。本报告采用社会网络分析方法，运用 UCINET 等工具分析河北省政务微博网络的结构特征，以揭示河北省政务微博网络密度值状况、点度中心性、中介中心性和接近中心性等特征，并探究政务微博进一步优化发展的策略，为政务新媒体的进一步发展提供参考。

一　研究设计与数据处理

（一）数据来源

本报告选取“2020 年河北省政务微博 BCI 排行榜”中排名前 50 的微博作为研究样本（见表 1）。微博传播指数（BCI）是指通过微博账号的活跃度和传播度两个维度来评测账号主体的传播能力和传播效果（见图 1）。BCI 较以往使用粉丝量、点赞量等单一指标能够更加准确有效地评估原发微博的传播力与影响力，指标体系的构建更加科学。

① 马语欧、杨梅：《在发展中完善：政务新媒体十年考察》，《传媒》2020 年第 22 期。

表1　2020 年河北省政务微博 BCI 排行榜 TOP 50

排名	微博账号名称	BCI	排名	微博账号名称	BCI
1	河北消防	1298	26	河北公安网络发言人	693
2	唐山公安网络发言人	1123	27	网信栾城	672
3	唐山检察	1096	28	邢台消防	668
4	保定市中级人民法院	1030	29	石家庄市禁毒委员会办公室	648
5	河北省文化和旅游厅	994	30	青县司法	640
6	中捷司法	986	31	河北检察	640
7	石家庄网警巡查执法	971	32	河北交警微发布	609
8	河北博物院	907	33	河北网警巡查执法	599
9	黄骅司法	903	34	青春东秦	595
10	河北天气	887	35	微博保定	565
11	河北高院	862	36	雄安发布	560
12	石家庄交警	861	37	河北生态环境发布	558
13	河北共青团	859	38	秦皇岛旅游文化发布	544
14	河北长安网	841	39	张家口中院	533
15	石家庄公安网络发言人	830	40	石家庄共青团	516
16	邯郸文旅	819	41	肃宁司法	506
17	河北科技大学团委	818	42	法治沧州 2019	498
18	唐山发布	792	43	秦皇岛天气	494
19	石家庄市反电信网络诈骗中心	782	44	鹿泉发布	483
20	河北反邪教	767	45	河北高速交警廊坊支队	481
21	河北省地震局	739	46	微博沧州	480
22	石家庄车驾管在线	731	47	邯郸气象	479
23	石家庄文旅之声	713	48	石家庄高新检察院	476
24	秦皇岛消防	707	49	文旅张家口	466
25	唐山中院	696	50	河北高速交警邢台支队	463

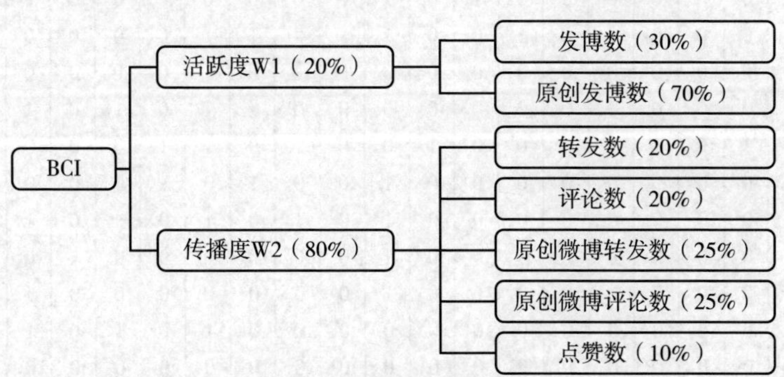

图1　BCI 相关指标与权重

资料来源：微博传播指数 BCI（V9.0），https：//www.gsdata.cn/site/usage-2。

（二）数据处理

表1中50个样本微博每一个都代表社会网络中的一个行动者节点，将50个样本依次命名为#1至#50，人工在微博平台逐一核查确定了50个样本之间的“关注”与“被关注”的有向关系，并对其进行二值化处理，构成50∗50关系矩阵（见表2）。将此表作为数据源导入UCINET进行数据处理与分析，并通过NETDRAW等工具对社会网络中的关系进行可视化呈现。2010年以来，基于社会网络分析视角的微博研究日趋增多，揭示了微博舆情事件的动态传播规律和节点间结构的一些特征，为进一步进行相关研究打下了基础。

表2　样本微博相互关系矩阵（部分）

	#1	#2	#3	#4	#5	#6	#7	#8	#9	#10	#11	#12	#13	#14	#15	#16	#17	#18	#19	#20
#1	x	0	0	0	0	0	0	0	0	0	0	0	0	1	0	0	0	0	0	0
#2	0	x	1	0	0	0	0	0	1	0	0	0	0	0	0	0	0	0	0	0
#3	1	0	x	0	0	0	0	0	0	0	0	0	0	1	0	0	0	0	0	0
#4	0	0	0	x	0	0	0	0	0	0	0	0	0	1	0	0	0	0	0	0
#5	1	0	0	0	x	0	1	1	0	0	1	1	1	0	0	0	0	1	0	1
#6	0	1	0	0	0	x	0	0	0	0	0	0	0	1	0	0	0	0	0	0
#7	0	0	0	0	0	0	x	0	0	0	0	0	0	0	0	0	0	0	0	0
#8	0	0	0	0	1	0	0	x	0	1	0	0	0	0	0	0	0	0	1	0
#9	0	0	0	0	0	0	0	0	x	0	0	0	0	0	0	0	0	0	0	0
#10	0	0	0	0	0	0	0	1	0	x	0	0	0	0	0	0	0	0	0	0
#11	1	0	0	0	0	0	1	0	0	1	x	0	1	1	0	0	0	0	0	1
#12	0	0	0	0	0	0	0	0	0	0	0	x	0	1	0	0	0	0	0	0
#13	0	0	0	0	0	0	0	0	0	0	0	0	x	1	0	1	0	1	0	0
#14	0	1	0	1	0	0	0	0	1	0	0	1	0	x	1	0	0	0	1	0
#15	0	0	0	0	0	0	0	0	0	1	0	0	1	0	x	0	0	0	0	0
#16	0	0	0	0	0	0	0	0	0	1	0	1	0	1	0	x	0	1	0	0
#17	0	0	0	0	0	0	0	0	0	1	0	0	0	0	0	0	x	0	0	0
#18	0	0	0	0	0	0	0	0	0	1	0	0	0	0	0	0	0	x	0	0
#19	0	0	0	0	0	0	0	0	0	0	0	0	0	1	0	1	0	1	x	0
#20	0	0	0	0	0	0	0	0	0	0	0	0	0	0	0	0	0	0	0	x

注：“1”代表“关注”，“0”代表“不关注”，“x”代表不存在关注与被关注关系；纵向为关注行动主体，横向为被关注者。

二　政务微博节点中心性与小世界效应

社会网络分析可以从宏观网络和微观节点等多维度进行指标测算和分析。网络节点个体属性分析包括点度中心性、中介中心性、接近中心性等;[①] 网络的整体属性分析包括网络密度、小世界效应、小团体研究、凝聚子群等。社会网络分析的意义在于对各种关系进行精确的量化分析，从而为某种中层理论的构建和实证命题提供量化检验的工具，搭建“宏观”和“微观”之间的桥梁。根据人民网舆情数据中心联合新浪微博发布的《2020年政务微博影响力报告》，截至2020年12月31日，全国经过微博平台认证的政务微博已达到177437个，其中政务机构官方微博140837个。[②]

（一）政务微博节点中心性分析

节点中心性刻画了某一节点在社会关系网络中处于中心的程度，即节点在网络中的重要程度和权力大小，节点中心性不仅体现核心节点对边缘节点的控制力和影响力，也反映出边缘行动者对核心行动者的依附程度。通常来说，中心性包含中心度和中心势两个方面，中心度指向网络中的节点，而中心势描绘的是整个网络的特征。[③] 节点中心性常用的测量指标包括点度中心性、中介中心性与接近中心性。网络节点特征为核心节点发挥意见领袖作用，节点间影响力差异明显。

1. 政务微博的点度中心性

当前，基于社会网络分析的微博研究可大致划分为动态传播机制研究和静态传播结构研究两个方向。动态传播机制研究主要关注热点事件与突发事

① 方兴林：《基于社会网络分析的市直部门政务微博情况研究——以黄山市为例》，《黄山学院学报》2020年第1期。

② 《2020年政务微博影响力报告》，人民网，2021年1月25日，http：//yuqing. people. com. cn/n1/2021/0125/c209043 -32011430. html。

③ 梁芷铭：《政务微博群的网络结构对传播效果的影响研究——政务微博话语权研究系列之十二》，《情报杂志》2014年第11期。

件网络舆情传播机制和演变过程，有研究者分别以“7·23 动车事故”和“11·16 校车事故”为研究对象，考察了突发事件中舆情传播的网络结构特征以及关键节点在网络中的位置关系，研究发现社会网络结构是突发事件网络舆情传播和扩散的基础，并对信息传播的路径、速度和范围以及网络成员的影响力起决定性作用。[①]

点度中心性是指网络中一个节点连接其他节点数量的测度指标，点度中心性反映出单个节点在整体网络中的重要程度。点度中心性数值越高则说明与该节点连接的节点数越多，[②] 该节点处于整体网络中的核心位置，具有较强的影响力。在有向关系网络中，点度中心性包括入度（InDegree）和出度（OutDegree）。[③]

经系统运算后部分样本微博的点度中心性结果如表 3 所示，其中标准化点出度（NrmOutDeg）代表该节点微博主动关注网络中其他微博的程度，标准化点入度（NrmInDeg）代表该节点被网络中其他微博关注的程度。[④] 由于在微博中被关注数量更能反映其影响力大小，表 3 呈现了按标准化点入度降序排名前 20 的微博。

从表 3 中可以发现，标准化点入度较高的微博是“河北天气”，其次分别为“河北共青团”、“河北长安网”、“河北公安网络发言人”和“河北消防”，这表明它们在整体网络中的连接性较好，处于网络核心位置，掌握较高的话语权，信息具有较大的传播影响力。其中，“河北天气”是河北省气象局官方微博。微博内容大多以“图片 + 文字”和“图片 + 视频”的方式呈现，“河北天气”的微博内容定位精准，发布内容均与气象信息有关，专

---

① 康伟：《基于 SNA 的突发事件网络舆情关键节点识别——以“7·23 动车事故”为例》，《公共管理学报》2012 年第 3 期；康伟：《突发事件舆情传播的社会网络结构测度与分析——基于“11·16 校车事故”的实证研究》，《中国软科学》，2012 年第 7 期。

② 崔金栋等：《我国政务微博社会网络特征对比分析实证研究》，《情报科学》2016 年第 12 期。

③ 徐顽强、张婷：《我国环保政务微博社会网络结构特征的实证分析——以湖北省环保政务微博为例》，《兰州学刊》2020 年第 8 期。

④ 刘江：《适应障碍、同质游戏与互动承诺的异化——基于社会网络分析的政务微博互动质量研究》，《电子政务》2019 年第 3 期。

业化程度较高，内容涵盖气象信息的实时播报、气象灾害预警、气温变化的温馨提示等方面。“河北消防”微博开设专题，进行消防知识学习和科普，深受用户喜爱。

标准化点出度较高的微博分别是“青县司法”“鹿泉发布”“石家庄高新检察院”“秦皇岛消防”“石家庄文旅之声”，它们积极关注了省域内的其他政务微博，与其他节点的关系更密切。

表3　点度中心性（标准化点入度）排名前20的微博

序号	微博账号名称	OutDegree	InDegree	NrmOutDeg	NrmInDeg
1	河北天气	1	22	0.02041	0.44898
2	河北共青团	10	13	0.20408	0.38776
3	河北长安网	8	5	0.16327	0.36735
4	河北公安网络发言人	5	4	0.10204	0.36735
5	河北消防	1	6	0.02041	0.32653
6	石家庄文旅之声	19	15	0.38776	0.30612
7	石家庄车驾管在线	2	0	0.04082	0.28571
8	河北高院	11	10	0.22449	0.26531
9	河北省文化和旅游厅	10	19	0.20408	0.26531
10	石家庄公安网络发言人	4	13	0.08163	0.26531
11	石家庄交警	1	5	0.02041	0.26531
12	中捷司法	3	7	0.06122	0.22449
13	河北省地震局	2	14	0.04082	0.22449
14	河北交警微发布	11	4	0.22449	0.20408
15	石家庄市反电信网络诈骗中心	4	10	0.08163	0.20408
16	河北检察	12	9	0.24490	0.18367
17	唐山发布	5	7	0.10204	0.18367
18	河北反邪教	1	13	0.02041	0.18367
19	微博沧州	8	18	0.16327	0.16327
20	唐山中院	7	6	0.14286	0.16327

2. 政务微博的中介中心性

在社会关系网络中，中介中心性指的是网络中任意两个节点间最短路径所必须经过该节点的次数，即发挥着桥梁的中介作用。中介中心性常用来反映节点对资源的掌控能力，中介中心性数值越大，则该节点对其他节点的影响力就越强。表 4 展示了中介中心性（nBetweenness）排名前 20 的微博。

从表 4 中可以看出，“石家庄文旅之声”具有最高的中介中心性，其后是“河北长安网”和“河北共青团”。这意味着这些节点掌握着最为丰富的信息资讯和消息来源，起到其他节点之间信息沟通的桥梁作用。其中，“河北共青团”微博致力于服务广大青年，展示河北青年风采，深受广大青年的喜爱。此外根据计算结果，“网信栾城”微博的中介中心性数值为 0，无法影响到网络中的其他节点，处于整体网络的边缘位置，是该网络中的“孤独者”。

表 4　中介中心性排名前 20 的微博

序号	微博账号名称	nBetweenness
1	石家庄文旅之声	0. 23307
2	河北长安网	0. 12631
3	河北共青团	0. 10834
4	鹿泉发布	0. 07590
5	石家庄车驾管在线	0. 05578
6	河北高速交警邢台支队	0. 05360
7	河北博物院	0. 05313
8	青县司法	0. 05286
9	秦皇岛消防	0. 05149
10	河北交警微发布	0. 04848
11	唐山公安网络发言人	0. 04433
12	河北公安网络发言人	0. 04265
13	河北高院	0. 04113
14	唐山中院	0. 04057
15	河北省文化和旅游厅	0. 03598
16	河北天气	0. 03538
17	石家庄公安网络发言人	0. 03157
18	青春东秦	0. 02969
19	河北科技大学团委	0. 02908
20	石家庄高新检察院	0. 02140

3. 政务微博的接近中心性

接近中心性与前两项指标不同，反映了一个节点不受其他节点控制的能力，通过网络中某一节点与其他所有节点的距离之和进行测量。该值越小则说明该节点的独立性越强，位于网络的核心位置，可以不受中间节点的控制更直接地将信息传达给其他节点。在有向关系网络中，入度（inCloseness）代表信息被转发的程度，出度（outCloseness）代表信息转发程度。表5呈现了按接近中心性（入度）降序排名前20的微博。

从表5中可以发现，“河北天气”和“河北长安网”微博具有最高的接近中心性（入度），说明它们发布的信息更容易被其他节点转发，信息源更加独立，对其他节点的依赖程度低，在信息传播中居于优势地位。接近中心性（入度）最低的三个微博是“邢台消防”、“秦皇岛旅游文化发布”和“网信栾城”，说明相较于网络中的其他微博，它们对其他节点的信息依赖性更强，信息质量较低，内容被转发率低。同时，接近中心性（出度）最高的两个微博是“青县司法”和“鹿泉发布”，说明其微博信息转发主动性较强，微博内容较多来自对其他信源的转发。接近中心性（出度）最低的两个微博是“雄安发布”和“黄骅司法”，说明它们较少采用转发内容。

表5 接近中心性（入度）排名前20的微博

序号	微博账号名称	inCloseness	outCloseness
1	河北天气	0.56977	0.24020
2	河北长安网	0.56977	0.28824
3	石家庄车驾管在线	0.54444	0.24257
4	河北共青团	0.52688	0.35252
5	河北公安网络发言人	0.52128	0.30061
6	石家庄交警	0.50515	0.22581
7	石家庄市反电信网络诈骗中心	0.49495	0.27222
8	石家庄文旅之声	0.49495	0.38583
9	河北消防	0.48515	0.22685

续表

序号	微博账号名称	inCloseness	outCloseness
10	石家庄公安网络发言人	0. 48515	0. 30435
11	唐山发布	0. 47573	0. 28161
12	雄安发布	0. 47573	0. 19679
13	河北交警微发布	0. 46667	0. 32026
14	河北反邪教	0. 45794	0. 25258
15	河北省地震局	0. 44954	0. 29518
16	唐山中院	0. 44954	0. 33108
17	唐山公安网络发言人	0. 44144	0. 30818
18	中捷司法	0. 43363	0. 26203
19	微博保定	0. 43363	0. 31210
20	保定市中级人民法院	0. 42982	0. 30435

（二）存在小世界效应，信息可加速传播流动

小世界效应，又称六度分隔理论，是指网络中的两个节点只需通过不超过六个的中介节点即可建立连接。如果社会关系网络中存在小世界效应则代表该网络信息传播畅通，节点之间可以进行有效快速的连通。参考国外相关文献，采取与同规模随机生成图相对比的方式进行小世界效应判断，当样本聚类系数（Overall graph clustering coefficient）大于随机图聚类系数且平均距离（Average distance）小于随机图平均距离，则认为该网络存在小世界效应。样本平均距离、随机图平均距离、样本聚类系数、随机图聚类系数如下图2、图3、图4、图5 所示。

根据计算结果可以看出，样本平均距离值为 1. 727，即河北省政务微博网络中每两个节点微博平均只需通过 1. 727 个节点微博即可建立连接，小于随机图平均距离 2. 076。样本聚类系数 0. 449 大于随机图聚类系数 0. 156，多次生成随机图对比结果一致。因此，可以说明河北省政务微博网络中存在小世界效应，该网络中微博间联系较为密切，信息传播的流通性较好，可以起到加速信息传播的作用。

```
Average distance                                = 1.727
Distance-based cohesion ("Compactness")         = 0.643
  (range 0 to 1; larger values indicate greater cohesiveness)
Distance-weighted fragmentation ("Breadth") = 0.357
```

图 2　样本平均距离

```
Average distance                                = 2.076
Distance-based cohesion ("Compactness")         = 0.542
  (range 0 to 1; larger values indicate greater cohesiveness)
Distance-weighted fragmentation ("Breadth") = 0.458
```

图 3　随机图平均距离（任一）

```
Overall graph clustering coefficient: 0.449
Network density: 0.293
(cc - density)/cc: 0.347
Weighted Overall graph clustering coefficient: 0.400
Small world index: 1.383

Node Clustering Coefficients
```

图 4　样本聚类系数

```
Overall graph clustering coefficient: 0.156
Network density: 0.163
(cc - density)/cc: -0.049
Weighted Overall graph clustering coefficient: 0.159
Small world index: 0.984

Node Clustering Coefficients
```

图 5　随机图聚类系数（任一）

三　河北省政务微博网络结构特点及优化发展策略

1. 河北省政务微博社会网络结构特征

网络拓扑图可以从宏观上把握政务微博社会网络的整体特征，以及网络成员之间的大致关系。图 6 展示了研究样本经可视化处理后构成的二值有向网络拓扑图，图中节点表示作为网络行动者的微博账号，连线代表两者之间存在相互关系，箭头指向代表关注关系，如箭头从 A 指向 B，则代表 A 关注了 B，两者间的双箭头代表两者间存在相互关注的“互关”关系。

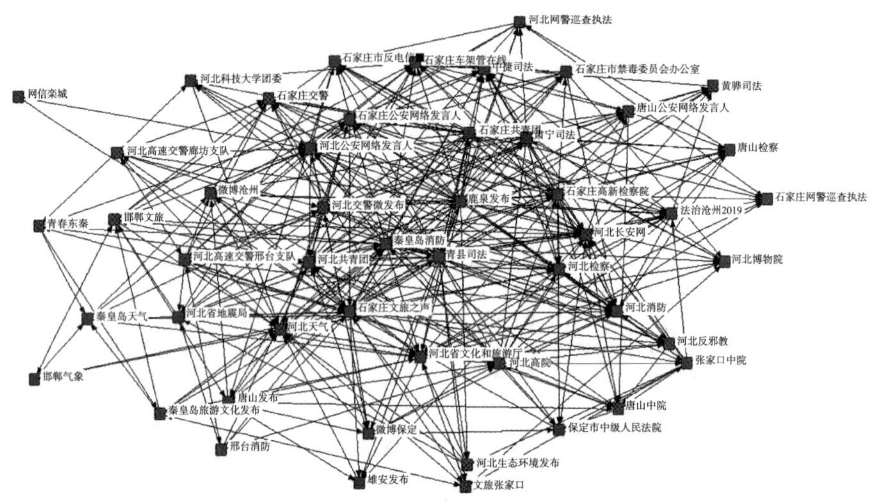

图6　河北省政务微博关注关系网络

网络密度是对网络整体结构进行描述的重要测度指标，它描述了网络中节点间联系的紧密程度。基于微博平台中“关注”或“不关注”的双向关系展开，节点之间构成了一个有向关系网络。从理论上说，网络密度的计算被定义为网络中实际存在关系数量比上可能存在的最大关系数量［m/n（n-1）］。网络密度值（Density）的取值范围在 0～1，数值越小网络结构越松散，数值越大网络结构越紧密，信息交流更频繁和充分。

通过 UCINET 对样本数据进行分析计算，结果显示河北省政务微博网络密度值为 0.1629，关系标准差（Standard deviation）为 0.3692（见图 7）。数据说明，河北省政务微博网络中节点间联系较为紧密，各节点政务微博之间存在一定的连通性，相关信息可以较好地在网络中实现传播和互动。

整体网络连接密切，双维传播矩阵基本形成。根据实证研究的结果可以

```
Density (matrix average) = 0.1629
Standard deviation = 0.3692

Use MATRIX>TRANSFORM>DICHOTOMIZE procedure to get binary image matrix.
Density table(s) saved as dataset Density
Standard deviations saved as dataset DensitySD
Actor-by-actor pre-image matrix saved as dataset DensityModel
```

图7　整体网络密度运算结果

看出，河北省政务微博网络密度较高，节点间关系连接较为紧密，位于核心位置的关键节点和处于边缘位置的个体节点的数量分布较均衡，可以实现政务微博间的合作共进、及时发声。从总体上看，形成了横向职能领域维度和纵向行政级别维度横纵交织的双维传播矩阵，构建了多元联动、系统协调的关系网络。

核心意见领袖突出，具有较高点度中心性、中介中心性。从整体关系网络中可以看出，当前河北省政务微博群中涌现一批传播力、影响力和公信力都较强的核心意见领袖，如“河北天气”“河北共青团”“河北长安网”“河北公安网络发言人”等，它们是网络中的关键节点，信息内容较为综合，普遍具有较高的中心度，且对其他节点具有很强的引领带动作用，辐射和影响其他关系网络，发布的信息具有较强的传播力和引导力。

节点在传播力、影响力等方面存在明显差异。从节点之间的对比可以看出，河北省政务微博网络中的个体微博间发展尚不均衡，在传播力、影响力等方面存在明显的差异。相较于关键节点位置的意见领袖，“青县发布”“鹿泉发布”“网线栾城”等此类微博则相对处于网络的边缘，无论在信息传播范围和受关注度等方面均较弱，存在单一性和单向性的局限。这主要受到三个方面因素的影响，一是政务微博的行政级别，相较于地市级和县级，省级政府部门微博更受关注，掌握着网络信息传播的较多话语权；二是所属地区，石家庄体现出省会城市的绝对优势，而部分经济较弱的城市明显发展不足；三是职能领域，可以看出与民众生活较为密切的天气、文旅、交通、消防或综合类内容较其他信息领域受关注度更高。

2. 河北省政务微博优化及舆情引导策略

政务微博等新媒体平台的建设在一定程度上映射了政府部门现实的府际

关系，目前政务微博所属单位的现实行政资源、所属地区的人口和经济发展情况以及其职能领域与民众关注度等多方面因素依旧影响其在网络空间中的声量大小。而微博平台作为去权、公开的网络平台，其独特的传播结构与自主选择的关系联结，为政府与民众间的交流沟通和政务信息传播搭建了桥梁，政务微博的建设也构筑了一个省域政府部门间的交流系统，使其在一定程度上可以跨越现实中的制度化壁垒，畅通各级各类政府部门间资源连通和信息沟通的渠道，社会网络分析提供了政务微博建设发展的新思路。

（1）创新内容建设凝聚目标用户，提升政务微博点度中心性

政务新媒体的用户数是构成网络节点点度中心性的测度指标，也是形成账号影响力的重要维度。在政务微博的实际运营中，粉丝量越多并不代表影响力越大，需注重考察政务机构微博的“活跃粉丝”与“可信粉丝”。政务机构发布的信息能被多少“可信粉丝”阅读，在一定程度上体现出政务信息的实际传播能力。

因此，政务机构可依托自身的权威优势，重视内容多样化与差异化建设，以权威优质、新颖独特的内容吸引用户，增强用户黏性。例如河北省政务微博群中点度中心性标准化点入度值较高的“河北天气”、“河北共青团”、“河北长安网”、“河北公安网络发言人”和“河北消防”等微博，其分属于不同的职能领域，可使其引领该领域内内容的整体布局，再依据自身情况进行差异化内容定位与管理运营。对于省、市、县等不同行政级别的政务微博，一方面要传递上级部门的微博资讯，另一方面要进一步明确自身的内容定位，提供与本地民众更为相关的信息和服务，增强粉丝黏性、提高其活跃度。这不仅有助于提升政务微博单个节点账号的点度中心性，也有助于提升整体省域政务信息的传播影响力。

（2）充分发挥政务微博意见领袖的枢纽作用，提高核心节点中介中心性

相较于传统大众传播时代的意见领袖，网络空间中的意见领袖在所处网络位置、话语表达和作用功能上发生了改变。从社会网络结构的角度，处于社会网络核心节点的政务微博扮演着意见领袖的角色，它们不仅对民众的信息获取和态度改变产生较大影响，也是整个省域政务微博网络中的重要枢

纽，对省域内其他政务微博具有引领和带动作用。

从政务微博顶层设计的角度关注节点中介中心性的提升，需从资源、技术、人才等方面侧重对政务微博意见领袖的培养和运营，给予政策支持和优先发展，有规划地在省域内打造出一批旗舰政务微博，使其成为省域政务微博群传播影响力的首要来源。“石家庄文旅之声”“河北长安网”“河北共青团”等节点微博的中介中心性排名靠前，如果对其进行重点培育，创新内容表达形式和互动方式，有助于充分发挥官方的权威信息优势，加强对热点事件的舆论引导力。如何从政务微博顶层设计的角度关注中介中心性的提升？在技术、资源、内容等方面需进一步侧重对政务微博意见领袖的培养和运营，创新内容形式和互动方式。同时促进省域内其他政务微博的共同参与，有助于提高核心节点的中介中心性，使之更好地在政务信息传播中发挥作用并提升舆论引导力。

（3）增强多层级的动态互动能力，提升政务微博点度中心性及舆论影响力

点度中心性是指网络中一个节点连接其他节点数量的测度指标，点度中心性反映出单个节点在整体网络中的重要程度。当前省域政务微博之间还存在不少微博“单兵作战”的情况，缺乏有效的信息交互。这一方面要求相关部门从意识上改变单向信息传递的运营理念，既与其他各层级政务微博互联，也要与民众和外部组织或个人积极互动；另一方面要借助新兴技术载体等多种方式，从技术手段和内容形式上进行创新，不断优化河北省政务微博的服务力、传播力和影响力。河北政务微博中标准化点入度较高的微博是“河北天气”，其次分别为“河北共青团”、“河北长安网”、“河北公安网络发言人”和“河北消防”，如果进一步增强多层级的动态互动能力，有助于提升政务微博点度中心性及舆论影响力。

参考文献

王晰巍等：《基于社会网络分析的移动环境下网络舆情信息传播研究——以新浪微

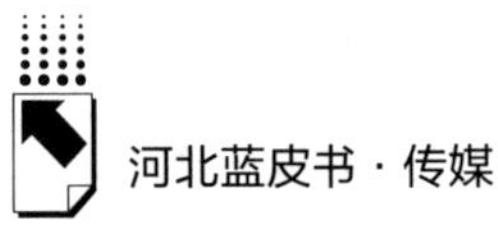

博“雾霾”话题为例》,《图书情报工作》2015 年第 7 期。

王旭、孙瑞英:《基于 SNA 的突发事件网络舆情传播研究——以“魏则西事件”为例》,《情报科学》2017 年第 3 期。

洪小娟等:《媒体信息传播网络研究——以食品安全微博舆情为例》,《管理评论》2016 年第 8 期。

洪小娟等:《基于社会网络分析的网络谣言研究——以食品安全微博谣言为例》,《情报杂志》2014 年第 8 期。

杨辉、尚智丛:《微博科学传播机制的社会网络分析——以转基因食品议题为例》,《科学学研究》2015 年第 3 期。

韩忠明等:《社会网络节点影响力分析研究》,《软件学报》2017 年第 1 期。

毛佳昕等:《基于用户行为的微博用户社会影响力分析》,《计算机学报》2014 年第 4 期。

陈远、刘欣宇:《基于社会网络分析的意见领袖识别研究》,《情报科学》2015 年第 4 期。

韩运荣、高顺杰:《微博舆论中的意见领袖素描——一种社会网络分析的视角》,《新闻与传播研究》2012 年第 3 期。

B.14

技术驱动下河北省传媒业内容供给侧改革研究报告

李 丽 史宝磊 帅治滨*

摘 要： 2021年，面对新媒体的冲击，河北省各级新闻媒体积极利用新媒体技术赋能内容供给，内容生产趋向综合性与集成化，内容传播主打多功能移动端，再造内容生产流程，创新内容形式，强化内容交互，凸显服务功能等，在内容供给侧方面取得了新突破。但河北省传媒业仍然面临观念落后、技术不足、人才紧缺等发展困境，本报告认为应从内容为王、移动优先、团队建设等方面促进河北省传媒业内容供给侧的改革。

关键词： 媒体产业 内容生产 新媒体 河北

一 技术驱动下河北省传媒业内容供给侧的探索实践

2021年，河北省各级主流媒体积极拥抱新兴技术，寻找媒体技术与内容生产的结合点，创作出了一大批群众喜闻乐见的新闻作品，并积极探索内容生产的新模式，再造新闻生产流程，多方位提升了内容生产质量，提升了媒体的影响力和传播力。

---

* 李丽，河北经贸大学文化与传播学院讲师，主要研究方向为广播电视与新媒体；史宝磊、帅治滨为河北经贸大学文化与传播学院硕士研究生。

（一）内容生产趋向综合性与集成化

河北省各级媒体将新兴的媒体技术应用于媒体内容生产的全流程，实现了以“中央厨房”为核心的采编流程的全面再造，并且使新闻门户网站包含的板块也逐渐变得多元。

作为河北日报报业集团重点建设的新闻网站，河北新闻网实现了对各类新闻报道的集成。河北新闻网通过全省市县新闻集成、“阳光理政”平台、专题报道等，实现了新闻生产在技术赋能下采集、编辑等流程的重构。用户可以看到各级新闻媒体报道的内容、自身关心的热点专题以及集成化的政策类信息。在河北新闻网的页面，只需轻点鼠标，就可以浏览河北省内市县级媒体的新闻内容。同时网页含有丰富的超链接，比如在河北新闻网首页可以实现《河北日报》报系以及《人民日报》等主流纸媒电子报的跳转阅读，实现了新闻内容的集成，极大地便利了用户的新闻浏览。除此之外，河北新闻网的专题新闻报道全面而丰富，河北新闻网通过对已发布新闻信息的再加工和再提炼，实现了相关新闻内容的系统化、集成化呈现。在一篇专题报道内使用了图片、视频等全媒体的表现形式，比如冬奥筹办专题分为头条新闻、备战冬奥、赛会保障、激情冰雪、冰雪课题以及视频报道和高清图集等内容，使用航拍、动画视频等技术，使冬奥相关场景更加立体、内容更加丰富。政策信息往往是民众最关心的话题，却又很难找到权威性文件。河北新闻网通过“河北新闻发布厅”这一栏目，将核心的政策信息进行集约加工，将政策解读、文字实录、视频实录等相关内容集中“上网”，方便用户第一时间浏览到自己关注的政策信息以及所有相关的新闻报道。在“阳光理政”平台上，用户可以选择使用文字和视频两种方式来上传问题，问题涉及的相关部门予以回复，整个环节得以在平台上公开，在服务民众的同时，还为集团提供了大量鲜活的新闻线索，许多事件都直接成为集团后续的新闻选题。

河北网络广播电视台致力于建设成为集视频直播点播、图文报道、新闻资讯、便民服务于一体的河北省第一视频门户网站。目前，河北网络广播电视台已经实现自有频道所有电视节目和电台节目的直播和点播，并且还提供包括要闻和图片新闻等图文结合的新闻资讯，实现了文化生活、充值缴费等便民服务。

依托冀云·融媒体平台，长城新媒体集团实现了集团自身的采编流程的再造。与此同时，冀云·融媒体平台还为全省融媒体中心的内容生产建设提供了技术支持，促进全省实现“一片云”“一张网”。该平台在集团内部通过打通融媒生产、融媒客户端等六大系统（见图1），构成了一个完整的融媒体内容生产和分发体系。同时，通过客户端和微博微信等新媒体矩阵让新闻信息得以汇聚传递，实现了“新闻生产 + 政务服务 + 民生服务 + 互动参与 + 资源共享”的媒体内容生产新模式。冀云·融媒体平台还是全省媒体内容生产分发的技术支持平台，通过入驻冀云·融媒体平台，各市县媒体可大幅降低融媒体平台建设成本。省市县三级融媒体中心通过登录省平台即可使用冀云·融媒体平台内容生产的所有应用功能，可以实现河北主流媒体在发布等内容生产环节中的共享互通。

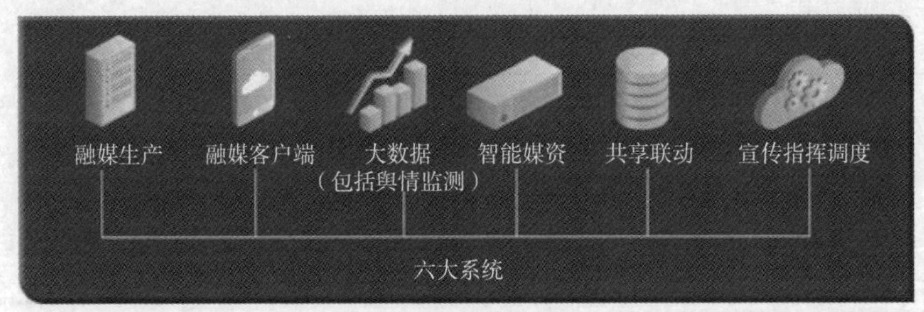

图1　冀云·融媒体平台的六大系统

资料来源：长城网。

石家庄日报社打造新媒体技术队伍，建设了“石家庄日报党媒新闻公共服务平台”，并荣获“王选新闻科学技术奖”（见表1）和“第五届中国报业十佳技术工作者”。以技术为支撑，“石家庄日报党媒新闻公共服务平台”将各个单位的信息端口与平台连接，可以在第一时间抓取目标单位信息变动情况，然后在服务平台上及时更新信息，进而将最前沿的党媒信息推送给用户。

表1 2019年“王选新闻科学技术奖”项目三等奖获奖名单（部分）

序	编号	项目名称	完成单位	主要完成人
1	B31	基于大数据的安全日志审计分析平台	羊城晚报报业集团、精诚瑞宝计算机系统有限公司	陈毅峰、张海云、黄于文、谢中岳、杨正、李泳辉、布一鸣、陈建龙、黄华海
2	B32	新华社综合评审系统参数	新华社技术局	李骞、刘培、胡扬帆、马艳彬、谭乐娟
3	B33	基于5G网络的远程视频会议系统	南方报业传媒集团	黄文生、许洋洋、肖航、饶春生、吴娴、潘之锋、何志勇
4	B34	统一投稿平台、记着之家、通讯员之家建设	人民公安报社	孙福会、魏春光、赵振江
5	B35	中国警察图片网系统	人民公安报社	孙福会、魏春光、赵振江
6	B36	人民日报社出版流程控制与安全管理系统主站及50个代印点升级改造项目	人民日报社	鄂毅、张睿、左剑霞、谢浩、崔一锋、钟向东、于波、孟庆海、张建中
7	B37	石家庄日报党媒新闻公共服务平台	石家庄日报社、铭台（北京）科技有限公司	王建永、范文龙、尚燕华、王海刚、李永林、王玉梅、周志扬、程建文、孟超越

资料来源：《公示：2019年“王选新闻科学技术奖”项目奖》，中国新闻技术工作者联合会网站，2019年7月1日，http：//www.capt.cn/wxkjj/201907/t20190701_ 1498.html。

唐山劳动日报社依托“中央厨房”对现有内容生产流程进行了改革创新，优化了所属媒体采编流程和管理体系。现在，报社的每一位采编记者都可以通过采编系统，第一时间将获取的文字、图片等新闻素材传输到“中央厨房”数据库，后台编辑人员则通过采编记者传输的素材有选择地进行内容创作。① 例如，武汉新冠肺炎疫情发生以来，唐山劳动日报社专门为唐山市援鄂医疗队胜利归来策划了一场报道。在头条号“环渤海新闻”、微信

① 赵立峰、刘洪超：《唐山劳动日报社“全媒体品牌传播工程”正式启动》，环渤海新闻网，2021年5月9日，https：//tangshan.huanbohainews.com.cn/2021－05/09/content_ 50016929.html。

公众号“唐山劳动日报社”等平台发布文章《唐山支援湖北医疗队首批60名医务人员凯旋，张古江丁秀峰等迎接》，抖音号“唐山+”发布了《最高礼遇！欢迎唐山的英雄儿女回家》的视频，以视频的形式着重展现了欢迎仪式的隆重，点击量突破1100万次。

张家口广播电视台紧跟5G技术，推出了河北省首家5G智慧电台FM107.4。利用人工智能技术，智慧电台可以自动抓取网络热点，整合成广播所需要的素材，保证了素材的完整性和时效性。“一键排版”可以将素材智能化生成新闻快讯、天气、路况、音乐串烧等播出内容。不仅如此，智慧广播可以合成语音，实现自动播报。在一天24小时中，张家口5G智慧广播每逢整点、半点都会自动播出提前设置好的内容，这些内容全部由人工智能自动生成，播发速度快、出错率低、效率更高。除了智能抓取和智能编排，张家口5G智慧广播还可以通过语音识别和对比功能实时监测播报内容，快速识别广播内容中是否存在违规信息。一旦发现音频内容中含有问题关键词，就自动报警提示编辑进行人工审核，提高审核效率和准确性，保证内容安全播出。①

（二）内容传播主打多功能移动端

各级媒体建设的新闻客户端都各具特色，而且功能丰富，在客户端上实现了新闻的智能化搜索、新闻的语音化阅读、基于用户特征的个性推送等功能。

“河北日报”客户端作为河北省内第一家传统纸媒建设的新闻客户端，创新了传统报纸数字化展现的形式。“河北日报”App应用新技术手段，实现了新闻的智能搜索、文字的语音播报、新闻的个性化推送等内容呈现、分发方式，使客户端建设更智能，用户使用更便利。“河北日报”App创新了内容的集成方式，实现了新闻的智能化搜索。“河北日报”App首页分为头

---

① 《5G时代！张家口首家5G智慧电台即将正式上线》，“张家口发布”百家号，2021年7月29日，https://baijiahao.baidu.com/s?id=1706582977809502302&wfr=spider&for=pc。

条、战疫、时政等板块，点击“搜索”就跳转至了“今日热点新闻”页面，同时支持通过关键字来搜索新闻，这样就实现了新闻的智能化搜索。“河北日报”App使用人工智能语音合成技术实现了新闻的语音阅读，创新了手机端电子报的内容表现形式。在一篇文字新闻中，读者可以选择“听听”，即可听到由人工智能语音合成的读报内容。新闻语音阅读创新了电子报纸呈现的形式，通过人工智能加语音合成技术可以将读新闻变成听新闻，这极大地便利了一些用户，并且拓宽了客户端的使用场景，提高了用户体验。同时客户端还利用算法等技术，实现了基于地理、兴趣等用户特征的新闻个性化推送，这就使新闻分发更智能、更高效。比如客户端根据用户手机定位实现了不同地域人群的精准化新闻推送。

“冀时”客户端是河北广播电视台积极推动移动化建设的成果。“冀时”客户端上集成了资讯、直播、广播、电视等内容，实现了内容在移动平台上的发布，这样用户就可以随时随地使用“冀时”客户端收听广播或收看电视节目。

石家庄日报社主动适应移动化趋势，将资源、产能、成本向移动端倾斜，核心生产要素也投入到了移动端，推出“石家庄日报”App、“石家庄新闻网”抖音号、“石家庄新闻网”官方头条号、“石家庄新闻网”官方微博号等移动端媒体账号，建成了移动端新媒体矩阵。一方面，采编人员通过报社分配的专门账号和设备，随时可以在移动端发布内容；另一方面，移动化新媒体矩阵迎合了用户的阅读习惯，扩大了用户群体。①

衡水广播电视台根据新媒体移动化的特点，制定了移动化发展策略。首先是内容生产移动化，通过打造移动端采集发布平台“掌上衡水”App和“冀客”App，衡水广播电视台的每一位采编记者都可以随时随地编发素材。②其次是内容服务移动化，衡水广播电视台将广播电视、电子报刊等传统媒介

① 曹斯：《移动化、平台化、可视化、智慧化》，搜狐网，2018年11月6日，https://www.sohu.com/a/273543979_161794。

② 《衡水市媒体融合发展：在融合与创新中焕发新活力》，“衡水发布”百家号，2018年1月5日，https://baijiahao.baidu.com/s?id=1588744095217720738&wfr=spider&for=pc。

内容都整合进了移动 App 中，用户可以享受“一站式”内容服务。不仅如此，“掌上衡水”App 还将社会服务、民生信息、医疗健康、互动游戏等内容资源融合到移动终端，不仅方便了群众生活，也丰富了平台的 UGC。比如，在应用的互动栏目里，用户可以根据自己的需求和兴趣爱好发布特定的内容。2021 年 4 月 20 日，就有用户通过这个平台发布了寻狗启事。

武强县融媒体中心是中宣部确定的县级融媒体中心建设试点单位，一方面围绕“智慧武强”App 为基层群众提供“摸得着、看得见”的内容资讯服务，依托“智慧武强”App，将内容生产重心放到群众中，围绕群众身边发生的事情进行内容创作。例如，在 App 内部的“乡镇风采”栏目，武强县融媒体中心将各个乡镇的概况、动态、经济、美拍等群众身边的新闻呈现出来，在内容创作方面走出了一条接地气的道路。另一方面则主动将智慧平台与群众的实际需求联系起来，在“智慧武强”App 上增加服务性板块，把县内各单位的网上办事职能整合到 App 内，将智慧武强 App 打造成“网上办事大厅”。目前，“智慧武强”App 已经开通了智慧政务、智慧党建、智慧教育、智慧环保、智慧旅游及吃住行、生活缴费等政务与民生服务板块。①

（三）内容呈现不断提升用户体验

技术丰富了新闻报道的呈现方式，直播、人工智能主播、H5、Vlog、VR 等新颖的新闻作品形式，使用户体验获得了提升。

河北新闻网通过设立大直播板块，应用流媒体直播技术实现了在新闻网站上看现场直播，创新了活动报道的新形式。现场直播比录播视频更生动，也使用户有更优质的体验。比如河北新闻网对《河北省气象事业发展“十四五”规划》新闻发布会所做的直播报道，在现场直播的同时，还支持用户回看，实现了在直播结束后直播内容的随时随地观看。

① 王永宏：《武强县融媒体中心建设纪实：做好“融”字大文章》，武强新闻网，2018 年 9 月 28 日，http：//wuqiang. hebei. com. cn/system/2018/09/28/011790770. shtml。

长城新媒体集团通过5G、大数据，人工智能等技术在新闻生产中的应用，实现了人工智能主播、H5、直播、动画视频等各类全新内容产品的呈现，使新闻报道更加生动，给受众带来了沉浸式的新闻体验。相对于真人主播来说，人工智能主播集合了人工智能、语音合成等技术，通过技术给传播赋能，使生产新闻更加高效。“冀小蓝”就是长城新媒体集团基于人工智能技术和语音合成技术开发的人工智能主播，广泛出现在各种新闻报道中，创新了报道样态。在“脱贫攻坚”系列专题报道中的“脱贫‘冀’忆｜河北脱贫攻坚民间实物云展”，便使用了人工智能主播“冀小蓝”来进行新闻播报，创新了故事讲述形式。除人工智能主播之外，长城新媒体还利用了其他的技术手段，比如利用H5技术创作了更多的互动性新闻产品。长城新媒体集团在2021年全国两会期间制作的融媒交互式H5作品《时光留声机：致5年、15年后的自己》，不仅创新了政策宣传的形式，而且用户可以根据自己的年龄段选择不同内容的“个性化定制”，通过文字、视频，音频等形式，让个体的小目标与国家大规划同频共振，唱响把个人的奋斗融入国家发展洪流的强音。依托5G慢直播等技术，长城新媒体从2021年10月26日起，启动了针对冬奥会的100天不间断直播。在“总书记，我们想对您说”系列手绘Vlog的制作中，创作团队采用了Vlog视频和手绘动画相结合的形式，结合航拍等新兴的视频拍摄技术，再访习近平总书记视察河北到过的地方，邀请当地干部向总书记说说心里话、谈谈新变化，分享奋斗故事、记录时代足迹。长城新媒体集团注重从数据中挖掘新闻素材，不断丰富新闻视角与呈现形式，尤其在重大的报道题材中，通过数据的深加工，提供宏观的、历史性的视角，大量的“数说XX”新闻报道产品将枯燥乏味的新闻转变为生动形象的新闻产品。在2021年全国两会期间制作的“数说2021全国两会”系列作品中，《数据视频｜数说·京津冀协同发展这七年》，依托大数据的新闻来源，从“轨道上的京津冀”等四个方面遴选出40组典型数据，通过活泼生动的场景音效和轻快简洁的动画构图，生动直观的展示出了京津冀协同发展在交通运输、产业优化等领域的重大成就。2020年12月，南水北调中线一期工程迎来通水6周年。长图新闻《图解｜数说南水北调6周年河北之变》，从“三个之最”“三大步”“三大效益”三个方面，将一系列枯燥的数据转变为几组关键的数据，直观呈现了南水北调对河北省的有益影响。

石家庄日报社的技术团队抓住VR技术与新闻内容结合的“窗口”，[①]推出“VR浸新闻”“VR暖行动”“VR看变化”“VR绘美景”四个VR新闻栏目，为石家庄新闻网吸引了不少用户。廊坊日报社则依靠社内的海量数据，结合大数据分析技术，为政府、企业等单位提供大数据分析和舆情预警服务，一方面扩大了平台的影响力，另一方面也增加了报社的收入。[②]

任县融媒体中心在人工智能领域进行了尝试，打造了虚拟主播“小晴”，开辟了虚拟主播栏目“小晴每日播报”。通过人工智能技术，虚拟主播“小晴”可以模拟真人的声音自动播报新闻，顺畅自然，和真人主播没有区别。在实际报道过程中，真人主播很难做到24小时随时待命，虚拟主播“小晴”却可以随时出场播报新闻，在财经、地质灾害等突发性新闻方面作用尤其明显。例如，2020年3月，由于人员自由流动受限，任县通过虚拟主播“小晴”制作疫情防控法律知识问答节目，有效地传播了疫情法律知识，同时也降低了疫情传播的风险。

武强县建成了包括抖音号“融媒体中心”、视频号“文盛武强”以及“智慧武强”App在内的视频发布矩阵，通过采购高清视频实时图传系统、VR相机、4G背包等高端设备，并对采编人员进行培训，让每一位采编人员都可以独立制作短视频内容，助力优秀视频内容的生产。截至2020年11月，“融媒体中心”抖音号粉丝已经突破123.7万人，成为河北省极具影响的县级融媒体抖音号。[③]

---

① 黄帮兰：《VR新闻的探索与思考》，《新闻文化建设》2021年第15期。

② 张宝富：《探索“互联网+智能化”发展之路——廊坊日报社以融合创新实现营收逆势上扬》，《传媒》2018年第16期。

③ 《武强县融媒体中心：以融媒原创打通百姓连心桥》，“闪电新闻”百家号，2020年11月18日，https://baijiahao.baidu.com/s?id=1683691575396316687&wfr=spider&for=pc。

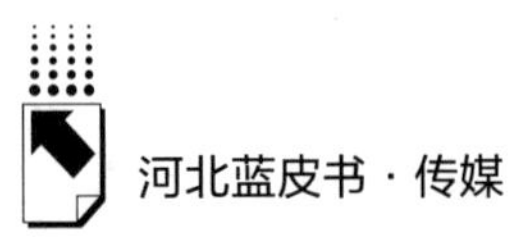

二　技术驱动下河北省媒体内容生产探索的特点

近年来，以大数据、AI 等为代表的数字化技术层出不穷，这些新兴的技术在新闻生产中的应用给媒体行业带来了新的活力，实现了报纸等传统媒体的数字化、创新了新闻的呈现方式，媒体也从开发新闻门户网站到纷纷布局新闻客户端。新兴媒体技术的不断应用渐渐重构了传媒产业的生产分发全流程，使新闻线索来源更加丰富、媒体的采编流程实现全面再造、新闻的呈现方式更加多样化以及综合信息交互更加凸显服务功能。

（一）技术拓宽新闻线索来源

传统媒体时代，新闻来源单一，主要依靠记者去现场采访。依托技术在传媒行业的应用，新闻线索的来源已变得丰富多样，由用户提供新闻线索、通过对数据的再次加工发现新闻线索以及云采访等都成为现实，这大大拓宽了新闻线索的来源。

“阳光理政”平台致力于打造省内媒体行业“媒体 + 政务服务”的标杆，该平台一方面创新了公民问政形式，另一方面也为河北日报报业集团提供了大量直接的新闻线索来源。在这一点上，唐山劳动日报社所属的环渤海新闻网的“问政唐山”栏目也值得肯定。鹿泉区融媒体中心为了及时掌握第一手信息，保证数据库内素材的时效性，组建了 300 人的舆论通讯联络员，这些舆论通讯联络员分布在鹿泉区的大街小巷，可以第一时间将最新的新闻传送给融媒体中心的控制室。张家口 5G 智慧广播针对网络热点实现自动抓取，然后整合成广播所需要的素材，保证了素材的完整性和时效性。

数据挖掘等技术应用于新闻报道后，从“数据”中发现新闻也成为现实。例如长城新媒体集团在“冀云”App 上发布的《数据视频丨数说·京津冀协同发展这七年》。

同时在 2021 年全国两会报道中，受制于疫情的现实影响，长城新媒体创造性地利用“5G＋虚拟连线技术”，开辟了一系列云访谈模式，记者通过“云连线”“云直播”实现远程采访，让两会访谈更具有科技感、现场感。

以大数据技术为代表的数字化技术在新闻生产中的应用拓宽了新闻线索来源，延伸了新闻工作者的“脚力”，不仅缩短了新闻工作者和新闻事件之间的距离，也实现了各种新闻线索更快的传送，使新闻生产中获取信息的来源更多元，信息维度与形式也更丰富。

（二）“中央厨房”再造采编流程

技术的应用实现了以媒体“中央厨房”为核心的采编流程再造。将技术应用于策、采、编、发、评全流程，实现了媒体内部人员的协同生产。媒体“中央厨房”是融媒体内容生产的“神经中枢”，作为转型后的编辑部模式，“中央厨房”标志着媒体内容生产指挥系统的重大转型。过去，同一媒体集团的报、网、端、微等“各自为政”，现在媒体则可以依靠“中央厨房”这个“超级枢纽”，常态化地调控、指挥“媒体矩阵”的运行。

河北省各级媒体都已经建成媒体内部的“中央厨房”，实现了媒体内容生产的协同管理。比如辛集融媒体中心通过已经建成的融媒体管理平台系统等技术平台为内容生产流程再造提供了硬件支持，建成了“一体策划、一次采集、多端生成、多平台发布”的内容生产流程；鹿泉区融媒体中心实现了内容采集、编辑时的集成化管理，并且建立了多媒体数据资源库，将新闻内容、新闻素材按照不同类型和形式分类存储，实现了内容的统一管理。

从河北省媒体建设“中央厨房”的实践来看，媒体建设的“中央厨房”，既是硬件上的技术支持平台，又是媒体内部的“神经中枢”。它帮助媒体实现了在新闻采编、素材管理等内容生产时成本、人员的节约，也通过媒体内部的统一调度提高了生产效率。记者还可以借助“中央厨房”进行快速反应，提高了相关新闻的报道速度。更为重要的是，“中央厨房”的统一调度，使各个媒体平台所发布的报道整体协调，有利于凝聚媒体在舆论引导上的合力。

（三）新闻传播形式多样化

各种新媒体技术的应用使新闻的呈现方式更加多样化，这主要表现为以下两点。

首先是全媒体的表现形式，即文字、图片、音视频等内容表现形式的有机综合运用。在新闻内容采集阶段，媒体根据报道主题的要求，对相关信息线索进行全方位的采集，并形成了视频、图像或文字记录等新闻素材，实现了对同一主题的全媒体呈现。例如针对 2021 年全国两会的报道，多家媒体都创新了报道形式，集合了图文消息、微视频、手绘等呈现形式。河北新闻网所做的“相约冬奥”的报道专题中也集合了文字报道、图文消息、视频报道等多种新闻呈现形式，通过全媒体的表现形式，丰富了报道内容。

其次是运用新媒体的表现手段，在全媒体表现形式的基础上，新闻产品的生产还充分利用了 H5、VR、AR 技术，航拍技术，创造出了一大批以 VR 新闻、H5、航拍视频、语音合成、人工智能等为代表的新媒体作品。新技术的应用使报道更加生动、立体。河北日报报业集团创新了手机端电子报的呈现方式，在“河北日报” App 中，应用语音合成技术，实现了传统纸媒内容呈现由纸质版报纸到电子版文字新闻，再到语音读报的创新。石家庄新闻网建设的“VR 视界”栏目，给受众带来了沉浸式、交互式的新闻体验，使受众获得 360°全方位的视野和实时的互动。廊坊日报社对记者进行技术培训，使报社记者可以独自利用 H5、VR、小程序、无人机、现场直播等新技术更新内容形式，创造出了“快讯鑫播报”“市民主播”“宝妈讲故事”“探 · 店”等音视频栏目及微电影等新型内容产品。通过 AI 技术以及语音合成等技术的应用，部分媒体开发了自己的虚拟主播，虚拟主播在准确度、时效性等方面，都有真人主播无法比拟的优势，长城新媒体集团开发的“冀小蓝”人工智能主播以及任县融媒体中心开发的虚拟主播“小晴”，广泛的出现在各种新闻报道中，创新了报道的样态。

新闻呈现方式的创新其实是媒体进行智能化生产改革最直观的一个维度，也是受众观察媒体的一个“窗口”。在新媒体时代，传统媒体相对于各种新媒体机构来说，所做的新闻报道往往在内容上丰富，形式上却较为单一，河北省各级媒体通过各种新技术在新闻作品生产中的应用，丰富了新闻作品的呈现方式，生产出了诸如《时光留声机：致 5 年、15 年后的自己》这样一大批用户喜闻乐见的新闻产品，打造了一批“爆款”产品，扩大了主流媒体的影响力。

（四）综合信息交互凸显服务功能

技术应用使新闻媒体不再是单纯的信息发布平台，而是集新闻、资讯、直播和问政等功能于一体的新闻网站和新闻客户端。有些媒体开办了在线问政平台，创新了公民问政形式，还有些媒体通过在门户网站或者新闻客户端开设社会服务等板块，建成了所在地区的集新闻、政务、服务于一体的“网上服务大厅”。例如河北日报报业集团建设的“阳光理政”平台，致力于成为省内媒体行业“媒体 + 政务 + 服务”的标杆，借助媒体平台，使公民有事可问、有问必答。

河北省内各级媒体都积极建设自己的新闻客户端，在建设新闻客户端的过程中，有些媒体通过将政务、服务等内容集成在新闻客户端上，在更好服务民众的同时，也使自己的影响力进一步扩大。衡水广播电视台利用“掌上衡水”App 实现了服务移动化，将社会服务、民生信息、医疗健康、互动游戏等内容资源融合进移动终端，用户可以随时随地实现内容资讯的浏览和便民生活服务业务办理。武强县融媒体中心主动将内容制作与群众的实际需求联系起来，将智慧武强 App 打造成了“网上办事大厅”，成为一个真正“智慧”的平台。

2020 年 9 月，中共中央办公厅、国务院办公厅印发《关于加快推进媒体深度融合发展的意见》。[①] 该意见指出要探索建立“新闻 + 政务服务商务”的运营模式，创新媒体投融资政策，增强自我“造血”机能。河北省各级媒体

---

① 《中共中央办公厅　国务院办公厅印发〈关于加快推进媒体深度融合发展的意见〉》，中国政府网，2020 年 9 月 26 日，http：//www. gov. cn/xinwen/2020 -09/26/content_ 5547310. htm。

依照该意见进行了"新闻+政务+服务"的相关探索，虽然有些媒体的政务服务建设尚处于起步阶段，但从总体上看，河北省主流媒体"新闻+政务"的建设模式已初具规模。河北省主流媒体通过建设"新闻+政务"的运营模式，一方面实现了主流媒体党性与人民性相统一的要求；另一方面，通过政务服务等内容的集成，主流媒体在服务用户中提升了影响力。

三 河北省内容生产供给侧改革中存在的问题

（一）传统观念仍需转变

在媒体融合的时代大背景下，传统媒体存在的一个普遍问题是，拥有了先进的媒体技术，也开发了自己的新媒体平台，却缺乏用户意识。在这个新兴媒体层出不穷的时代，充分满足用户需求对传统媒体来说尤为重要。但是，由于现在很多采编运营人员以及管理人员都是由传统报纸、电视、电台等转岗而来，传统媒体的观念还依然存在，这不免会产生思维禁锢、观念固化的现象，从而出现新闻照搬现象严重、部分板块更新不及时等问题。

媒体内部多个平台间的新闻照搬现象较多。用户选择使用媒体平台，除了满足自身对于信息内容的需求以外，全媒体的内容利用音视频、图片、H5等表现形式，可以给用户带来更多的沉浸式的体验，这就要求媒体生产的内容，不仅要主题突出，而且要形式简洁、生动直观，但部分新闻客户端的稿件是达不到这些要求的，有些采编人员将报纸上的内容不加修改直接放到新闻客户端上，内容就缺少了应有的趣味性。部分广电媒体所做的客户端，只是实现了传统广播、电台的内容的集成，缺乏顺应时代潮流的内容改革和创新。

除此之外，部分媒体虽然建设了相关网站，设置了相关板块，内容更新却不及时，或者是存在部分政务服务的端口链接失效的问题。这些都说明了部门人员没有真正意识到建设相关板块或者内容的重要性，新媒体意识不强。

（二）新闻呈现形式仍需创新

新闻的呈现形式仍需创新，主要表现为新闻作品质量不高和不同媒体间内容同质化程度较高。

在部分应用了音视频、H5 技术等的新闻报道中，一些作品的质量并不是很高，存在页面卡顿、音频杂音过重、视频不清晰等问题，这些问题都会导致受众对媒体做出负面的评价。

不同媒体间内容同质化程度较高。部分媒体的精品内容数量较少，除了在重大选题报道中的几个“爆款”内容，日常更新的内容从整体上看并无自身特色，同级媒体间内容同质化问题比较严重。如何打造精品的内容，使精品内容生产制作常态化，而不仅仅满足于几个“爆款”，是当前媒体需要考虑的问题。同时媒体又缺乏自身的品牌建设，很少有体现自己特色的新闻作品，具备新媒体特征的名牌栏目也较少。

（三）平台技术问题依然存在

河北省媒体纷纷将新兴技术应用于媒体内容生产改革的全过程，创造了一大批民众喜闻乐见的新闻作品，但不可否认的是，技术也成为部分媒体发展的“绊脚石”。技术制约媒体发展主要集中在两点，一是媒体内部缺少支撑自身建设的技术人员；二是比如直播等新兴的新闻形式受制于网速等现实技术短板。

各级媒体创设新媒体平台存在的一个重大问题就是技术水平发展不均。多数的客户端在设计开发以及运维上没有自己的技术团队，而是依靠外部的技术支持。在过去很长一段时间里，传统媒体因为其在新闻资源内容上的主导性与独特性，信息传播处于一种相对垄断地位，因此在技术性人才的引进与培养上，缺少前瞻意识。但随着技术的不断发展与革新，各种技术手段层出不穷，主流媒体就需要花费大量的时间和资源来进行技术升级和人才引进。

在媒体的内容生产过程中，技术手段被现实条件制约是常见现象。比如在现场直播的过程中，经常遇到信号丢失或信号卡顿的情况，即使现场拍到了非常生动鲜活的视频，但由于技术问题，就只能采取录播的手段，这样视频的时效性和临场感就会大打折扣。

（四）专业人才仍旧紧缺

在媒体发展的过程中，需要大量具有新媒体技术、意识以及运营能力的人才，但实际上能够达到这些要求、具有各种能力的高素质全媒体人才较为紧缺。新媒体与传统媒体之间无论是内容形式还是传播渠道都有很大区别，从传统媒体岗位转到新媒体岗位的人员需要较长的时间去“磨合”，因此还需要吸收更多的新媒体人才加入媒体的采编队伍。在全媒体的内容产出与制作，以及把握新媒体的传播规律上，都需要更多的新媒体人才来“扛”起媒体发展的“大旗”。创意新颖的内容、制作精良的音视频等都是媒体提升知名度、扩大影响力的重要因素。从目前的情况来看，河北省内的媒体在提升内容的传播力和引导力上，以及图片设计、音视频制作技术上，都尚有提升的空间，各级媒体内部的人才队伍距离专业高效的全媒体人才要求，尚有一段距离。

四　河北省传媒内容供给侧创新发展的对策建议

河北省各级媒体的智能化探索都取得了一些亮眼的成绩，但在观念、团队建设等方面依旧存在一些问题。技术驱动下的传媒业供给侧改革，应以内容建设为根本，坚持移动优先，并在发展中继续加强团队建设。

（一）以内容建设为根本

对于技术驱动下的传媒业生态变革，媒体应正确地看待“变”与“不变”的关系。应该看到，在新兴媒体不断兴起的语境下，由传播技术、传播环境的改变带来的是媒体格局的改变，但同时应该意识到，媒体扩大影响力的核心依旧是内容生产，向广大用户提供深度、权威、专业、多元的内容，依旧是媒体发展的关键。在任何时候，脱离了内容的传播都像是无根之木、无源之水，媒体内容供给侧改革最后效果如何，关键是要看生产的内容质量是不是得到了提升、媒体内容生产的能力是不是得到了提升。

要以提升内容质量为突破口，让精品化的内容报道成为常态。不断完善内容生产的每个环节，避免出现诸如视频分辨率过低等硬伤，同时要注重新闻内容的原创性和独特性，减少同质化的内容，制作有质量的精品内容，形成有影响力和号召力的新闻内容，不能满足于单独“爆品”的产生，而应以提升媒体的整体内容生产水平为追求。要调整媒体的传播策略，使内容生产适应新媒体时代的新变化。各种新媒体平台的出现，在一定程度上消解了传统新闻报道中的专业边界，非专业人员在新闻传播流程中的崛起打乱了传统媒体一直赖以生存的传播格局，主流媒体要尽快调整自己的传播策略，适应当前的传播趋势，以满足受众对新闻内容的变化需求。同时，要结合自身情况推动新兴技术在新闻生产中的应用。在应用新技术的过程中，媒体应该量力而行，比如一些市县级媒体应该结合自身的运营情况，在新闻生产的过程中应用适合报道内容的新形式。

（二）坚持移动优先

新兴技术层出不穷，河北省各级媒体要大胆尝试，积极寻找新兴技术与媒体内容生产的结合点，同时要坚持以用户服务为中心，不断提升新闻客户端的技术水平。

随着移动互联网技术的不断发展，移动传播将在新闻传播中占据更加重要的地位，因此河北省内媒体应以“移动优先”为原则，做好人员和资源的分配，建设好新闻客户端。在媒体的发展过程中，要紧紧抓住移动互联网的机会，借助移动传播便捷、迅速的优势，传递好“河北声音”。要以各种活动、各类新闻报道为载体，有效发挥新闻客户端在信息发布、公共服务、城市治理等方面的作用。同时，要从全媒体的角度建设好移动客户端，将媒体服务、民生服务和政务服务等整合在一起，把传统新闻转变成符合当下用户需求的融媒体产品，实现客户端的良性发展，例如增加更多用户喜爱的专题内容，使移动客户端丰富多彩。要充分发挥技术优势，将人工智能、大数据、5G 等新技术综合运用在新闻采编、传播以及效果检测的各个环节。要利用大数据技术以及传感器技术使新闻线索来源更加丰富；要继续将人工智能技术与新闻生产有机结合起来，继续开发自动写稿、人工智能主播等新形式；要更好地利用 5G 及其相关技术，实现媒体直播时的创新；要找到 VR 等虚拟现实技术与内容生产的结合点，使受众可以沉浸式的浏览新闻；要交叉使用多元传播形式，比如长图、动漫、微视频、小游戏以及弹幕等。

（三）加强团队建设

媒体要想提升融媒体产品的内容创意水平和制作质量，组建高素质的采编、运营以及技术团队是关键。移动客户端与网站等新媒体平台的运营，需要大量的新媒体人才，这就对转型而来的传统媒体人员提出了新的要求。媒体内部应加强对采编人员新媒体技能的培训，打破传统思维，加强媒体间的交流与合作，打造学习型团队，增强人员的学习意识，促进更多人才向全媒体人才转型，同时要吸收一些技术型人才，努力打造“技术支持 + 新闻采编”的联合团队。一是要拓宽人才的引进渠道，二是要全方位的培养融媒体人才，三是要完善和健全人才管理机制，即从多方面、多维度创新人才建设，打造一支适应新媒体时代内容生产的媒体队伍。

河北省各级媒体不断拥抱新兴技术，寻找技术与媒体的有机结合点，在内容生产方面取得了突破。新技术的应用给媒体行业带来了新的活力，省市县三级媒体也都有各自的成果。不论是以“中央厨房”为代表的采编流程的全面再造，还是生产出的大量充满新媒体特征的新闻作品，在技术驱动下的内容生产改革中，河北省各级媒体的成果值得肯定。改革的路上不仅有成果，也有误区和痛点，比如在内容创新上做得还不够，技术和人才依旧是制约媒体内容生产的短板等。河北省各级媒体需要继续以内容建设为根本，在生产更多的百姓喜闻乐见的作品的同时，坚持移动优先战略，推进新闻客户端的建设，还要进一步完善人才队伍，吸引更多的新媒体人才加入媒体内容生产中。

B.15

河北省自媒体柔性化治理的背景、实践及进路研究

韩春秒*

摘　要：　当前，自媒体行业发展迅猛、影响广泛，引导规范其健康有序发展，成为检验国家网络治理现代化水平的重要“窗口”。本报告在深入把握我国自媒体行业多平台、多领域、多频道网络（MCN）化等阶段特征与专业化、社群化、智能化等发展趋势的基础上，归纳总结河北省自媒体柔性化治理的实践探索与面临的困境，继而从组织建设、政策扶持、优化环境和社会参与等方面提出助推河北省自媒体行业规范有序、高质量发展的思路与对策。

关键词：　自媒体柔性化治理　党建引领　河北

当前，现代传播技术的迅猛发展，不仅带来了迅捷、便利的传播过程，而且创造了一个以全民化参与、规模化生产、广泛化连接、商业化发展、跨界化融合为主要特征的自媒体行业，为国民生产生活带来巨大而深远的影响。引导规范自媒体行业健康有序发展，成为检验国家网络治理现代化水平的重要“窗口”。站在“两个一百年”奋斗目标的历史交汇点，为有效提升自媒体治理的能力和水平，自媒体行业亟待探索并运用柔性化治理。本报告在对自媒体行业实施柔性化治理背景考察的基础上，归纳总结河北省 2021

* 韩春秒，河北省社会科学院新闻与传播学研究所副所长、副研究员，主要研究方向为乡村传播、自媒体治理等。

年自媒体柔性化治理的实践经验与面临困境，继而探索助推河北省自媒体行业规范有序、高质量发展的思路与对策。

一 对自媒体行业实施柔性化治理的背景考察

“柔性化治理”作为一种政策话语表达，最早出现在2019年《政府工作报告》，李克强总理在部署新型城镇化建设时提出“要提高柔性化治理、精细化服务水平”[①]。随后，柔性化治理逐渐出现在各类政策文件中，成为一种新表达。自媒体柔性化治理是相对于传统的自媒体刚性管控而言的，区别于通过公权力对自媒体行业存在的问题施加全面而严格的“命令—服从”式管控的单一向度、排他性管理，柔性化治理更强调在坚守底线思维的基础上，使自媒体行业的自主性和正向效应充分得到激活与释放，标本兼治、多元参与。通俗讲，自媒体柔性化治理是将自媒体从单一的被监管的对象，发展成为团结、引导和服务的对象的治理范式。对自媒体行业实施柔性化治理，主要基于以下两个方面的背景。

（一）现阶段自媒体行业主要特征

一是平台多元化。各类自媒体平台如雨后春笋，短视频平台、知识分享平台、内容创作平台、新闻资讯平台、陪伴型语音平台、直播电商平台等层出不穷。仅以音频平台为例，涵盖综合音频内容平台（喜马拉雅FM、蜻蜓FM）、直播音频平台（荔枝FM）、有声读物平台（懒人畅听、酷听）和音频社区平台（连信）等。

二是内容多领域。自媒体的核心价值在于输出内容，在多元文化盛行的年代，自媒体行业的内容结构成为时代文化的缩影。当前，自媒体行业涉及领域广泛，内容布局日益垂直细分。比如，生活技巧类自媒体可细分为居家

① 《2019年政府工作报告》，中国政府网，2019年3月5日，http：//www.gov.cn/guowuyuan/2019zfgzbg.htm。

技巧、办公技巧、数码电子操作技巧等；美食领域自媒体可细分为吃播、探店、食谱做饭等。

三是形式“富媒体化”。随着自媒体用户体量的快速扩大、媒介接触习惯的跃迁及内容消费需求的日益丰富多样，“文字＋图片＋音频＋视频”等的“富媒体化”传播，成为现阶段自媒体行业发展的典型特征。

四是运营MCN化。从全国自媒体产业发展情况来看，MCN已成为重要参与者和运作枢纽。MCN机构的主要职责是对自媒体内容进行整合与输出，与内容生产者、广告主及平台等自媒体产业链中的主体都有着密切关联与合作。作为一个“聚合性中介”，MCN机构在提高服务效率、扩大服务规模、降低沟通成本等方面发挥着越来越重要的作用。

五是发展差异化。当前，国内自媒体行业，无论是账号运营还是区域发展，其发展差异化较为明显。自媒体头部大号与其他内容生产者形成明显的流量断层。我国互联网公司主要聚集在北京、上海、广州、深圳等一线城市，以及杭州、厦门等互联网经济活跃城市，这些城市当之无愧成为自媒体行业的发展“高地”。

六是价值多元化。在全民抗击新冠肺炎疫情、新冠疫苗接种、建党100周年等重大事件中，一批优秀的自媒体纷纷创作发布相关正能量作品，舆论价值凸显。以自媒体、电商直播为代表的线上新业态有助于缓解大学生就业压力和经济社会数字化转型。良好的自媒体生态有助于多元文化互促共进，有助于地方优秀文化资源开掘与传播等。

（二）自媒体行业发展趋势分析

自媒体行业在资本大量涌入、技术迭代升级、网民需求更加丰富、监管部门规范引导等多元因素共同作用下，日益呈现专业化、社群化、智能化与规范化等发展趋势。

1. 专业化趋势

从业者更专业。无论是通过行业竞争还是跨界融合，自媒体从业者将把越来越多的专业规范带入自媒体内容生产中。罗振宇的“逻辑思维”、秦朔的“秦朔朋友圈”、吴晓波的“吴晓波频道”、初洋（丁香园团队）的“丁香医生”等均是专业人士自媒体创业的成功案例，这些生产者有着专业知识背景、一定的社会权威及自媒体内容生产能力，他们创作的作品及账号影响力将不断增强。未来，伴随越来越多各行各业的精英（如法学界罗翔、文学界戴建业、医学界张文宏、社会学界贺雪峰等）的涌入，专业化生产将成为头部自媒体内容的主流生产方式。

内容更垂直。伴随网民关注点日益丰富与细化，自媒体内容生产将随之逐渐细分，内容开发越发垂直化。目前，包括互联网金融、美妆、旅游、亲子、二次元、时尚、军事、网游等，几乎每一个细分领域都涌现了一批垂直类头部自媒体。这些聚焦垂直领域、高品质、原创性内容生产的自媒体，未来更容易获得牢固的用户群体及资本的注意与青睐，从而赢得更高估值和更长远发展。例如，2021 年 10 月 13 日，北京广播电视台与“得到”App、樊登读书、凯叔讲故事达成战略合作，这既是传统媒体对优秀自媒体专业性的肯定，也是双方要在垂直领域互促共进的强烈信号。

2. 社群化趋势

面向确定人群。自媒体发展经历了以“吸粉”为主要追求的时期，“粉丝为王”阶段的主要特征是面向不确定人群的传播，而今后发展趋势必将是以兴趣为核心吸引力，目标明确、细分化的圈层传播，强调的是面向特定群体的精准化、高质量的信息交互。运用大数据建立流式数据库，对自媒体社群内部结构与特征进行动态、精准分析，为社群运营提供实时数据参考。

巩固社群关系。社群营销是数字经济中重要的、卓有成效的关系营销手段。为防止自媒体用户在不同社群之间迁移，就需要不断巩固社群关系。良好且不断优化的浏览体验、感官体验、交互体验与信任体验等，是巩固社群的基本前提。通过特定的话题讨论与活动，不断强化社群成员对自媒体的认可，将自媒体与用户之间浅层、临时的社交关系或交易关系，升华到稳定、长久的价值观层面，是巩固社群关系的未来趋势。

3. 智能化趋势

科技赋能内容生产。基于大数据、云计算、5G 基础上的人工智能使自媒体向智媒体发展，新一代互联网是连接人类社会与物质世界的“桥梁”，大数据会对自媒体进行全面渗透，人工智能从事内容生产似乎不再遥远。人机协同的数据汇聚、智能标引、算法挖掘、机器生成等新的内容生产方式正逐步被自媒体行业推广与应用，将多形式素材进行有机整合和转化的智能内容生产平台应需而生。视频智能剪辑、智能配乐，音乐智能理解，图片/视频翻译等，正在成为自媒体行业内容生产的主流趋势。

人工智能（AI）渗透内容传播。目前，AI在体育、财经、直播带货等垂直领域已经开始大规模投入实践，并将深入媒体内容传播的全流程。其基于机器智能抓取的海量信息，根据自媒体用户的特征与喜好，通过数据挖掘、机器算法等，向媒体用户推荐个性化的内容，大大压缩了人工分发时间，使分发更有针对性和效率。未来的自媒体内容传播还将在解决推送内容、推送时间、推送场景等原生与新生问题的同时，进一步智能化，开启媒体融合新时代。

4. 规范化趋势

相关法规日益健全。近年来，国家相关部门陆续出台或修订完善了一系列涉及自媒体行业的部门规章及行政规范性文件。如《互联网用户公众账号信息服务管理规定》《微博客信息服务管理规定》《网络短视频平台管理规范》《关于加强网络秀场直播和电商直播管理的通知》《网络交易监督管理办法》《网络直播营销管理办法（试行）》等，进一步确定了自媒体话语权的边界，对网络空间不同主体的行为和业态进行了规范，随着国家网络治理能力不断提升，我国在自媒体领域的相关法律法规将会更加完善。

平台监管日趋规范。近年来，为落实互联网企业信息管理主体责任，全面提高网络治理能力，各大互联网平台纷纷出台一系列规则，平台自我规制日趋完善。自媒体平台主要通过内容处理和账号处理等手段对自媒体内容信息、用户纠纷、商业行为等进行规制，如国内最有代表性的社交媒体平台新浪微博先后出台了《微博社区公约》《微博商业行为规范办法》《微博投诉操作细则》等规则。伴随国家相关法律法规日益健全以及对违法违规行为处罚越发严厉，平台将持续优化监管治理手段，不断引入AI算法、标记信

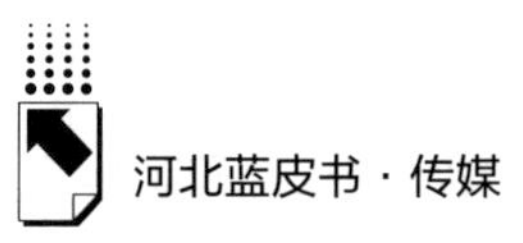

息源头技术等网络信息治理高效手段，进一步完善信息过滤和管理流程，提升监管效能。

二　河北省自媒体柔性化治理的实践探索与主要成效

2021 年 9 月 26 日，中国网络空间研究院在世界互联网大会乌镇峰会上发布《中国互联网发展报告（2021）》，在报告所公布的 2021 年中国互联网“网络治理指数”排名中，河北省位居榜首。这一成绩的取得，离不开“清朗·燕赵净网 2020”网络生态治理专项行动的持续深入推进，离不开以微信公众号“网信河北”为领队的全省网信系统全媒体矩阵建设，更离不开对全省自媒体行业柔性化治理的积极探索与实践。

（一）河北省自媒体柔性化治理的实践探索

1. 行业自律方面

在注重发挥监管部门他律作用的同时，河北省各级网络管理部门高度重视自媒体的行业自律，并积极为自媒体发展提供工作便利。保定市、衡水市、邢台市、唐山市、辛集市等通过建立引导本辖区行业联盟，进一步规范个体账号行为；石家庄市、沧州市、邢台市指导网络媒体协会出台行业自律公约，以行业倡议形式规范自媒体账号行为；保定市、衡水市、张家口市、石家庄市等均围绕建党 100 周年，组织了相关线下主题突出、形式多样的联盟活动，在正能量传播方面起到引领和示范作用。如 2021 年 5 月 26 日，保定市委统战部、市委网信办组织召开庆祝建党 100 周年“自媒体”业务素质培训会，保定市自媒体协会会员、网络人士及各县（市、区）网络文明志愿者就网络舆论引导、新媒体运营发展等方面进行了培训，进一步强化了自媒体从业人员的内容“把关人”意识，争做网络时代“先锋军”和缔造善美保定的“推动者”。

2. 示范带动方面

为引导自媒体行业健康有序发展，唱响主旋律、传播正能量，画好网上网下“同心圆”，不断壮大热爱河北、宣传河北、建设河北的社会力量，河北省、市网信管理部门踊跃开展了优秀自媒体评选活动，充分发挥优秀个体对自媒体行业的示范带动作用。2021 年 10 月 1 日，河北省委网信办微信公账号“网信河北”对第三届河北省自媒体“百佳号”推选活动入选账号及分奖项名单进行了公示。此次推送活动于 2021 年 7 月启动，共收到报名账号 1068 个。经过资格审核、网络测评、综合比选及专家评审等环节，共评选出 100 个自媒体“百佳号”，其中，40 个账号获评“最具影响力”、“最具服务力”、“最具创新力”和“最具发展力”四类奖项。[①] 目前，河北省自媒体“百佳号”评选活动已成功举办三届，入选账号对全省自媒体从业人员的示范性、引领力显著提升，评选活动的带动性进一步增强、影响力进一步扩大。2021 年 12 月，由石家庄市委网信办组织的第一届优秀自媒体评选活动落下帷幕，共评选出最具影响力自媒体 10 个、最具凝聚力自媒体 10 个、最具引导力自媒体 10 个、最具创新力自媒体 10 个和最具成长力自媒体 20 个。[②] 唐山市委网信办依托“唐山那些事儿”“唐山你好”等知名自媒体账号，重点孵化培养唐山“网红”、大 V，有效带动区域自媒体共同发展。

3. 主旋律传播方面

河北省各级网信管理部门，结合自身职责及区域特点，带领属地自媒体积极投身宣传推介河北、讲好地方故事的活动，凝聚了主旋律传播合力。2021 年 6 月 16 日，“走太行 颂党史 庆百年”——第三届河北省自媒体“百佳号”线下主题实践活动在革命圣地西柏坡启动。该活动由河北省委网信办主办，河北省广播电视台新媒体中心、河北省网络文化协会承办，石家庄市委网信办、保定市委网信办协办，共有来自全省各地的 30 余位自媒体“百佳号”代表参加活动。自媒体代表跟随省内主流媒体深入红色圣地西柏坡、冉庄地道战遗址、狼牙山、晋察冀边区政府旧址及骆驼湾等地，感受中

① 《第三届河北省自媒体“百佳号”推选活动入选账号及分奖项名单公示》，“网信河北”微信公众号，2020 年 10 月 1 日，https：//mp. weixin. qq. com/s/QgMREM7C36j1qL0203S7Wg。

② 《首届石家庄市优秀自媒体推选活动入选账号名单公布》，河青新闻网，2021 年 12 月 27 日，https：//www. hbynet. net/detail/38/178506。

国共产党的“初心使命”，依托自媒体账号积极推介河北红色资源，唱出建党百年“大合唱”中的自媒体“最强音”。[①] 2021 年，由石家庄市委网信办指导，石家庄市网络文化协会主办的“V 看石家庄·高质量发展行”网络系列主题宣传活动共举办四期。活动邀请驻石重点网络媒体、自媒体大 V 等积极参与，先后走进石家庄城市馆、乐仁堂健康文化科技产业园、滹沱河生态区城区段、藁城宫面非物质文化遗产传承基地、藁城屯头宫灯博物馆、“月饼村”黄庄村、河北晶禾电子、河北神玥软件、石家庄科林电气、河北森朗生物科技、石药巨石产业园、以岭药业等。其旨在通过线上线下联动，团结和凝聚网络力量，发挥各网媒、自媒体的创作和传播优势，深入挖掘和展示省会石家庄高质量发展成果，构建多维立体、同频共振的传播矩阵。

（四）助力发展方面

为团结引导广大自媒体传播网络正能量、凝聚发展合力，助推河北发展，河北省各级网信部门积极引导优秀自媒体参与服务保障冬奥、建设美丽家乡、造福民生的具体实践活动。2021 年 11 月 5 日，张家口市委网信办组织召开“冬奥——我们在传播张家口的声音”自媒体座谈会，号召广大自媒体从业者积极宣传张家口文化，用自己的方式为冬奥会贡献力量。2021 年 11 月 18 日，石家庄市委研究室、市委网信办联合举办网络大 V 畅谈石家庄建设发展座谈会，探讨交流在新形势下如何画好同心圆、讲好省会故事，为建设现代化、国际化美丽省会贡献力量。2021 年，河北省公安系统为进一步扩大反诈宣传，积极利用社交网站连线网络大 V 传播“反诈”知识，制作“接地气”警情通报，还积极聘请省内优秀自媒体代表参与其中。今日头条账号“农村阿凯”是河北省第二届自媒体“百佳号”获奖账号，账号持有人为邯郸涉县井店镇刘家村村民刘志凯，2021 年 12 月刘志凯被邯郸

---

① 《第三届河北省自媒体“百佳号”线下主题实践活动启动》，“网信河北”微信公众号，2021 年 6 月 16 日，https：//mp. weixin. qq. com/s/zZ6wjoCgIEaqERrLserTNA。

市公安局聘为“反诈宣传大使”，为反诈宣传贡献自媒体力量。衡水景县探索构建以政务新媒体、重点自媒体，县、乡、村（社区）三级微信矩阵群为主体的网络宣传矩阵系统，将优秀自媒体积极纳入县域宣传矩阵，网络宣传阵地进一步得到拓展与强化。

（二）河北省自媒体柔性化治理的效果

在河北省自媒体柔性化治理的积极探索与实践下，河北省涌现一批强影响力、强传播力的优秀自媒体账号，他们的事迹被中央级、省市级主流媒体广泛关注。

快手账号“蔚县信访局长李海明”，积极践行新时代网上群众路线，搭建网上信访工作平台，开通直播接访，直面群众答疑解惑、宣传法规政策、接受“现场”投诉达2万多人次，协调化解矛盾纠纷千余件，粉丝量达120余万人。李海明的事迹早在2019年便被“新华社”微信公众号、中央广播电视总台中国之声等报道，并得到澎湃新闻关注转发。微信公众号“老羊铲史”以挖掘承德历史文化为特色，曾采写三篇钟南山院士在宽城工作、中国流行病专家在围场工作的原创文章，引发较大网络反响。为庆祝中国共产党成立100周年，该账号开设“用档案讲述承德党史”专栏，发稿30多篇，被河北日报等多家媒体报道、转载；抖音号“大山深处的孩子王”，其运营者为保定市顺平县大悲乡岭后小学校长陈文水，他通过拍摄短视频记录岭后小学的教育现状，助力改善办学条件，关爱农村留守儿童，还为家乡拓宽了农产品的销售渠道，拥有粉丝近百万人。陈文水的事迹被《燕赵晚报》、顺平县融媒体中心、“虎嗅”App、《燕赵都市报》、《保定晚报》、《中国青年报》等报道，澎湃新闻、“人民日报”微信公众号等纷纷转发。

伴随河北省自媒体柔性化治理的深入开展，省内各地市自媒体在自身运营过程中，综合素质不断提高，自我约束、管理机制不断完善，依法用网、远离红线、不触底线，共同维护良好网络生态已成为行业共识。河北省内大多数自媒体甚至能够主动承担社会责任，积极服务社会，通过身边人、身边事，积极宣传本地文化、传递网络正能量，以综合优质的内容聚流量、增关注、赢口碑，做到可持续健康发展。

三　自媒体柔性化治理面临的主要困境分析

（一）行业生态有待进一步优化

近年来，自媒体在全国迅猛发展，但部分地区的自媒体存在引领效应不明显、带动力度不突出、创新思路不活跃、通过优质原创内容聚拢粉丝吸引流量的能力不够、收益情况不佳等普遍问题。通过调研，河北省自媒体在自身发展过程中也存在相关问题，整体的行业生态有待进一步优化，如部分受访者认为自媒体行业门槛低，虚假信息多、侵权问题难以解决。流量经济下，少数自媒体账号打法律擦边球，为逐利突破底线，如疫情防控常态化时期，某自媒体账号为了“博眼球”，捏造“某地有口罩免费领”“某地封城”等谣言赚取流量，扰乱社会公共秩序，触碰法律底线。

（二）行业影响力有待提升

一是在细分领域缺乏头部账号。综合粉丝数量、日均发文量以及日均阅读量这三个指标，虽然河北省自媒体中拥有一些百万级及以上粉丝量的账号，但整体占比较少，在许多细分领域仍缺乏头部账号。全省自媒体行业发展在提升影响力、擦亮河北自媒体行业品牌方面还有待提升。二是对区域经济发展带动不足。目前，自媒体行业的人、财、物资源逐步向头部企业汇集的趋势越发明显，而河北自媒体企业规模不够成熟、知名 MCN 机构较少，导致其较难获得流量平台的倾斜和扶持，在渠道和流量为王的某些自媒体平台模式下，即便有优质内容，也很难吸引更多用户的注意，形成多样化的商业变现模式，难以对区域经济发展起到有力带动作用。

（三）行业发展存在多方面短板

一是内容形态不够新颖。目前河北省自媒体从业者众多，但受限于受教育程度、媒体专业素养、文化素质、技术力量等相关因素，自媒体产品的原创能力不足，内容形态不够新颖。如有的自媒体从业者满足于原生态视频剪辑，图文聚合缺乏创新理念和深度解读、分析；有的自媒体内容格调不高，宣扬低俗、庸俗、媚俗内容，炒作明星绯闻、丑闻，宣扬错误价值导向；有的自媒体从业者法制观念淡薄，非但不秉承原创理念，甚至存在侵权、盗版、剽窃、洗稿等行为。二是收益结构略显单一。目前，国内自媒体商业路径总结为两大类：一是靠流量广告、电商实现平台分成，二是依靠自身内容、产品、渠道盈利的付费服务发展模式，这在未来有更大拓展空间。河北自媒体企业的盈利模式主要覆盖广告、电商、内容变现等领域，其中又以广告收益为主，与南方发达地区以电商为主的盈利模式仍存差距。

四　进一步完善河北省自媒体柔性化治理的思路与对策

为推动自媒体行业柔性化治理向纵深发展，本报告认为需要政府部门、行业协会、网络平台、自媒体从业者及广大网民等全社会力量共同协作，合力促进河北省自媒体行业健康规范、高质量发展。

（一）加强组织建设——凝聚自媒体的向心力

1. 强化活化党建引领

河北省自媒体影响力与日俱增，自媒体企业发展迅猛。为更好服务全省自媒体行业发展，网信部门与当地政府以“企业需求”和“用户思维”为导向，运用“互联网+”思维指导开展党建工作，促进自媒体企业党建与业务的有机融合。参照外省先进做法，组织开展“互联网+党建”等活动，搭建自媒体企业党建大数据库和自媒体企业党建专家智库，构建重点自媒体企业党组织联系机制、“自媒体+大党建”常态培训机制和党建“网红”宣传引导机制等，“网聚”多方力量，凝聚发展合力，推动河北自媒体行业健康发展。

2. 壮大行业联盟力量

各地自媒体行业组织与社会组织要切实发挥应有作用，深挖吸纳本地区具有影响力的网络大V，建立健全本区域行业组织，壮大行业联盟力量，通过定期举办研讨会、论坛等特色活动，组织自媒体之间交流运营经验与技巧，真正形成业务互鉴、互促共进、资源共享的良好格局。同时，倡导自媒体联盟签订行业自律公约，增强从业者遵纪守法的自觉性。

（二）加强政策扶持——为自媒体插上腾飞的翅膀

1. 增加科技研发投入

注重运用新技术加强对自媒体平台及信息的巡查监测和数据分析，动态更新违法违规信息样本库，及时发现并全面清理有害信息。相关部门要加快技术研发应用，紧盯移动技术前沿，密切关注5G传输、全息投影、增强现实、物联网、可穿戴设备等前沿技术发展动态，特别是要充分利用毗邻京津的独特区位优势，加强与京津地区科研机构、高校合作，共同推进自媒体监管技术研发，提高监管技术的适配度。

2. 保护自媒体合法权益

主管部门应指导和督促自媒体平台建立更加严格的原创认证审核机制、更加科学便捷的投诉申诉渠道，加大对网络侵权等不法行为的打击力度，尤其应加大对多次侵权的自媒体经营者的处罚力度，切实保护原创作者的合法权益和创作热情。同时，注意减少自媒体维权所需的时间、精力，降低金钱成本，多措并举助力守法自媒体更好地维护自身合法权益。

3. 自媒体试点市/县建设

根据河北省各地市自媒体行业发展情况、地方产业结构及地理文化特征等，可选择1～3个自媒体行业最有潜力的市/县作为试点，围绕“自媒体行业做大做强、助力地方全面发展”的目标，率先采取政府扶持、引智借智、多方合作等措施，打破行政壁垒，促进当地自媒体行业健康快速发展，积极打造自媒体行业社会效益与经济效益双丰收的河北样板。

（三）优化产业环境——为自媒体行业提供源源动力

1. 构建产业应用支撑

加大对河北省产业数字化转型的引导扶持力度，积极打造河北省知名商标、非物质文化遗产、中华老字号、一县一品等企业与产品的自媒体应用场景，积极鼓励全省有条件的地区建立数字产业园区、直播基地等，给予一定的优惠政策。利用自媒体推介、电商、网络直播等赋能传统产业转型升级，促进传统产业实现线上线下的融合发展。

2. 完善产业链配套体系

一是引进并培育一批品牌 MCN 机构、直播电商经纪公司与服务机构等优质自媒体直播带货运营商。二是培育一批优秀的电商主播。优先选择省内拥有较高知名度、口碑良好的流量主播做河北品牌的代言人或推荐官。三是打造畅通的供应链。依托全省各市、县重点示范基地与地理标志性特产，建设全省优品、特产集中展示交易中心，通过自媒体电商、直播带货形式进行集中推介、销售并提供后续服务，打造高效强大的自媒体电商供应链体系。

3. 吸引专业化人才

优化河北省自媒体行业人才结构，制定河北省自媒体发展人才规划，形成“全省一盘棋”，做好顶层设计，加大对自媒体内容生产人才、技术研发人才、资本运作人才和经营管理人才等的培养和引进力度。在省市实施的各级人才工程项目中补充对自媒体创业人才的扶持措施，并制定专项人才扶持计划。同时，利用京津冀协同发展、雄安新区建设等优势，积极引进人才，构筑人才聚集高地，重点挖掘前沿技术领域人才，聚焦物联网、人工智能等未来智媒领域，主动应对新技术的快速迭代，迎接新变化和新趋势的挑战。

（四）加强协同治理——营造自媒体行业良好生态

1. 做好日常监管

各监管部门要注重运用新技术提高监测能力，加强对自媒体平台及信息的巡查监测和数据分析，及时发现并全面清理有害信息。对发布虚假低俗信

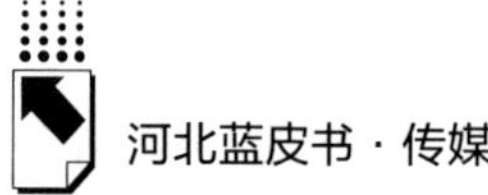

息、恶意造谣传谣或存在其他违规行为的自媒体平台，视情节轻重依法依规对自媒体负责人进行约谈，对账号进行警示整改、行政处罚，协调相关平台对其采取限制功能、暂停更新、关闭账号等处置措施。对利用自媒体造谣、诽谤、敲诈或者发布传播其他有害信息，构成犯罪的，依法严肃追究其刑事责任。

2. 压实平台责任

监管部门要督促自媒体运营平台严格遵守国家法律法规，认真审核账号资质，做好分类备案，压实平台对发布内容的审核把关、及时发现并处置有害信息等责任。对履职不到位的自媒体平台，视情节轻重依法依规对平台负责人进行约谈，对平台采取限期整改、行政处罚、下架等措施，让违法和不良信息失去生存空间。

3. 强化社会监督

要建立网络卫士志愿者队伍，充分调动网民监督自媒体的积极性，引导网民主动抵制、拒绝转发不良信息，鼓励网民对各类自媒体乱象及时举报投诉，大力净化自媒体生态环境。要持续放大官方网站、微信公众号一体化的网络联合举报平台作用，方便网友随时随地举报网络违法和不良信息，以社会监督促进自媒体守法运营。要广泛深入开展网民媒介素养教育，尤其针对青少年、中老年等重点群体，要增强其对网络信息的甄别判断能力与相关知识储备，引导全民养成理性思考的习惯。

调研篇

Survey Reports

B.16

“学习强国”河北学习平台的传播特点与发展路径*

王全领**

摘　要： “学习强国”河北学习平台是河北省宣传贯彻习近平新时代中国特色社会主义思想的重要传播平台，是河北广大党员群众学习习近平新时代中国特色社会主义思想的思想库。“学习强国”河北学习平台有着明确的定位、鲜明的宗旨、坚强的使命担当、科学的栏目设置、矩阵式传播与融合发展等传播特色，通过优质的内容与丰富的传播手段有力推动了全省学习实践氛围的形成。本报告研究发现，进一步增强平台与广大党员群众间的黏合力，增强学习宣传中的互动性、针对性等，是推动“学习强国”河北学习平台创新发展的几个着力点。

* 本报告涉及栏目、专题、作品等相关内容主要资料来源为“学习强国”河北学习平台实地调研、“长城新媒体集团要情”微信公众号。

** 王全领，河北省社会科学院新闻与传播学研究所副研究员，主要研究方向为新闻理论。

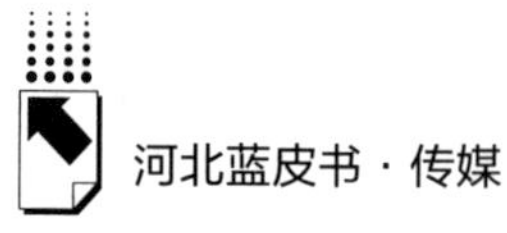

关键词： “学习强国”河北学习平台　融媒生态　互联网思维

“学习强国”河北学习平台是由中共河北省委宣传部主管，长城新媒体集团负责运营的全省最权威的科学理论学习阵地、思想文化聚合平台。作为中宣部“学习强国”总平台的有机组成部分，“学习强国”河北学习平台由网站和客户端构成，2019 年 3 月上线以来，坚持把学习宣传习近平新时代中国特色社会主义思想作为核心内容和主要任务，把建成河北省党员干部深入学习宣传习近平新时代中国特色社会主义思想的重要阵地作为重要目标。其权威的内容、及时的信息、丰富的资源受到广大党员群众欢迎，对加强党员教育、推进党的创新理论深入人心发挥了重要作用。

一　“学习强国”河北学习平台传播特点

（一）定位科学、宗旨鲜明，彰显使命担当

“学习强国”河北平台对自身的明确定位就是河北学习宣传贯彻习近平新时代中国特色社会主义理论的平台，是河北广大党员群众学习习近平新时代中国特色社会主义理论的思想库，也是河北在改革开放建设中以习近平新时代中国特色社会主义理论为指导取得一系列成就的实践注释。“学习强国”河北学习平台整合全省在理论阐释与解读、学习实践和特色活动、思想文化资源等方面的优质内容，通过传播机制的融合创新与发掘河北特色，讲好河北故事。

“学习强国”河北学习平台在传播实践中牢牢坚持习近平总书记所说的“要用新时代中国特色社会主义思想和党的十九大精神团结、凝聚亿万网民”①，

① 《关于宣传思想工作，习近平总书记这样说》，中央纪委国家监委网站，2018 年 8 月 21 日，https：//www.ccdi.gov.cn/toutiao/201808/t20180820_178152.html。

"更好凝聚社会共识，巩固全党全国人民团结奋斗的共同思想基础"① 的宗旨；把深入宣传学习好习近平新时代中国特色社会主义思想作为首要任务，多形式、多角度、全方位地把习近平总书记重要思想呈现在全省广大党员群众的面前，做到入眼、入耳、入心，融入思想与灵魂；用习近平新时代中国特色社会主义思想引领学习风尚、指导工作生活实践。

"学习强国"河北学习平台把用主流声音占领和扩大网络阵地作为自身的使命担当，遵循习近平总书记提出的要求，"做大做强主流舆论，巩固全党全国人民团结奋斗的共同思想基础，为实现'两个一百年'奋斗目标、实现中华民族伟大复兴的中国梦提供强大精神力量和舆论支持"②。围绕中央和省委当前重大活动与核心任务，及时宣传、宣讲与发声，牢牢把握网上舆论主导权，弘扬主旋律，不断增强传播力、引导力、影响力、公信力，更广泛、更深入的传播新时代的最强音；不断彰显社会主义核心价值观的生命力、凝聚力、感召力，努力增进人民群众在理想信念、价值理念、道德观念上的共识，进一步形成攻坚克难、团结奋斗的力量。

（二）科学设置栏目，积极弘扬主旋律

在用习近平新时代中国特色社会主义思想统领内容建设的同时，该平台注重展示其在治国理政实践中发挥的重大指导作用，以河北省重大发展成就、重点建设项目为内容，让身边人讲身边事、用身边人触动身边人，揭示成就背后的制度优势和经验启示，引导干部群众在见证和体验时代变迁中感悟历史巨变、思想伟力；通过精心设计的板块、栏目、频道以及集中的主题、权威的内容、及时的信息、丰富的学习资源，从理论与实践两个方面进一步深化学习与认知，成为党的创新理论的重要宣传阵地。

---

① 《关于宣传思想工作，习近平总书记这样说》，中央纪委国家监委网站，2018 年 8 月 21 日，https：//www. ccdi. gov. cn/toutiao/201808/t20180820_ 178152. html。

② 《习近平在中共中央政治局第十二次集体学习时强调　推动媒体融合向纵深发展　巩固全党全国人民共同思想基础》，人民网，2019 年 1 月 26 日，http：//politics. people. com. cn/n1/2019/0126/c1024 – 30591056. html。

“学习强国”河北学习平台陆续开设了“知之深　爱之切”“燕赵新作为”“庆祝建党百年·党史学习教育”“聚焦京津冀”“雄安时间”“相约冬奥”“三六八九进行时”“乡村振兴”“视听河北”“文润河北”“河北学习”“时代新人”“县级融媒”“充满希望的河北”等15个一级栏目。“知之深　爱之切”充分展示习近平总书记坚定忠诚的政治品格和崇高风范、深挚为民的情怀、务实作风和可敬可亲的形象，深刻感受总书记对河北的关心关怀和深厚情感。努力把总书记与河北人民的故事讲得更动听，让群众更爱听。

结合每一阶段党中央和河北省委的重要会议、重大部署适时推出一系列的专题，如“学习贯彻党的十九届六中全会精神”“新思想引领新征程·时代答卷”“学习贯彻省第十次党代会精神”。结合党史学习教育这一重点学习任务推出“扎实推进党史学习教育·经验交流汇”“奋斗百年路 启航新征程”“党史上的今天”“革命先驱——李大钊”“河北党史百年百事”“燕赵英烈”“西柏坡——新中国从这里走来”“党史学习教育云课堂”“党史百年”等丰富的专题内容。配合冬奥会的举办推出“聚焦北京2022年冬奥会”等专题。

在学习上，一系列充满创意的专题从内容到形式也让人耳目一新，如“学习日历”“学习早报”“学习海报”“学习一得录”。“学习一得录”，聚焦全省广大干部群众认真学习总书记重要思想和讲话精神，请干部职工代表、专家学者结合实际工作畅谈学习体会，通过“理论+实际”的融合表达，话感悟、说收获、析哲理，让学习更有实效性，将学习的成果转化为“加快建设现代化经济强省、美丽河北”的奋进力量。“强国来电”，创新使用“强国通”进行线上模拟群聊通话，帮助广大青年深入学习贯彻党的十九届六中全会精神，连续被“学习强国”平台选用，并获中宣部表扬肯定。

（三）矩阵式传播，打造融媒生态

“学习强国”河北学习平台依托长城新媒体集团和冀云·融媒体平台

作为地方主流媒体的传播优势、内容资源优势，整合各个市级学习平台，联动各县级融媒体中心。长城新媒体集团以"权威媒体、政务平台、民生网站"为基本定位，以"深度融合、移动媒体优先"为基本发展战略，通过搭建党委政府与人民群众沟通互动新平台、电子政务新平台、舆论引导和政策解读新平台，打造全国知名新闻门户网站和河北民生服务第一网络窗口，具有较强传播力、引导力、影响力、公信力。[①]"冀云"系列客户端截至2021年12月31日，总下载量突破2500万次，累计访问量超过72亿次。[②]下载量和综合影响力居全国省级媒体同类客户端前列，影响力不断增强。强强联合形成强势的传播矩阵，全方位、多角度、立体式宣传习近平新时代中国特色社会主义理论和重要讲话精神，弘扬主旋律，营造浓厚学习氛围。

"学习强国"河北学习平台同时加强对媒体和社会各界的资源整合。与省直机关部门包括省直机关工委、省政府机关事务管理局、共青团河北省委等建立学习工作联系，与大专院校、大型国企如河北银行加强学习交流互动，与大型网络技术公司如华为、腾讯进行工作交流。调动一切力量挖掘全省优秀思想、文化、历史、宣传、智力资源，聚合优质学习资源，不断拓宽和深入到社会实践、生活、学习的各个方面，将其作为平台不竭的内容来源。建立科学高效的制作、编辑、审发机制，使得平台做到内容丰富多彩、形式灵活多样、影响无处不在。

二 "学习强国"河北学习平台传播效果评价

"学习强国"河北学习平台，通过优质的内容、丰富的传播手段，在引

① 《长城新媒体集团基本情况简介》，长城网，2017年8月23日，http：//news.hebei.com.cn/system/2017/08/23/018477734.shtml。

② 《冀云客户端总下载量突破2500万河北媒体深度融合跑出加速度》，"冀云"App，2022年1月1日，https：//jiyun.hebyun.com.cn/pages/2021/12/23/f73d4eb9ebd24bc68188db24e9c728b3.html？vTime=27356628。

导广大党员干部深入学习习近平新时代中国特色社会主义思想过程中，在真学、真懂、真信、真用上下功夫，有力推动了全省浓厚学习氛围的形成。

（一）优秀作品不断涌现，推动党的创新理论入脑、入心

"学习强国"河北学习平台优异的业绩多次受到各级领导和主管部门的肯定和表彰，也赢得了社会各界的肯定和广大党员群众的喜爱。"总书记，我们想对您说"系列手绘Vlog，回访总书记的河北足迹，生动反映河北干部群众牢记嘱托、感恩奋进的精神风貌。该系列微视频被"学习强国"总平台在首页首屏选用，并开设专题，总浏览量近亿次。"长城大视野｜跟随总书记的脚步"系列回访报道，以时间跨度还原新闻现场，对党的十八大以来总书记关心生态文明建设、民族团结、乡村振兴、民生事业、文化传承与保护的重要论述进行回顾，有广度、有深度、有温度。报道被"学习强国"总平台在首页首屏重要位置以专题形式推送，总阅读量超5000万次。"老英雄红色故事报告会"完整版视频被"学习强国"总平台在首页显眼位置重点推送，同时被新华社、人民视频、"央视频"等央媒转播；该报告会的新闻报道在央视新闻频道《新闻直播间》播出，全网传播总量突破3600万次。

在河北省委网络安全和信息化委员会第四次会议上，省委书记、省委网络安全和信息化委员会主任王东峰称赞长城新媒体宣传形式丰富多彩，用人机制开放灵活、竞争力强、充满活力，"学习强国"河北学习平台走在全国前列，冀云·融媒体平台汇集正能量![①] 中宣部新闻局《新闻阅评》专报表扬集团"学习强国"河北学习平台编辑部组织的《我们的"全村福"——河北206个深度贫困村脱贫影像志》融媒体专题报道。中宣部"学习强国"学习平台以单篇形式专题刊发"河北学习平台着力反映全省脱贫攻坚和全面小康奋斗历程"的信息，向全国提供"学习强国"河北学习平台经验做法。

---

① 《〈集团要情〉【2021年第5期】（总第109期）》，"长城新媒体集团要情"微信公众号，2021年3月28日，https：//mp. weixin. qq. com/s/ZwmnCGH8Xw_ xbMGS73aFwg。

（二）线上线下相结合，推动学习实践深入开展

把线上学习与线下实践结合起来，实现网上网下学习宣讲活动的无缝对接，切实增强了学习宣传实际效果。线上学习与线下特色宣讲结合起来，“学习强国”河北学习平台编辑部与省委讲师团和省委党校合作，推出“五中全会精神微宣讲”系列，推动全会精神宣传往“深”里走、往“实”里走，逐步实现向机关单位、企业公司、社会团体拓展，实现更广泛的覆盖。“学党史、知党情、跟党走——河北省庆祝建党100周年党史知识竞赛”活动，在全省党政机关、企事业单位、人民团体的党员干部群众和高校师生中掀起答题热潮。为在全省广大职工群众中营造庆祝建党100周年的浓厚社会氛围，团结引领广大职工坚定不移听党话、矢志不渝跟党走，按照“永远跟党走”群众性主题宣传教育活动安排，长城新媒体集团与省总工会联合在全省范围内组织开展“永远跟党走·唱支山歌给党听”河北省职工群众网络歌咏活动，优秀作品在“学习强国”河北学习平台筹集中展播。按照“学习强国”总平台安排，“学习强国”河北学习平台自2021年7月7日起面向全省大中小学生和社会青年开展“我心中的英雄”主题征文活动，引导广大青少年走近英雄、学习英雄、书写英雄、铭记英雄，营造不负时代、不负韶华、不负期望的浓厚氛围。

（三）发掘与展示省域文化资源，提升河北人民文化自信

习近平总书记在中国文联十一大、中国作协十大开幕式上的讲话，再次强调了坚定文化自信的重大意义，成为进一步焕发中国文艺新气象、铸就中华文化新辉煌的思想动力。“学习强国”河北学习平台站在历史与现实的视角，系统梳理代表河北文化底蕴的历史文化资源和代表当代河北风貌的文化资源，将河北各界对全省文化资源进行的创造性转化和创新性发展向公众进行全面的呈现。让河北文化激发出河北人民的自信心与自豪感，成为鼓舞河北人民创造热情的“助推剂”和滋养其精神生活的“营养源”。“学习强国”河北学习平台“文润河北”板块通过一系列带有浓重河北特色的文化

专题，运用大量音频、视频、文字、图片等传播形式，聚焦各地市县博物馆以及民间的藏品、非物质文化遗产，推荐冀版优秀图书等，激活河北各地文化元素，积极打造文化 IP，讲好燕赵文化故事。

“文润河北”中的“‘云游’博物馆”专题主要以活跃于一线的各地媒体和文化工作者现场采集、拍摄、录制视频的形式，展示燕赵人民在社会、经济、建设、文化、冶金、手工业、艺术等领域的智慧和创造精神。河北省各级博物馆的藏品饱含不同时代历史记忆、非常具有地方特色，包括大量的陶器、瓷器、玉器、铜器、金银器以及文物性工程、建筑等，其中不乏一些国宝级的文物，它们见证着特定时代和领域河北的辉煌成就。如《“云”游博物馆丨河北保定博物馆：战国虎型金饰件》将一级文物战国虎型金饰件呈现给受众；“沧州博物馆：河北大运河文化展厅”运用文字、图片和实物展示相结合的形式，讲述大运河历史文化。对民间博物馆、收藏馆的展示则更侧重于表现当代河北人的生活情趣，抒发抚今追昔的情怀。

河北不仅是文物大省，而且在非物质文化遗产传承方面也是多姿多彩。“学习强国”河北学习平台“非遗传承”专题对河北传统武术、杂技、皮影、剪纸、地方戏曲、曲艺、工艺、雕塑等非物质文化遗产进行了展示，推动了非物质文化遗产的知识普及与传承。河北传统武术有多个流派，“非遗传承”专题通过大量的视频节目介绍了武氏太极拳、八极拳、通臂拳、戳脚等河北代表性武术形式，展示河北武术风范。杂技作为河北文化传统的一个优势项目，“非遗传承”专题对其高超技艺的视频化展示更加令人惊叹；皮影作为群众喜闻乐见、老少咸宜的“非遗”品种让观众大饱眼福。作为拥有多个地方戏剧品种的戏剧大省，“学习强国”河北学习平台在通过大量笔墨展示河北戏剧文化的同时，也把宣传推广普及作为重要内容。“戏聚保定擂响中华——2021 京津冀戏曲青年领军挑战赛”活动点燃了人们对戏曲的热情。

（四）从学习到力行，架设服务群众的新通道

“学习强国”河北学习平台坚持“以人民为中心”的发展理念，积极架设党员干部服务人民群众的网络桥梁，推动党员干部深入到人民群众生

活的方方面面，了解人民群众生产生活中面临的实际问题和困难、了解群众的心愿和期盼，从而设身处地地站在人民群众的立场去思考、探讨、解决问题，进一步密切党员干部和人民群众的血肉联系。“学习强国”河北学习平台通过“我为群众办实事·党员帮办‘微心愿’”专题，以多种形式了解、征集人民群众的诉求，让党员主动认领任务、解决问题，鼓励了大批党员干部下沉到服务群众的第一线，用实际行动践行“为人民服务”理念。

在运用专业技术支农爱农方面，《农业专家来到大和庄村为酸枣仁产业发展“把脉”》记录了通过介绍农业专家深入农村，帮助农民解决了致富路上的“技术难”问题；在对基层群众尤其是老弱病群体关怀方面，《河北张北兴隆村村民：省里大专家到家门口给我看病!》《河北石家庄3502社区：“爱心来敲门”把爱送上门》等，讲述的是医学专家、药品服务人员对患者无微不至的服务；在关心爱护老人方面，《河北张家口：心系空巢老人情暖清河湾》《河北邢台：95岁老人在家办了身份证》都体现出从精神到日常生活中的敬老爱老助老之风；《河北邢台襄都区：家属院里的废弃锅炉房拆掉了》《石家庄市藁城区杜村和高邑县中韩村：生活用电更安全更便利了》《河北石家庄长安区：专业老师进社区手把手教舞蹈》《老年“票友”喜获河北梆子名家现场指导》等，记录了党员干部对广大群众生活方方面面的关心与服务，彰显了共产党员围绕人民所思所想去主动作为的高尚品格，共产党员为人民服务的形象也深深刻在广大群众的心中。“我为群众办实事·党员帮办‘微心愿’”专题因其围绕服务群众推出的一系列优秀作品而被评为“2021年河北省践行网上群众路线典型案例征集活动”优秀平台类案例。

三　“学习强国”河北学习平台提质发展的主要问题

第一，市场占有率有待进一步提升。互联网技术带来的媒介生态变革使得媒体传播过程中传播者与接受者界限模糊化，传统意义上的受众被赋予了更多的选择权和具有了更多的互动反馈上的主动性，其突出表现就是越来越多的新媒体用户流向头部社交媒体平台和国家级、先进省市新媒体平台。传播媒体与平台只有在这个过程中与受众共生共长才能具有传播力。“学习强国”河北学习平台在用户增长率方面虽然在稳步提高，但从绝对数量来看，不要说和社交类媒体比，就是和主流网络媒体相比也是存在不小的差距。

第二，用户黏合力尚需进一步增强。在最具用户黏合力的新媒体热门领域以及其他各个细分领域中，新媒体用户数量和使用习惯、占用时间向移动端转移的趋势日益明显，在不同职业、文化程度、年龄的新媒体用户中，手机越来越成为人们社交、娱乐、获取信息主要媒介。根据第48次《中国互联网络发展状况统计报告》数据，截至2021年6月，我国手机网民规模为10.01亿人，网民中使用手机上网的比例为99.6%。[①] 在手机网民经常使用的各类App中，即时通信类App的使用时间最长，网络视频、短视频、网络音频、网络音乐和网络文学类应用的使用时间居于前列。“学习强国”河北学习平台在黏合力方面与这类竞争对手相比需要进一步增强。

第三，影响力仍需进一步提高。网络时代极大地改变了人类的生活方式，人们获取新闻信息、文化娱乐、社会交往、表达意见甚至生活、经济等一系列活动在现代网络技术支撑下几乎达到了无缝衔接。任何一个平台、媒体无论从哪一个细分领域入手都试图更多的渗透到其他领域并产生影响。社交媒体作为应运而生的新事物，其强烈的互动方式使得人们在信息获取之余可以通过社交网络分享更加实时、生动的体验，社交范畴不断扩大。如何借鉴社交媒体充分借助移动端的便利性、碎片化、高互动等特征，提升用户的认同度，是“学习强国”河北学习平台媒体形态创新、媒体融合深化和提升影响力的必要功课。

---

① 《第48次〈中国互联网络发展状况统计报告〉》，中国互联网络信息中心网站，2021年9月25日，https：//cit. buct. edu. cn/2021/0925/c7951a157922/page. htm。

四 “学习强国”河北学习平台创新发展的几个着力点

（一）进一步增强平台与广大党员群众间的黏合力

学习中的问题往往和现实工作生活中遇到的问题密不可分，尤其是一些引起广泛关注的舆论热点问题往往对人的思想观念、感情情绪产生强烈的冲击，这也是需要进一步深化学习与思考、提高理论水平的有利契机，进一步加强对重大事件的信息传播以及舆论热点的引导能力。网民构成状况的复杂性和网络舆论传播难以把控的特点使得网络事件形成热点传播后往往会吸引海量的关注者和参与者，不同的立场、不同的社会生活经历、不同的认识与思维水平等千差万别的参与者会发出带有他们自身特点的声音，再加上舆论热点背后有意无意地出于各种不同目的的推手暗中搅动，这对党和政府以及主流媒体是一个实实在在的挑战。这就要求政府有关部门和主流媒体及时、主动、有序的公开信息，用真实、准确、权威的信息最大限度地削弱负面声音，占领舆论制高点，维护良好的互联网舆论环境。“学习强国”河北学习平台要想在舆论场中发挥主阵地、主渠道、引领舆论方向的作用，就要直面舆论热点问题，传达明确的声音，拉近与党员群众的距离才能更好地引导舆论。要善于把我国的道路优势、制度优势、发展优势、文化优势不断转化成舆论优势，对一些重大重要事件及时表达明确的观点立场，对舆论场进行有效引导，使得广大党员群众对社会热点问题统一思想，凝聚共识。

（二）增强学习宣传中互动性、针对性

在增强互动性方面做好文章，拉近平台与党员群众的心理距离，从而发挥出最强大的舆论引导力。对党和政府的中心工作和党员群众关心的问题及时做出解答，关注党员群众物质生活、精神生活领域中的各种需求，才能做到入眼、入耳、入脑、入心，才能做好引导与服务。通过新媒体内容的创新、形式的创新、传播手段的创新，在互动过程中提升党员群众对“学习强国”

河北学习平台的参与度，使得网络舆论引导渗透到群众网络生活的每个环节。

现在传媒舆论场的一个显著特点就是受众群体与个体的划分越来越精细化，大众传播从广播走向窄播化。在学习宣传过程中就要根据媒介与平台特点确定发展路径，明确自身定位。对受众群体进行深入分析研究，增强舆论传播的针对性。根据受众不同的职业特点、文化背景、认识水平、兴趣爱好、气质性格采取不同的传播手段，提供有吸引力的内容，采取不同的宣传策略以扩大影响力、增强传播效果。“学习强国”河北学习平台要善于借鉴现代互联网平台的智能化推送技术，加大人工智能算法研发应用力度，更加主动、灵活、精准推送与生活工作相关的学习内容和必要知识。

（三）增强互联网思维，让党员群众融入“学习强国”河北学习平台生态圈

媒体人要增强互联网思维，深刻认识互联网的规律和特性，从思想到行动都要加强媒体融合的主动性和能动性。互联网媒体不同于传统媒体的最显著特征就是“去中心化”，每个传播主体趋于平等。不论行政级别、媒体规模、媒体性质，每个传播实体最终价值都是由连接点的广度跟厚度决定的。人民群众的融入程度决定着河北省主流媒体未来的生存与发展，这就需要“学习强国”河北学习平台进一步总结与学习先进网络媒体经验，深刻把握互联网时代传播规律。互联网的便捷性、可参与性大大降低了网民参与传播过程的各种门槛，增强用户体验成为互联网的制胜法宝，再加上现代大数据技术的广泛应用，使得互联网平台在理论上拥有无限的客户连接力。这从本质上与作为河北省主流媒体的“学习强国”河北学习平台进一步融合发展，成为党和政府联系人民群众桥梁与纽带的根本目标是一致的，互联网的用户至上原则是主流媒体贯彻以人民为中心原则在传播过程中的具体化。

进一步打造有序的开放性融媒体平台，汇聚全省各方面学习内容资源。现代网络信息传播的最显著特点是开放性，媒体“唱独角戏”在互联网时代是一条最艰难的路径。处于头部位置的那些影响力大、盈利能力强的媒体

平台都有一个显著的特征，就是能够快速的整合巨大的社会力量，全心全意依靠人民群众，形成潜力无限的创新之源。在媒体内部，鼓励大胆创新，在外部应着力探索通过学习平台的开放创新，整合大量社会各界学习资源，打造河北省“学习强国”河北学习平台生态圈，从而最大限度地撬动蕴藏于全社会的创新力量，为推动“学习强国”河北学习平台向深度与广度发展、增强内生动力、形成良性循环起到事半功倍的作用。

（四）创新“学习强国”河北学习平台学习宣传队伍建设，打造强大的学习宣传矩阵

中国共产党作为执政党，最大的优势就是组织优势和行政资源，就河北省来说，有数量众多的共产党员、共青团员、入党入团积极分子。探索建立科学的激励机制，把真正有思想、有觉悟、有能力的人尤其是党员干部、共青团员、积极分子吸纳到网络舆论战场的第一线，依靠和运用组织的力量，建设一支以“学习强国”河北学习平台人才为中坚，以长城新媒体集团和冀云·融媒体平台人才为依托，以政工队伍和相关专家为后盾，以广大党员群众为基础的多层次、大规模、素质高的学习宣传队伍。强化“学习强国”河北学习平台的正能量传播力。

为了强化这支队伍功能，更好的学习宣传习近平新时代中国特色社会主义理论，正确引导线上线下学习风尚，必须首先做到“打铁还需自身硬”。广大党员干部要重点加强自身的中国特色社会主义理论修养，学习领会党的路线方针政策，方能对各种层出不穷的舆论事件进行科学分析与判断。同时，要加强网络知识的学习，紧跟互联网等信息技术发展，不断掌握新知识，积极融入微信、微博、短视频平台、论坛、贴吧、博客等主要的舆论场，在实践中学会并高效利用“网言网语”，能够做到站在人民群众的立场，以普通网民喜闻乐见的方式传播正能量，从而积极拓展学习宣传网络空间，将宣传阵地向各大新媒体平台延伸。

B.17

河北省红色文化资源全媒体传播调查报告

郭毓娴　夏倩玉*

摘　要： 2021年，河北省各级媒体对红色文化传播进行了统筹布局、提前策划，省级主流媒体、各地市级媒体及县级融媒体积极进行全媒体传播实践，河北红色文化传播实现了创新性发展。但在传播实践中仍然存在一些不足，表现为省市县三级媒体联动不充分、新技术应用场景有限、对受众个体差异考虑不全面等。本报告认为，河北省传媒业需要立足河北实际，通过打造河北特色IP、搭建红色文化内容融媒体平台、精准定位受众需求、创新传播形式等途径，创新红色文化传播模式，讲好河北红色故事。

关键词： 河北红色文化　全媒体传播　特色IP

一　全媒体背景下河北省红色文化资源传播实践

2021年恰逢建党百年，红色文化资源在全国范围内得到了充分挖掘与传播。河北省是红色文化资源大省，截至2021年6月，河北省共有全国爱国主义教育示范基地23家，省级爱国主义教育基地118家，市级爱国主义教育基地206家，县级爱国主义教育基地204家。[①] 省内各级媒体结合党史

* 郭毓娴，河北省社会科学院新闻与传播学研究所研究实习员，主要研究方向为文化传播、新媒体传播；夏倩玉，邯郸日报社记者，主要研究方向为新闻业务、新媒体传播。

① 刘冰洋：《河北省爱国主义教育基地建设：厚植爱党爱国爱社会主义情感》，沧州新闻网，2021年6月29日，http：//www.cznews.gov.cn/newweb/news/shengshi/2021－06－29/44433.html。

学习教育实践活动和建党百年主题，对丰富的红色文化资源进行创新性传播。

（一）内容赋能：红色文化资源引领传播生态

随着网络信息技术的不断发展，人们对于信息的价值性、阅读性、思想性等提出了更高的要求。河北省各级媒体将红色文化资源融入新型传播生态，用红色力量助力河北发展，持续打造区域红色品牌，有效提升舆论引导力和影响力。

1. 以史料为依据，讲述真人真事

"红色是中国共产党、中华人民共和国最鲜亮的底色"。对红色文化进行传播时，首要的是叙述的真实性与客观性，这样才能保证红色文化资源在新的历史阶段与时俱进、开拓创新。河北省各级媒体以真人真事为线索，以史料记载为依据，以内容驱动传播，用"红色"引领生态。《河北日报》立足河北实际，推出"奋斗百年路·启航新征程·循着家书访家乡"系列报道，记者行程跨越九个省份十万公里，寻访烈士后人、乡亲、专家、学者近百人，在准确讲述历史的同时，融入丰富的细节，将烈士墓碑上冰冷的名字，还原成一个可爱丰满有温度的人，《江浩烈士1920年与妻书——"自己受苦，尚不足惜"》《雷烨烈士生前写信寄望妹妹——"努力做事、努力求学"》等11篇文章描写烈士家乡发展，让读者感受到烈士精神薪火相传、生生不息。河北广播电视台经济广播和"冀时"客户端同步推出专题"不朽的青春——听燕赵英烈故事　学习百年党史"，以最新史料为参考，以故事化讲述为手段，温情诉说燕赵抗战烈士的故事，并推出大型全媒体新闻采访活动"从延安到西柏坡"，踏访延安、子长、靖边、绥德、代县、繁峙、阜平、平山等中央行军路线，追忆党史故事、记录沿线变化、弘扬革命精神。

2. 与发展相结合，红色文化落地生根

红色文化作为一种精神文化，在社会发展中发挥着重要作用。河北省各级媒体将省内红色文化资源与区域建设相结合，将红色精神谱系与时代

发展相结合，推出了一系列具有河北特色的全媒体作品。2021 年 5 月 1 日起，河北日报报业集团与河北省档案馆联合推出 33 集系列微纪录片《红色档案印初心》，该系列微纪录片不仅涵盖河北党史的重大事件和人物，而且包括新中国史、改革开放史、社会主义发展史中的河北内容，从《李大钊同志精神不死!》到《京津冀协同发展》《雄安逐梦》《走近冬奥》等，以河北红色文化资源为核心内容，通过全新的视听化表达，将宏大主题化为生动而具体的故事，聚焦河北发展大事，讲好河北故事，这不仅能引起本地受众的共鸣，同时在全国范围内为河北发展营造了良好的舆论环境。河北电视台推出庆祝建党百年系列报道“红色照耀太行”，报道深入石家庄市平山县西柏坡、涉县一二九师司令部旧址等地，深挖典型人物，讲述红色故事，既回顾了战火纷飞的峥嵘岁月，又展现了当今河北快速发展的风采，如第三集《不负人民》中提到京津冀协同发展的重点工程太行山高速，不仅是在这片红色土地上的崭新传承，也是河北快速发展的有力证明。

同时，各级媒体将西柏坡精神、塞罕坝精神、一二九师精神等在河北孕育形成的精神财富厚植于媒介产品中，彰显河北红色基因。《石家庄日报》立足于本地实际，充分挖掘红色资源，在新华社客户端刊发《瞭望丨河北:大力弘扬西柏坡精神,努力在新时代赶考路上交出一份优异答卷》。“冀时”客户端携手全国近 50 家媒体推出“理想照耀中国”全媒体采访直播活动，2021 年 5 月 3 日、17 日推出《理想照耀中国丨西柏坡：新中国从这里走来》《理想照耀中国丨塞罕坝：美丽高岭上的绿色奇迹》，客户端浏览量超 100 万次，将河北孕育的红色精神进行了生动诠释。

（二）全媒体呈现：实现红色文化资源的创新表达

全媒体时代，红色文化传播渠道创新升级，传播方式日益丰富。建党百年之际，河北省各级媒体发挥内容生产和平台传播优势，采制并推出一系列特稿、特刊、专题报道，以及众多短视频、纪录片、H5、音频、广播、直播、手游等全媒体产品，报、网、端、微、号全媒体矩阵共同发力。同时，河北省各红色文化旅游基地发挥自身资源优势，创新传播渠道，不断丰富红色文化资源的传播形式。

1. 直播活动

2021 年 5 月 1 日，河北广播电视台与省委党史学习教育领导小组办公室、省委宣传部、省文化和旅游厅联合推出“红色胜地 光耀河北”河北省党史学习教育主题红色文化线路全媒体采访直播活动，活动以 5 小时直播形式呈现，河北广播电视台公共频道、旅游文化频率、“冀时”客户端、河北新闻网、长城网、腾讯微视等多家新媒体平台进行同步直播，全网总浏览量超过 1200 万次，形成了“报、台、网、端、微、屏”集中联动、全媒体集中宣传的强大合力。

2021 年 6 月 10 日起，河北广播电视台联合各市党委宣传部、雄安新区宣传网信局和各市广播电视台，推出“奋斗百年路 启航新征程”大型直播特别节目《今日河北》。直播综合采用“演播室虚拟场景 + 宣传片 + 记者直播连线 + 景观镜头 + 新闻短片 + 干部群众海采”等形式，全景呈现，讲述中国共产党领导下的河北各地经济社会发展和历史文化变迁，展示今日河北的崭新面貌与成就。节目于 6 月 10 日开播，河北卫视、“冀时”客户端同步直播，河北公共频道当天重播，各市广播电视台主频道、新媒体平台直播本地篇，共 14 期，每期直播时长为 1 小时。据统计，截至 6 月 25 日最后一场直播结束，《今日河北》直播期间，河北卫视 IPTV 收视稳居同时段省级卫视频道前四名（见表 1），包括“冀时”客户端在内的全网总浏览量超过 3000 万次。

表 1 《今日河北》收看情况

单位：万户，万次

直播日期	直播场次	河北卫视 IPTV 峰值收看户数	同时段省级卫视频道排名	直播期间“冀时”客户端浏览量
6 月 10 日	《今日河北·石家庄篇》	2.9	2	32.8
6 月 12 日	《今日河北·承德篇》	2.6	3	27.3
6 月 14 日	《今日河北·张家口篇》	2.8	2	47

续表

直播日期	直播场次	河北卫视 IPTV 峰值收看户数	同时段省级卫视频道排名	直播期间"冀时"客户端浏览量
6月15日	《今日河北·秦皇岛篇》	2.7	2	25.5
6月16日	《今日河北·唐山篇》	2.5	2	14.2
6月17日	《今日河北·廊坊篇》	2.5	2	22.7
6月18日	《今日河北·保定篇》	2.6	2	30.5
6月19日	《今日河北·沧州篇》	2.7	3	26.9
6月20日	《今日河北·衡水篇》	2.5	4	66.3
6月21日	《今日河北·邢台篇》	2.6	3	25.5
6月22日	《今日河北·邯郸篇》	2.5	2	24.9
6月23日	《今日河北·定州篇》	2.7	2	22.1
6月24日	《今日河北·辛集篇》	2.8	2	24.8
6月25日	《今日河北·雄安篇》	3.2	2	43.2

资料来源："冀时"客户端。

2. 短视频

"人民日报"客户端、河北新闻网共同制作并推出建党百年主题系列微视频《河北这百年》，该作品被河北省委网信办全网推送，作品总播放量为1240.2万次。此外，河北新闻网先后推出《电影海报中的河北记忆》《跟着红色地标学党史》系列短视频、建党百年主题微视频《薪火》等，均取得良好传播效果。

河北广播电视台推出系列短视频《红色故事会》，将目光对准河北爱国主义教育基地、革命纪念馆、红色旅游景点，围绕红色图片和实物，邀请见证者、知情人、讲解员或研究员等担任讲述人，还原背后鲜为人知的红色故事。在新媒体端和电视端同步播出16期，节目全网总播放量突破3000万次。

长城新媒体推出融媒体作品"四史"手绘长卷短视频《雄关漫道真如铁——百年风华图景志》，在社会上引起强烈反响。短视频上线当日，"冀云"客户端浏览量突破200万次，被"学习强国"总平台、人民网、光明日报等数家央级媒体转载。

上述短视频作品均入围河北省2021新媒体"千优作品"。

除了新闻媒体通过短视频传播红色文化，各红色文化基地也积极开通官方抖音号、快手号、视频号等，用短视频开展自身宣传（见表2）。

表2　河北省红色旅游景区抖音短视频使用情况

官方账号名称	作品数(条)	粉丝数(人)	获赞量(次)
华北军区烈士陵园	29	131	244
晋冀鲁豫烈士陵园	57	140	467
红色129	48	214	9589
抗大陈列馆	31	112	128
唐县白求恩柯棣华纪念馆	10	177	599
冉庄地道战纪念馆	46	343	906
晋察冀边区革命纪念馆	157	827	4301

资料来源："抖音"客户端，数据截至2021年12月12日。

3. 纪录片

建党百年之际，河北广播电视台推出6集历史文献纪录片《初心李大钊》，被列入国家广播电视总局2021～2025年"十四五"纪录片重点选题规划（第一批）目录，入选国家广播电视总局庆祝中国共产党建党100周年86部重点纪录片目录。此外，河北广播电视台遴选从中国共产党成立到新中国建立过程中，能够见证中国共产党人伟大初心和使命的一些河北省现存重要遗址或文物，推出建党百年大型系列微纪录片《鉴证》。

4. 音频、广播

为庆祝建党百年，河北省委共产党员杂志社、河北广播电视台共同推出"中国梦·党旗红——歌声里的党史"系列音频，共100期。五一期间，河北广播电视台在各广播频率和"冀时"客户端推出广播剧《点亮星星之火》，用通俗易懂、喜闻乐见的音频广播形式广泛深入传播红色文化。

沧州广播电视台推出庆祝建党百年《我是共产党员》百期音频微广播。此外，沧州广播电视台推出原创歌曲《永远的追随》，歌曲MV在央广网、央视网、"学习强国"总平台以及新沧州微平台同步刊播，人民日报社《中国经济周刊》以《MV〈永远的追随〉受全国观众热捧》为题，对歌曲创作经验与社会影响进行了深度报道。沧州广播电视台深度挖掘本土革命文化资源，接续创作了系列组歌《榜样的力量》《英雄》《感恩父母》等。

中国人民抗日军政大学陈列馆与邢台市信都区融媒体中心联合开办FM106.2“抗大之声”红色电台，以党的重大事件为线索，讲述不同时期的典型事例、历史人物、精彩故事，传唱红色歌曲，倾力推出“听见抗大”栏目，通过音频的形式激活红色文化资源，唱响新时代爱国奋斗主旋律。

5. H5、手游产品

河北广播电视台在“冀时”客户端、河北网络广播电视台、河北广播电视台头条号等新媒体平台推出《党史学习教育五大主题红色文化线路》《云展馆 学党史》《初心李大钊》《身影》等H5作品。河北广电报业有限公司推出H5作品《手指一跃 穿越百年》，入选河北省2021新媒体“千优作品”。

邯郸日报社视觉中心推出连环画《父亲的抗战》、《手绘长图丨一二九师在涉县的岁月》等H5作品，深挖本地红色文化资源，打造当地红色文化IP。秦皇岛日报社推出《我为祖国升国旗》《建党百年！看秦皇岛的巨大变化》等H5作品，取得良好传播效果。

除了H5融媒体作品外，游戏产品因其互动性强更受大众喜爱，也成为红色文化资源传播的新载体。长城新媒体集团研发红色文化题材手游产品《地道战·绝境奇袭》，让用户沉浸式参与，在趣味游戏中体味党领导人民进行艰苦卓绝革命斗争的非凡历程，在红色历史文化和青年人之间，架起一座解读、传播的桥梁。

6. 虚拟现实（VR）技术的应用

随着虚拟现实技术的迅速发展，在红色文化的弘扬与传承中，VR技术越来越多地被应用。数字化手段突破了传统党史教育的文本性，增强了传播的交互性，将红色历史真实地还原在体验者面前，使体验者沉浸式参与，产生比传统传播方式更强烈、更持久的情感。

线上，虚拟现实技术与红色文化资源碰撞出新的火花。西柏坡纪念馆网站推出“虚拟游览”模块，游客足不出户就可以游览整个景区，720°3D全景参观陈列展览馆、中共中央旧址等几乎所有场馆的内景，展室里的每一处文字都被清楚地展现。邢台日报社文创中心推出“百年征程 奋进邢襄”百年党史 VR 展馆，线上 VR 展馆融合 3D 展厅技术和互动式体验，集纳动漫、视频、互动 H5、图文、海报等多种新媒体展示形式，构建线上线下融通的红色文化传播体系。

线下，各地红色 VR 体验馆相继落地，虚拟现实技术不断助力红色文化传播创新。河北省涿州市利用 VR 技术结合党建学习打造了 VR 红色党史馆；邯郸市刘村影视小镇设置“邯郸往事”爱国主义教育体验基地 VR 体验馆，再现邯郸抗战史、爱国史；邯郸市馆陶县运用数字化、智能化手段打造新时代智慧党建 AR 智慧沙盘。AR 智慧沙盘中利用 VR 技术打造了虚拟面积达 10 万多平方米的“数字展厅”，以中国共产党建党 100 周年为主线，以党史、新中国史、改革开放史、社会主义发展史为主题，展陈图片 3000 余幅，通过 VR 眼镜，打破时间空间壁垒，使游客身临其境感受党的百年奋斗征程。

（三）对外传播：提升红色文化辨识度与传播力

河北省各级媒体在创作出极具河北特色的红色文化作品的同时，不断加强区域文化的外向传播，在诠释河北的红色文化内涵、提升河北红色文化辨识度与传播力方面积极作为。

1. 多平台输出擦亮河北红色名片

河北省文物局、河北新闻网联合策划推出的 22 集革命文物系列文献纪录片《红色“冀”忆》，网络总播放量破亿次。2021 年 6 月 17 日播出以来，河北新闻网媒体矩阵共发布稿件数百篇，通过专题、海报、短视频、图文等多种形式进行宣传，并分别在“河北新闻网”微博、抖音和微信公众号建立了三个微话题。截至 2021 年 12 月 12 日，“红色‘冀’忆”微博微话题阅读次数达 520.4 万次，抖音话题播放量达 1.1 万次，微信公众号微话题浏览量达 1.1 万次。纪录片推出三个月的时间内（2021 年 6 月 17 日至 9 月 17 日），全网信息量达 14897 条之多，其中微博平台成为传播主力军，信息量达 13025 条（见图 1）。

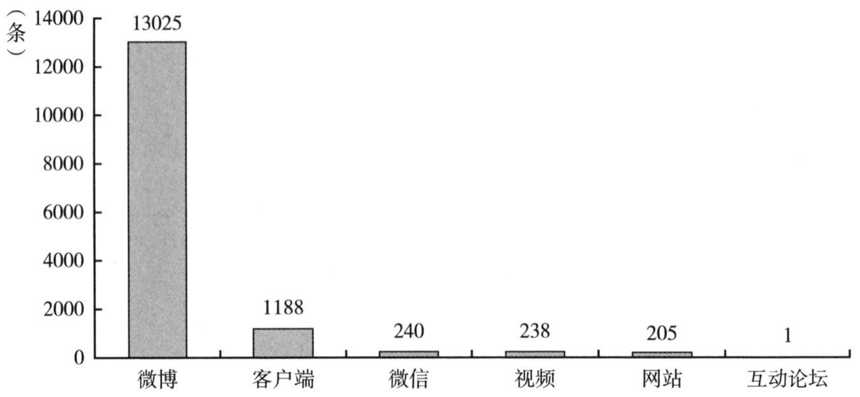

图1　纪录片《红色“冀”忆》播出三月内全网信息量

资料来源：新浪舆情通。

从微信、新浪微博、抖音三大平台节选数十条评论生成的关键词云来看，“红色”“冀忆”“河北”“英雄”等出现频次较高，“抗大”“涉县”“黄土岭”等河北红色地域名称的提及也很频繁（见图2）。随着河北省各级媒体的宣传，河北红色文化资源的关注度及讨论度进一步提高，更多人开始关注河北红色资源，愿意聆听河北的红色故事，这对宣传河北红色文化，擦亮河北红色名片有着重要意义。

2. 与央媒合作提升河北红色文化传播力

除了本地媒体的大力宣传之外，河北省主流媒体积极对上借力，与中央媒体合作宣传，提升河北红色文化传播力。2021年5月12日上午，河北卫视及央视新闻频道、“央视新闻”客户端、“冀时”客户端等同步直播《今日中国·河北篇：百年路继往开来 协同奋进新时代》，直播时长近2小时，充分展示了河北在新时代“赶考”路上交出的优异答卷。当日下午，河北综合广播、央广中国之声同步直播“庆祝中国共产党成立100周年地方成就巡礼”《这就是中国·河北篇》。节目播出期间，收视率在同时段央视全部频道排名第二，河北卫视收视率在同时段河北台全部频道排名第一，包括“央视新闻”客户端、“冀时”客户端在内的全网浏览量超2000万次。

图2　纪录片《红色“冀”忆》关键词云摘取

二　全媒体背景下红色文化资源传播存在的问题

（一）省市县三级媒体有待加强深度合作

近年来，河北省各级媒体不断适应新型传播生态，加快媒体深度融合发展，全媒体传播工程建设取得新进展。但在红色文化资源挖掘与传播方面，各级媒体“单兵作战”问题仍然存在。首先，资源开发方面。在对地方红色文化资源开发中，省级媒体与当地媒体的合作不足，从而造成一些不为外人所知的故事、优秀榜样、家风传统等未得到充分挖掘，容易被一笔带过。其次，播出平台方面。省级媒体虽创作了一大批涵盖全省红色文化资源的优秀作品，但播出平台多集中在省级平台，对地市级及县级媒体下沉力度不足。最后，全域联动方面。市县级媒体在宣传创作时，也大多只能顾及自己区域内的文化资源，对全省兼顾不足，从而使其作品没有得到较大范围的传播，最终导致省内红色文化资源的聚合影响力较低。

（二）受众个体差异考虑不够全面，媒介产品互动性不足

媒介产品要实现它的传播价值及精神价值，就要满足受众的心理期待，在内容与受众心理之间找到平衡，从而吸引受众的参与，与受众产生互动。河北红色文化资源传播在精准化方面表现稍有欠缺，媒介产品的互动性有待进一步提高。红色文化资源传播面对的受众虽然不分年龄、不分性别、不分教育背景，但是受众群体具有明显的差异性，在信息接收终端方面也存在多样性，想要触达更多的受众并让受众参与红色文化资源的信息传播，就要进行更精细的差异化传播。但是目前来看，河北省红色文化资源的媒介产品在传播时面对的受众仍然是没有被区分的大多数，内容创作的形式及渠道虽有拓展与创新，但是其叙事手法及语态需要进一步年轻化，当代青年是红色文化资源传播的重要群体之一，媒介产品的创新要更关注年轻人的媒介接触习惯及偏好。

（三）新技术的应用场景欠缺，渠道创新需进一步加强

河北省内一些红色旅游基地以及各城市均有 VR 体验馆落地，但是其知名度不高，普及率也较低，难以形成传播气候。对于大多数人来说，VR、AR 只是一个“名词”，身边技术“落地”应用的场景较少，技术赋能传播惠及群众的动力不足。除此之外，在新媒体及社交媒体平台的传播力较弱，虽然从传统媒体传播转向了全媒体传播，创作出形式更丰富的优秀作品，但是对作品的宣传力度不够，导致其媒介作品难以真正的走出河北。同时其主要传播渠道还是依赖于传统媒体及省内媒体平台，在对外传播上仍需下功夫。河北省一些主流媒体虽在抖音、微博等平台已开通账号，也涌现了一批引流大号，但是很大一部分还处在探索阶段，对账号的维护力度较弱，内容发布仍然处于“等受众来看”的阶段，较难在全国范围内形成影响力。

三　全媒体背景下创新红色文化资源传播的策略探讨

（一）围绕河北红色精神文化谱系，打造特色 IP

河北是一块红色热土，从乐亭李大钊故居到阜平城南庄晋察冀军区司令部旧址，从清苑冉庄地道战遗址到平山李家庄中共中央统战部旧址……多年来，河北省高度重视对红色文化资源的挖掘与利用。河北省各级媒体要想做好红色文化资源传播，讲好河北故事，必须重视围绕河北红色精神文化谱系做传播，用最新的理论和形式解读河北红色精神，通过通俗化、贴地化、轻量化传播，让红色文化转化为每一个受众都能读懂且接受的精神力量。

对红色文化精神谱系的传播，要发挥媒体平台的多媒体传播优势，推动红色文创品牌、红色场馆品牌、红色旅游品牌、红色城市品牌的形成，打造具有本地特色的红色 IP。河北省各级媒体可以深入挖掘本地红色文化资源，重点开发在全国范围内已经有一定知名度的红色 IP，比如乐亭县的李大钊精神、平山西柏坡的“赶考”精神、承德的塞罕坝精神。这些红色精神在全国范围内已经有很大知名度，但影响力还有待提升。北京新青年旧址成为打卡地，但是乐亭李大钊故居的热度却略逊一筹，究其原因还是宣传力度不够，传播渠道相对局限。除了探索开发新渠道以外，还可以借势“热点”与自媒体传播河北红色文化。如借《觉醒年代》之热度，在乐亭县打造“李大钊精神”建党主题 IP。除了依靠主流媒体在省内媒体平台上推出纪录片、专题片以外，也要活用河北省本地知名自媒体账号，与在各领域具有一定影响力的“意见领袖”进行合作，集中推送河北红色品牌，从而打造一个或者两个重点 IP，先激发受众了解河北的兴趣，为持续擦亮河北红色文化品牌打好基础。

（二）三级媒体深度协作，集约化开发联动

为增强红色文化资源传播的聚合效应和示范效应，省市县三级媒体应加

强集约协作，牢固树立“全省一盘棋”的意识，促进全域联动，发挥平台优势，将河北省丰富的红色文化资源整合起来，实现资源共享、优势互补，打造红色文化挖掘传播的共同体，全面提升河北省红色文化资源的冲击力和震撼力。

首先，可搭建红色文化内容融媒体平台，打造红色文化资源传播的“中央厨房”。河北省拥有丰富的有亮点且有价值的红色文化资源，但其分布较散，需要有一个完整的、集约的、系统的红色融媒体平台，在生产环节上实现统一选题策划、素材资源共享，使河北省各级媒体进行红色文化资源传播时拥有一个总供给端。省级媒体需担负起全省的平台建设任务，实现一省范围内的数据连通、整合传播与社会治理，通过平台建设可以获得一手的用户数据，进而支持内容生产与分发等环节。① 其次，要加强三级媒体协同联动，以点带面、以面带全的夯实红色文化传播基础。地市级媒体与县级融媒体充分发挥地域优势，深度挖掘当地红色文化资源开发潜能，找到其与省内及全国其他红色文化的个性与共性，进行本地红色资源创新转化与开发；省级媒体加强与地方媒体技术层面的交流互助，扶持地方媒体做出更有特色、有影响力的媒介产品，同时牵头搭建全省红色文化资源共享平台，集约化开发联动，形成河北红色文化合力，提升河北红色文化品牌在全国范围内的影响力。

（三）精准定位受众需求，差异化传播红色文化

不同的群体具有不同的群体特征，其媒介接触习惯、兴趣偏好也各不相同。河北省传媒业在红色文化的传播中需要坚持传播内容的针对性和统一性，针对不同的受众群体制定相应的传播策略。

一要做好媒介的受众定位。随着媒介技术的不断发展，传播已经逐渐从“大众”走向“分众”，河北省传媒业要根据不同受众的年龄、文化程度、社会背景以及其媒介接触习惯，将受众“需要”与媒介“生产”进行有机

① 胡正荣、蒋东旭：《全媒体传播体系与四级融合新发展格局》，《中国编辑》2021 年第 5 期。

结合，在制作媒介产品伊始就要搞明白目标受众群是谁，想要得到什么样的传播效果，从而有针对性地选择传播渠道和内容层次，提高传播的精准性与差异化，实现红色文化资源的传播价值。二要做好媒介功能定位。确定好媒介所要担负的职能和所要发挥的功用，比如地市级媒体主要传播对象为本地受众，要深耕本地红色资源，做好本地宣传，担当起本地群众学习党史、传承红色基因的任务。省级媒体除了面向省域群众外，也是全国受众了解河北的重要窗口，河北日报、河北广播电视台等主流媒体要立足于河北现实，生产出一批有深度、有思想的红色作品，向全国受众展现更完整、真实的河北红色基因，以及河北迈向未来的趋势、脉络和图景。长城新媒体等新媒体平台，要积极开拓传播新渠道，生产一批符合网络传播规律，适应新媒体平台的媒介产品。除了继续做大做强自身平台外，同样也要加强在微博、抖音、哔哩哔哩网站等有影响力的平台上的内容输出。三要重视青年以及青少年受众。当代中国青年是与新时代同向同行、共同前进的一代，青年群体同样也是网络媒介接触的“主力军”。在进行红色文化资源传播时，应更加注重年轻人的视角，选取年轻人普遍接触的传播媒介，用年轻人易于接受的口吻，制作有贴近性、亲切感和说服力的作品，拉近红色文化与青年人的距离，引发青年群体爱国情怀的心灵共鸣。例如《觉醒年代》等红色影视剧接连“出圈”，在年轻群体中成功“种草”，与其关系密切的红色旅游顺势而为，产生了一系列红色旅游“打卡”目的地。同时，还要关注青少年群体的红色教育，河北省各级媒体应当以价值观培养为导向，在频道、专栏，线上、线下开展红色知识竞赛，推出红色教育动画、红色益智手游等红色产品，在潜移默化中传播培育青少年的红色基因，让红色文化内化为青少年成长的精神力量。

（四）创新传播形式，摆脱同质化与单一化

近年来，新媒体平台发展势头迅猛，以其快速、直观、便捷的传播优势，“夺取”了大量用户时间。伴随信息泛在的、人人自媒体时代的到来，碎片化的信息接收方式逐渐成为大众信息消费的主流。红色文化资源的传播

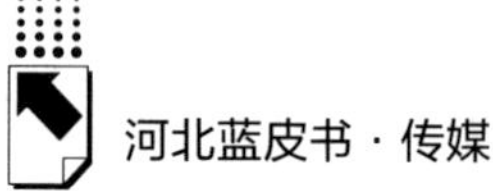

势必要遵循新型传播规律，借力于多样化的传播形式与手段，让红色故事真正入耳入心。

河北省主流媒体及红色场馆、红色景区自媒体等应进一步打破惯性思维，加大创新力度，实现轻量化表达，根据抖音、快手、哔哩哔哩站等第三方“网红化”平台传播规律，创作出红色短视频精品，扩大受众面、提升传播力、增强影响力。内容创作出来了，没有人看也没用，还要加大对账号的维护力度，在语言风格、内容形式上紧跟时代潮流，语言风格以轻松、明快、机智为主，以广泛吸引广大青少年网络用户，摒弃没有新意的无效传播。

在红色文化传播中，还要强化传播的互动性，做到在传播中互动、在互动中传播。传播的互动性不仅是指内容作品的评论转发，还可以增加与受众的现实互动。在情景叙事与历史溯源方面寻求其创新传播的关键点，构建红色文化传播的当代实践与话语体系。① 但同样要综合考量其知识性、娱乐性和传播效果。例如上海 1925 书局、苏州红五卅、天津津沽旧事沉浸式剧场通过将红色资源与剧本杀结合的方式开发红色旅游，深受年轻人喜爱。新华美溧传媒与南京铁军艺术团合作，将抗战期间在大江南北流传极广的新四军歌曲《新四军军歌》《白菜心》《英雄们还活着哩》等重新录制，与移动公司合作，制作成手机彩铃，凭借可视化、移动化的特质，使其成为传播红色文化的新媒介，增强了红色文化传播的生机和活力，扩大了红色文化传播范围。② 河北传媒业在“守正”的同时，也可以多在传播形式上做创新，让红色文化传播更加立体生动、更贴近百姓生活；可发挥传媒业内容生产优势，与其他产业合作，结合河北本地红色文化资源特色，生产出具有河北红色文化“底色”的桌游剧本与红色手游等，让红色文化资源在与受众的有效互动中产生巨大影响。

---

① 蒋军营：《智媒时代红色文化的传播路径分析》，《新闻爱好者》2021 年第 10 期。

② 杨民仆：《创新传播方式，打造红色文化品牌》，《城市党报研究》2021 年第 12 期。

B.18

河北省大学生社交媒体使用情况受众调查*

张雅明　高鑫鹏　于梦汝　文莅莅**

摘　要： 大学生是社交媒体的活跃用户群体之一，在社交媒体使用方面表现出较高的热情。为了对河北省大学生社交媒体使用情况有一个较为全面的认识，本报告抽取河北省部分高校，面向1400余名在校大学生开展了网络问卷调查。调查内容涉及大学生社交媒体的基本使用情况、使用影响以及使用素养。调查发现，学习与工作需要和信息检索是大学生社交媒体使用最强烈的动机；可穿戴设备的影响力初见苗头，约30%的大学生对社交媒体表现出依赖倾向；76%的大学生对算法推荐持中立偏积极的态度，热门榜单显著影响了大学生的信息接触；相较于主动参与、扩展人脉资源，大学生更喜欢被动获取、维系既有亲密关系；大学生普遍认为社交媒体在信息与知识提供方面使自己受益；大学生更偏好简短的信息形式，占据过多时间与注意力分散是社交媒体使用困扰他们的突出问题。

关键词： 大学生　社交媒体　使用情况　河北

---

* 本报告系2020～2021年度河北省社会科学基金项目“大学生问题性使用的影响因素及引导研究”（项目编号：HB20XW012）部分成果。

** 张雅明，河北大学新闻传播学院教授，硕士研究生导师，主要研究方向为传播心理和传播效果；高鑫鹏、于梦汝、文莅莅为河北大学新闻传播学院硕士研究生。

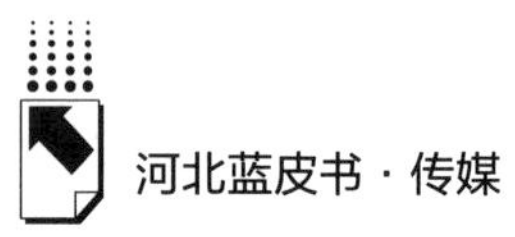

一 引言

随着以4G、5G为代表的网络通信技术的革新，以及以手机为代表的移动通信终端的普及，中国社会网络化、数字化进程进一步加快。第48次《中国互联网络发展状况统计报告》显示，截至2021年6月，我国网民规模达10.11亿人，互联网普及率达71.6%。其中，手机网民规模为10.07亿人，网民中使用手机上网的比例为99.6%。[①] 移动通信终端在各类上网设备中占据绝对优势地位，带动微信、微博等移动社交媒体迅速崛起。微信官方账号“微信派”发布的《2019微信数据报告》显示，2019年微信月活跃账户数已超过11.5亿人，较2018年同期增长6%。[②] 另据微博官方报告平台“微报告”发布的《2020微博用户发展报告》，2020年9月，微博日活跃用户2.24亿人，而月活跃用户达5.11亿人。其中“90后”“00后”用户占78%，[③] 微博用户整体年轻化特征显著。社交媒体基于用户群体的广泛性、信息与服务的多样性，已成为公众获取资讯、社交娱乐、办公学习、表达自我与交换意见的综合性平台。

社交媒体的发展经历了从2006年以前以“即时通信+网络论坛（BBS）”为代表的社交网络服务（SNS）时代，到2006~2018年以“陌生交友+内容社区”为代表的基于地理位置服务（LBS）泛娱时代，再到2019年以来以“视频+直播”为代表的短视频时代，[④] 十余年间社交媒体扩张、迭代迅速，是中国互联网发展的一个缩影。大学生作为社交

---

① 《第48次〈中国互联网络发展状况统计报告〉》，中国互联网络信息中心，2021年9月15日，http://www.cnnic.cn/hlwfzyj/hlwxzbg/hlwtjbg/202109/t20210915_71543.htm。

② 《2019微信数据报告》，“微信派”微信公众号，2020年1月9日，http://mp.weixin.qq.com/s?__biz=MjM5NjM4MDAxMg==&mid=2655084175&idx=1&sn=a9a6250a05c0c47437839598dbe36946&chksm=bd5fd28c8a285b9ae8f7de6f05f66f8b363fddecea02bf361dedc811c839b03347c9bdf6686b#rd。

③ 《2020微博用户发展报告》，微博，2021年3月12日，https://data.weibo.com/report/reportDetail?id=456。

④ 《艾媒咨询|2020-2021年中国移动社交行业研究报告》，艾媒网，2021年1月4日，https://www.iimedia.cn/c400/76205.html。

媒体的活跃用户群体之一，在社交媒体中分享生活、互动交友、表达意见、参与公共事件等方面表现出较高热情。同时，使用社交媒体亦对大学生的学习生活与心理健康产生了不同层面的影响。了解大学生的社交媒体使用情况，把握社交媒体使用对青年人的影响，一方面能够针对大学生社交媒体问题性使用行为提供干预引导，另一方面也能为社交媒体的向善发展提出指导建议。本次调查旨在了解河北省大学生社交媒体使用情况，期望通过大学生在社交媒体使用选择、动机、时间、偏好、行为、影响以及素养等方面的客观数据呈现，来反映该群体在当前传播环境下对待社交媒体的态度，为促进河北省大学生媒介健康使用行为提供数据参考与策略支持。

在以往对大学生社交媒体使用的区域性考察中，王瑞对山西省10所高校进行了抽样调查，发现移动社交媒体是大学生娱乐、学习、日常人际交往和信息接触的主要途径，绝大多数学生认为社交媒体对他们的生活产生了巨大影响。① 詹雅婷以上海市大学生为研究对象，发现该群体使用社交媒体一方面是出于社交目的，另一方面则是为了满足学习或工作中沟通以及维持人际关系的需要，但使用行为在满足自身需求的同时也会引发依赖、孤独感和焦虑情绪。② 孟育耀等则对重庆5所高校开展了调查，以探究社交媒体对大学生思维方面的影响。③ 在关于河北省大学生社交媒体使用的研究中，王萌通过量化与质化相结合的方法对保定市高校学生进行了考察，发现大多数大学生使用微博只是为了消遣而非记录生活，对微博的依赖程度因性别、专业、年级不同而存在差异。④ 刘桢桢研究了河北省大学生

① 王瑞：《大学生移动社交媒体使用情况分析——基于山西省十所高校在校大学生的实证调查》，《新闻世界》2020年第8期。

② 詹雅婷：《社交媒体使用与依赖对大学生现实社交的影响研究——以上海大学生为例》，硕士学位论文，上海外国语大学，2020。

③ 孟育耀等：《社交媒体对大学生群体思维的影响分析——基于重庆五所高校的调查》，《重庆第二师范学院学报》2020年第3期。

④ 王萌：《“微博依赖”实证研究基于河北省保定市大学生的问卷调查》，硕士学位论文，河北大学，2014。

的微信使用情况，结合相关理论对使用动机与影响进行分析。[①] 罗智霞等则探究了河北省大学生基于微信平台的知识共享行为。[②] 整体上来看，虽然有的研究者通过各种量化或质化的方法对河北省大学生的社交媒体使用进行过一系列局部调查，但立足当下，这些调查要么开展较早，要么太过聚焦，对把握现状而言，都不具备代表性。基于上述考虑，本报告开展了本次抽样调查。

二 调查过程与方法

（一）调查样本

本次调查对象为河北省高校的在校大学生。一级抽样采用简单随机抽样的方法，从河北省高校中抽取保定学院、河北大学、河北金融学院、河北经贸大学、河北科技大学、华北理工大学、衡水学院等院校作为一级样本。二级抽样为便利抽样，从一级样本中抽取学生填答问卷。学生年级分布在大一至博士；专业领域涵盖教育部划分的 13 个学科门类（哲学、经济学、法学、教育学、文学、历史学、理学、工学、农学、医学、军事学、管理学、艺术学）。

（二）调查过程

本次调查分为三个阶段，问卷于 2021 年 11 月 23 日定稿，问卷发放、回收与数据录入工作于 2021 年 12 月 8 日完成，之后为数据分析与报告撰写阶段。资料收集通过问卷星以网络问卷的形式有针对性地发放 1468 份，均有效回收。

---

① 刘桢桢：《河北省高校大学生使用微信的现状及传播效果调查》，硕士学位论文河北大学，2016。

② 罗智霞等：《“互联网＋”视域下基于微信的知识共享行为研究——以河北省在校大学生为例》，《现代商贸工业》2021 年第 19 期。

（三）调查工具与内容

调查工具为自编《河北省大学生社交媒体使用情况调查》问卷，其内容包含社交媒体基本使用情况、使用影响与使用素养。本次调查将社交媒体分为5大类，分别为即时通信类、公共资讯类、短视频类、知识问答类、婚恋交友类。对使用情况的考察分为设备选择、使用目的、使用时长、集中使用时间、信息形式偏好、信息模块偏好、使用行为、互动行为共计8个维度。对使用影响的测量分为积极层面与消极层面。对使用素养的测量使用了4道题，分别为检测使用情况、屏蔽反感内容、分组可见以及对算法推荐的态度。

部分指标得分计算方法如下：使用李克特5级量表（完全不符合、不符合、不好说、符合、完全符合）对相应指标进行测量，5种选项分别记1分、2分、3分、4分、5分，计算指标全样本得分的平均数，作为该指标的得分。

三　调查结果与分析

（一）样本构成情况

被调查者共计1468人，女性大学生954人，男性大学生514人。被调查者家庭所在地为城市的436人，为县镇的363人，为农村的669人。被调查者的民族分布为汉族1365人、满族57人、回族7人、蒙古族6人、维吾尔族6人、其他民族27人。

被调查大学生的院校分布为保定学院109人、河北大学197人、河北金融学院183人、河北经贸大学248人、河北科技大学265人、华北理工大学159人、衡水学院289人、其他院校18人。

被调查大学生的年级分布为大一571人、大二347人、大三357人、大四143人、硕博及以上50人。

被调查大学生的专业分布为哲学 13 人、经济学 221 人、法学 15 人、教育学 12 人、文学 522 人、历史学 3 人、理学 168 人、工学 267 人、农学 3 人、医学 35 人、军事学 3 人、管理学 126 人、艺术学 80 人。

各项指标分布比例如图 1 所示。

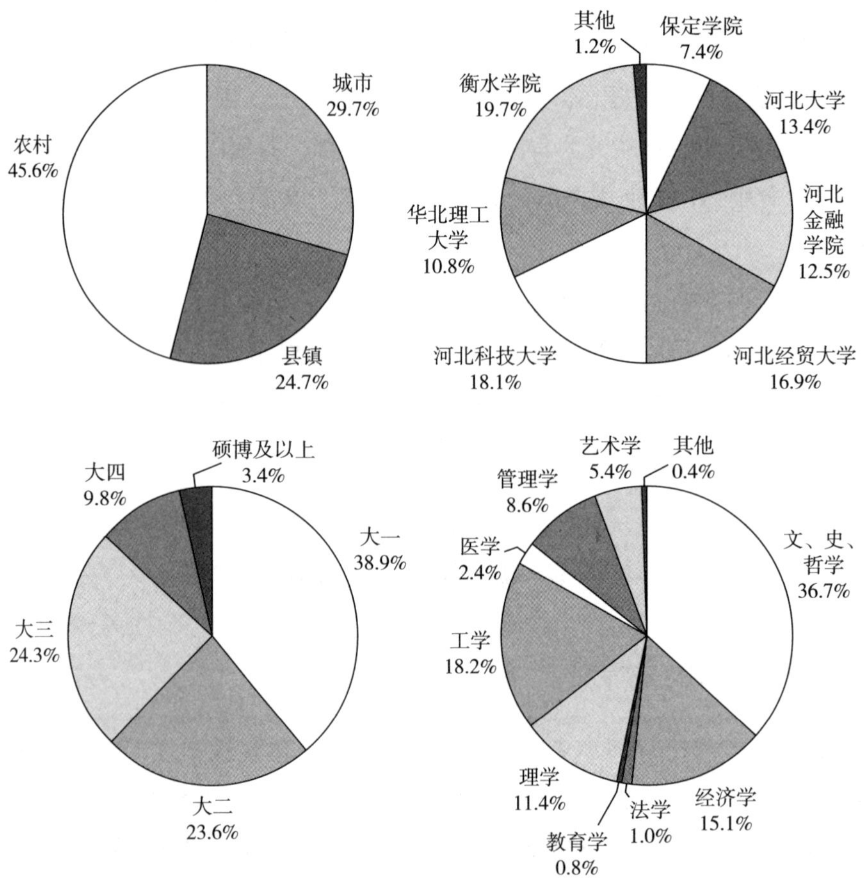

图 1　被调查者家庭所在地、院校、年级及专业分部情况

（二）河北省大学生社交媒体使用基本情况

1. 社交媒体种类与接入设备选择

以微信为代表的即时通信类应用普及程度已相当高，用户群体遍及各年龄段。与此相符，在各类社交媒体应用中，使用“即时通信类”的大学生最多，得分为 4.75 分，接近满分。中间各类得分依次为“短视频类”(3.77 分)、“知识问答类”(3.29 分)、“公共资讯类”(3.15 分)。“婚恋交友类”得分最低，仅 1.25 分，在大学生中不受欢迎（见图 2)。

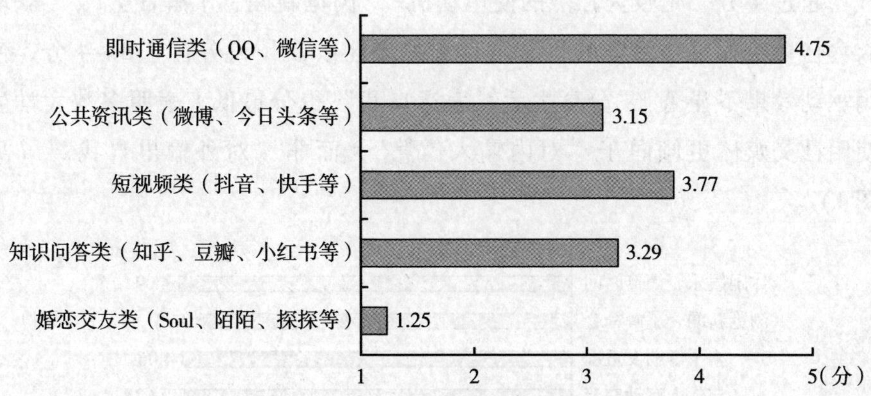

图 2　河北省大学生对各类社交媒体应用的使用得分情况

在大学生对于社交媒体接入设备的选择方面，手机占据绝对优势，占 99.4%。选择使用笔记本或台式电脑的人数占 68.3%，与此同时，约 1/4 的大学生会用平板电脑接入社交媒体。可穿戴设备作为新兴移动终端被 9.7% 的被调查者选择使用，初步显示出影响力（见图 3)。

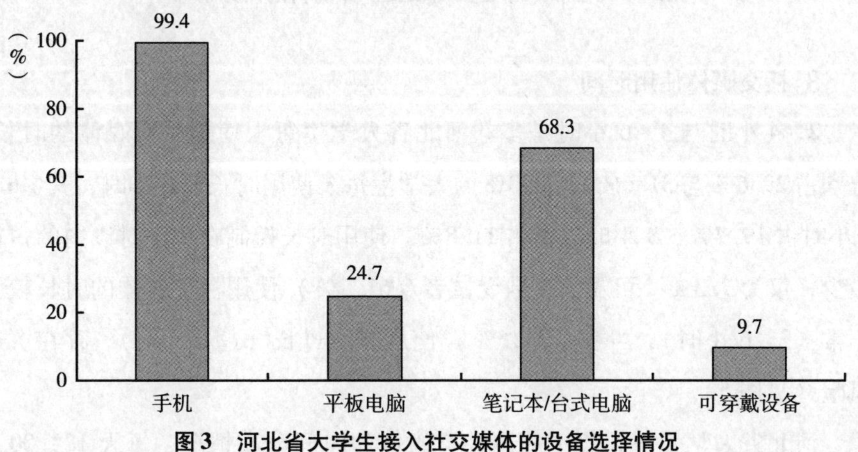

图 3　河北省大学生接入社交媒体的设备选择情况

2. 社交媒体使用目的

大学生使用社交媒体的目的日趋多元，其中，“搜索我所需要的信息”与“学习与工作需要”得分均达到4.25分，是社交媒体使用最主要的动机。“与他人互动交流”“休闲娱乐，消遣时间”“了解朋友近况”得分均超过4分，是较为强烈的使用动机。“浏览新闻，了解社会”、“获取衣食住行等相关生活资讯”与“日常习惯性依赖”得分在3.8~4分，使用驱动效果不显著。“分享生活，表达自我”得分最低，表明多数大学生使用社交媒体更倾向于“对内输入信息”，而非“对外输出自我”（见图4）。

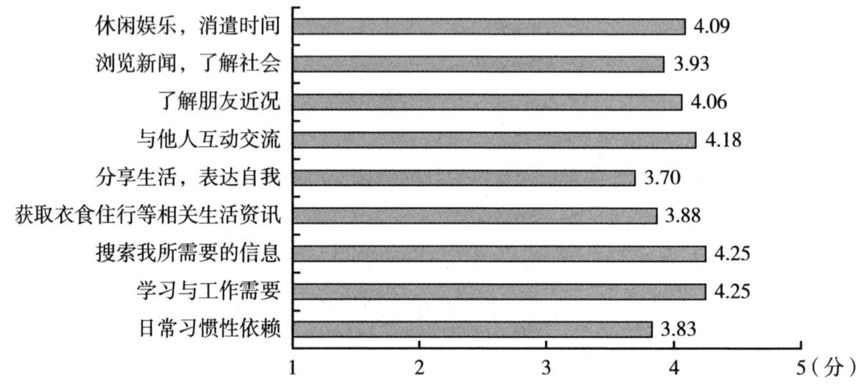

图4　河北省大学生使用社交媒体的目的得分情况

3. 社交媒体使用时间

2~4小时与4~6小时是多数河北省大学生每天使用社交媒体的时长，分别占29.6%与31.6%。超30%的大学生每天使用时长超6小时，其中6~8小时占19.7%，8小时以上占11.8%。使用时长控制在2小时以内的占比最少，仅为7.3%。可见大多数受试者（61.2%）使用社交媒体的时长较为正常（2~6小时），少数（31.5%）使用时间过长（超6小时），存在沉迷风险（见图5）。

河北省大学生每天集中使用社交媒体的时间分布情况，每天18：00~

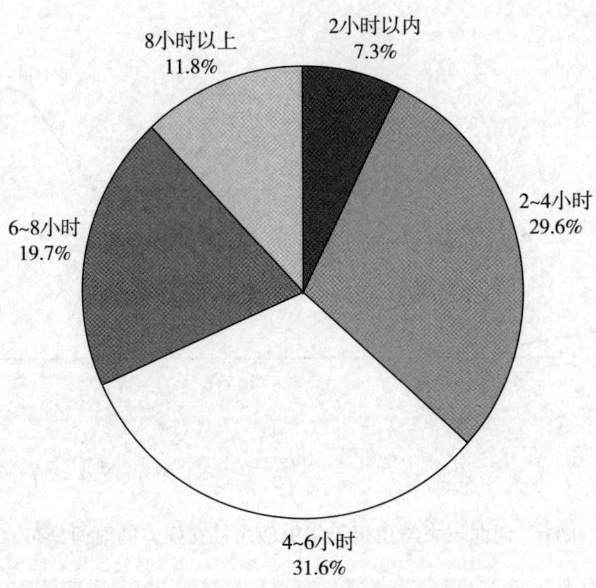

图5　河北省大学生每天使用社交媒体的时长

24：00是大学生集中使用社交媒体的时间段，18：00~21：00占47%，21：00~24：00占比超半数，达52%。每天12：00~15：00是用餐和午休的时间，有40%的学生会在该时间段集中使用社交媒体。9：00~12：00与15：00~18：00占比分别为33%与23%，并非多数学生的选择。而0：00~9：00的三个时间段占比在一成及以下，可见鲜有学生会在晚睡或早起时集中使用社交媒体（见图6）。

河北省大学生对省官方社交媒体账号的关注程度由高到低依次为微信公众号、抖音账号、微博账号。总体来看，官方微信公众号具有较高的影响力，被60%的大学生所关注。官方抖音账号关注度尚佳，占51%。相比之下，官方微博账号的受关注情况不太理想，关注人数不足一半（47%）（见图7）。

4.社交媒体信息形式与模块偏好

在新媒体环境下，传播影响力与信息形式的关联更加紧密。82%的河北省大学生表达了对“短视频”的喜爱，“短消息”受欢迎程度稍逊，但占比

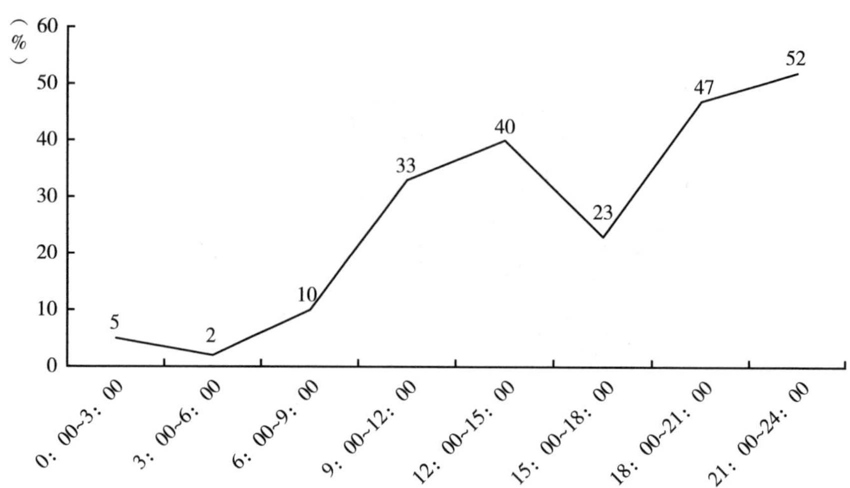

图 6　河北省大学生每天集中使用社交媒体的时间分布

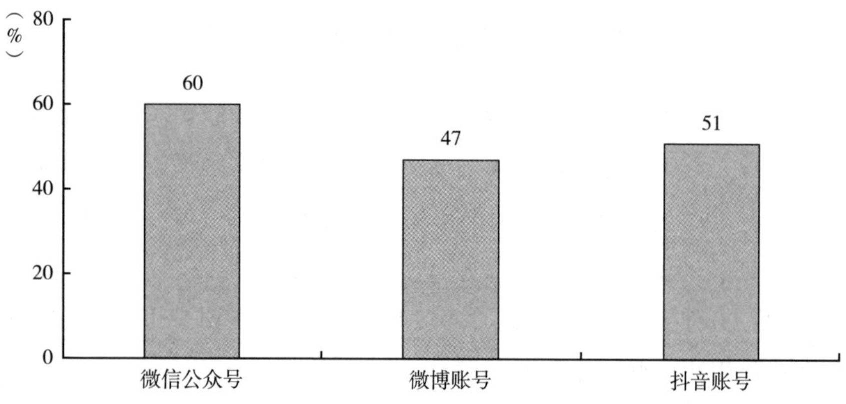

图 7　河北省大学生对省官方社交媒体账号的关注情况

仍接近80%。相较而言，大学生对“中长图文”及“中长视频”的偏好程度不太显著，分别占44%与22%。喜欢“直播”的大学生则更少，仅占14%（见图8）。

超3/4的河北省大学生喜欢社交媒体的“热搜/热榜”信息模块。而偏好“自主搜索”、“智能推荐”与“固定关注”的人数比例在一半左右，分别为56%、49%与47%（见图9）。综上可知，河北省大学生对于网络热搜

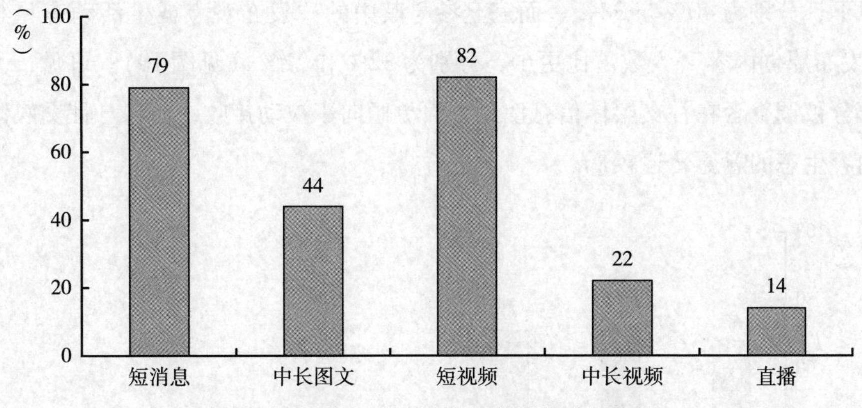

图 8　河北省大学生社交媒体信息形式偏好

或热门新闻事件的关注度较高，“追热点”是较为普遍的选择。而“自主搜索”占比过半，说明大学生在使用社交媒体时具有相当程度的自主性。同时，对于算法推荐的内容，大学生也并不排斥。

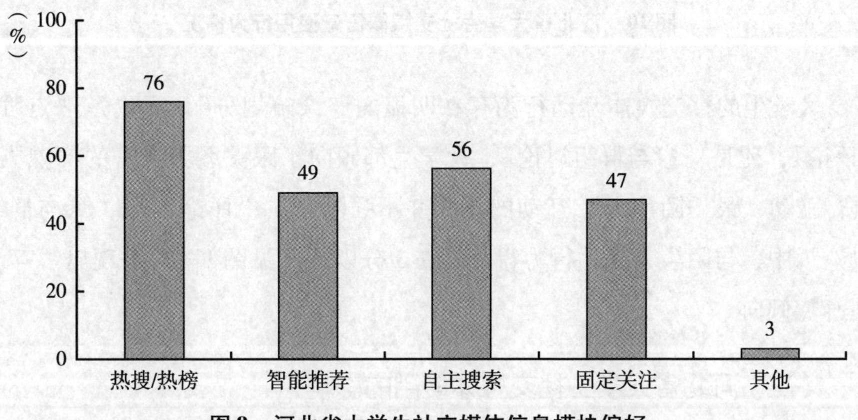

图 9　河北省大学生社交媒体信息模块偏好

5. 社交媒体信息使用与互动行为

社交媒体信息使用行为大致可划分为被动接收和主动参与两类。对于河北省大学生而言，被动的“收听观看”或“随意浏览”较为普遍，分别占81%与68%。而相对有参与感的“点赞”也是多数大学生的日常使用行为，占比超70%。参与程度较高的“分享/转发”与“评论”占比都跌至一半以下，分别为40%与38%。而完全参与其中的“发布观点或生活动态”与“发布原创内容”人数占比更少，分别为32%和22%（见图10）。可见，大部分被调查者在社交媒体信息使用方面更倾向于被动接收，而参与社交媒体内容生态的意愿普遍较低。

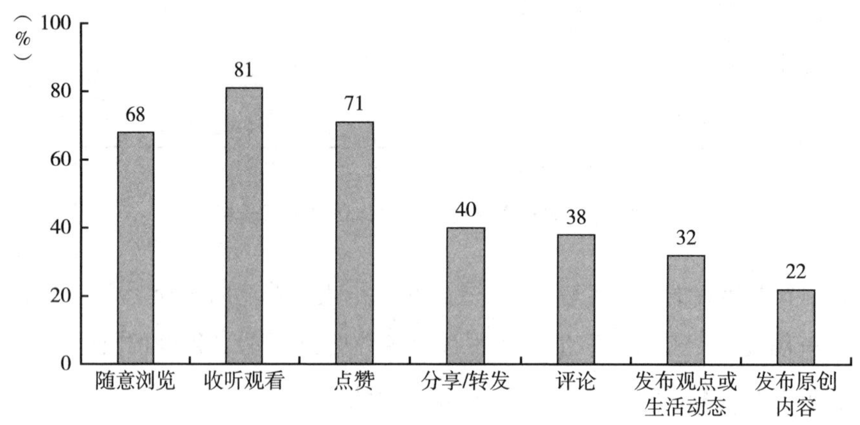

图10　河北省大学生社交媒体信息使用行为情况

大学生的社交媒体互动行为存在明显的“亲疏划分”，无论是“点赞”“评论”，还是“参与群组讨论”，大学生都倾向于跟关系更亲密的“熟人”进行互动，跟“陌生人”互动的意愿并不强烈。在“评论”与“参与群组讨论”中，与陌生人互动行为得分均在3分以下（见图11），表现出“互动规避”倾向。

（三）河北省大学生社交媒体使用的影响

基于信息丰富性与使用便捷性，社交媒体给大学生带来了诸多积极影响。“增长知识开阔眼界”、“了解社会热点”、“缓解压力”与“解决学习生活问题”得分均超过4分，是社交媒体普遍可感知的积极效用。这些效用在新冠肺炎疫情防控常态化的背景下表现得更为显著，社交媒体在很大程度上成为疫情防控信息的一手发布与接收平台。“消磨无聊时间”与“了解他人动态”也是社交媒体较为被认可的效用，分别得3.98分与3.89分。而

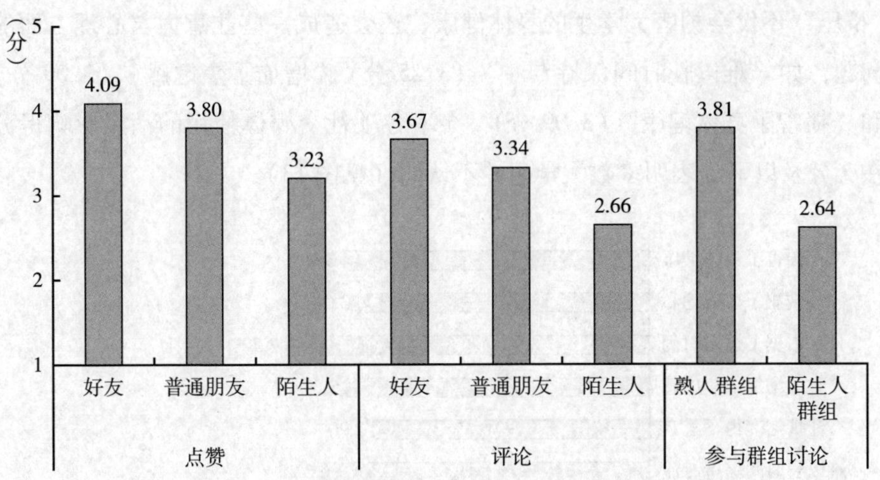

图 11　河北省大学生社交媒体互动行为情况

社交媒体在“拓展社交圈”以及“充分展示自我”方面的效用表现一般（见图 12）。

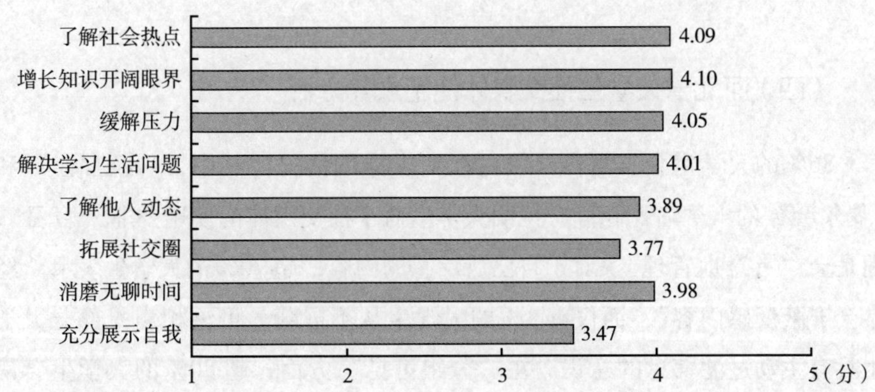

图 12　社交媒体使用对河北省大学生产生积极影响的得分情况

虽然社交媒体在许多方面满足了大学生的需求，但长时间使用也会带来一系列困扰。“占据了过多时间”得 3.50 分，是最为突出的消极影响，使用社交媒体在一定程度上会占据大学生的学习与休息时间，而这种时间上的

“挤压”不仅会损害大学生的身体健康，还会造成一些注意力与心理方面的问题，如“难以长时间保持专注”（3.25分）“增加了焦虑感”（3.09分）和“损害了身体健康”（3.09分）。余下各项社交媒体使用的消极影响得分在3分及以下，表明多数大学生并不认同（见图13）。

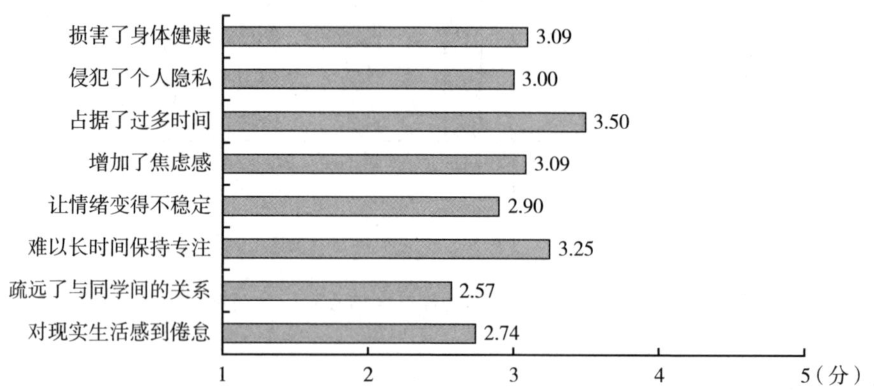

图13 社交媒体使用对河北省大学生产生消极影响的得分情况

（四）河北省大学生社交媒体使用素养分析

86%的大学生会监测自己使用社交媒体的情况，其中，“经常会”和“偶尔会”的人数占比相同，说明大学生对于社交媒体的使用并非“盲目”，而是会“有意地管理”。对于自己所反感的内容，超70%的大学生表示“经常会屏蔽反感内容”，而仅有3%的大学生从不屏蔽，可见相当一部分大学生具有主动过滤信息的意识。在“分组可见”方面，超80%的大学生会使用该项功能，以控制“自我披露”面向的对象范围，但这种控制行为并非经常发生，大多数被调查者（67%）表示只在特殊情况下“偶尔会”设置分组可见（见图14）。总体上来看，河北省大学生的媒介素养水平尚佳，具有一定的管控意识。

在对待社交媒体算法推荐的态度方面，近半数大学生（48%）秉持一种中立或“无所谓”的态度。以积极态度看待算法推荐的被调查者占30%，

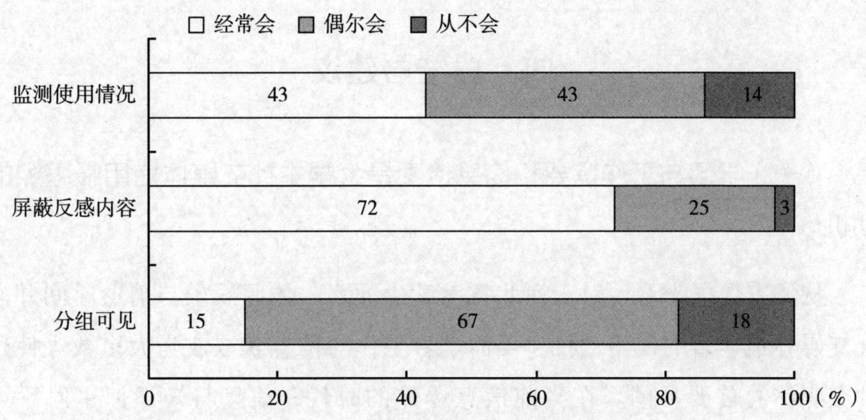

图 14　河北省大学生社交媒体使用素养情况

而态度消极者占 22%。持极化态度的被调查者占比非常小，表示“非常反感”与“非常喜欢”的人数占比分别为 4% 与 2%（见图 15）。

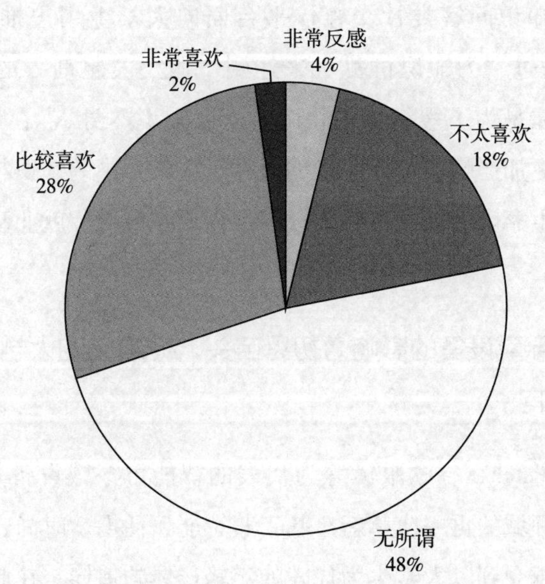

图 15　河北省大学生对社交媒体算法推荐的态度

四　总结与建议

（一）学习与工作需要和信息检索是大学生社交媒体使用最强烈的动机

从调查数据来看，对于河北省大学生而言，休闲娱乐与消遣时间并非社交媒体最显著的使用动机，反而学习工作与信息获取成为大多数人使用社交媒体的首要目的。在当前信息爆炸的时代，信息与知识似乎触手可及，然而漫无目的地获取碎片化信息，并不能将这些“知识”进行有效转化，反而会给大学生群体造成另一种“知识焦虑”——泛知识化不仅无法促进行动，还会增加认知负担，降低自我效能感。面对升学或就业的巨大压力，不乏大学生会为有效地获取知识与提升思维能力而买单，推动诸如知乎、果壳等知识问答类社交媒体平台面向大学生用户推出知识付费产品。① 大学生通过“为知识付费”来达到“服用安慰剂”的效果，即消费知识类产品往往是为了缓解焦虑，而非获取知识本身。② 在疫情的冲击下，国内就业形势更加严峻，由此引发的泛在于大学生中的知识与能力焦虑应当引起高校及学生家庭的关注，有关部门也需要在升学、就业政策方面做出调整回应。

（二）可穿戴设备的影响力初见苗头，约30％的大学生对社交媒体表现出依赖倾向

以 Apple Watch、谷歌眼镜等为代表的智能可穿戴设备是继手机之后，移动通信终端领域的再一次革新，基于其智能、便携、时尚、可交互等一系列特点，越来越受到以大学生为代表的年轻群体的追捧。在此次调查中，近

---

① 孙文豪、梁轩：《大学生知识付费行为与焦虑程度的关系研究》，《东南传播》2020 年第 7 期。

② 陈雷等：《繁荣与隐忧：大学生知识付费行为调查研究》，《教育发展研究》2020 年第 3 期。

10%的被调查者表示会使用可穿戴设备接入社交媒体，可见可穿戴设备在河北省大学生中的普及已初具规模。与此同时，约30%的大学生每天会在社交媒体上投入6个小时以上的时间，在享受社交媒体所带来的种种便利的同时，表现出一定的依赖倾向。过度沉迷于社交媒体会引发倦怠、衰竭、后悔等负面情绪，① 情形较为严重的还会危害到身心健康与安全。② 大学生对于社交媒体的问题性使用现象及其后果需要进一步探究与评估，各高校有必要将社交媒体使用素养纳入大学生心理健康评估指标体系，对于过度沉迷社交媒体的大学生，可在评估可行性后，采取适当手段对其使用行为实施适度干预。

（三）大学生对算法推荐持中立偏积极的态度，热门榜单显著影响了大学生的信息接触

近年来，算法强大的影响力与隐蔽的操纵性备受争议，国内外互联网巨头频频处于舆论的风口浪尖并成为被监管与规制的重点对象。大学生作为算法推荐的高频用户，其对于算法推荐的态度值得关注。从整体上来看，此次调查的对象并未表现出对算法的敌意或戒备心理，相反，76%的大学生对算法推荐持中立偏积极的态度。同时，超3/4的大学生表达了对于社交媒体“热搜/热榜”模块的偏好与关注，这表明即便社交媒体已经能够实现智能信息推送以满足用户的个性化需求，但大学生对于社会热点这类公共议题仍展现出较高的热情，社交媒体在分众化传播时代仍具有鲜明的大众传播色彩。此种现象也揭示出社会信息传播的“把关权”在相当程度上让渡给了算法依据流量逻辑生成的榜单。对于很多大学生而言，“热搜/热榜”是其信息接触的“把关人”，他们能够在社交媒体上看到什么内容、关注什么议题，会受到榜单议程的显著影响。而社交媒体平台会使用一系列策略来

---

① 许芳等：《微信用户后悔情绪影响因素与应对策略选择——基于SEM与fsQCA的研究》，《图书情报工作》2020年第16期。

② 宋小康等：《移动社交媒体环境下用户错失焦虑症（FoMO）量表构建研究》，《图书情报工作》2017年第11期。

使榜单的生成过程显得“自然”“客观”，从而隐去基于商业考量的价值观嵌入。[①] 因此，对于热门榜单建构过程中的资本逻辑及其对大学生世界观与价值观的影响需要相关部门予以评估与规制。

（四）相较于主动参与、扩展人脉资源，大学生更倾向于被动获取、维系既有亲密关系

此次调查值得注意的现象是，河北省大学生对于社交媒体参与并不抱有太高的热情，信息分享/转发、评论与发布原创内容的人数占比在40%及以下，而被动的信息获取与低参与度的点赞是大多数大学生使用社交媒体的常态，驳斥了“社交媒体能够激活人际互动”之类过于乐观的期待。同时，大学生会依据关系的亲疏在互动行为上做出“合适”的选择。与熟人密友互动时，大学生倾向选择更为亲密的互动方式，而与弱关系或陌生人进行互动时，表现较为保守。这种“选择性”从侧面说明对于大学生而言，参与社交媒体互动往往是为了维系既有的强关系，而非出于拓展人脉资源的考虑，少有大学生将社交媒体作为拓展人脉、获取社会资本的工具。然而，已有研究证实强关系、圈层化社交与信息茧房、态度极化之间存在关联性，大学生所处的信息环境越闭塞、强关系压力越大，就越容易被煽动，引发网络舆情事件，这一潜在风险需要引起学界与监管单位的重视。

（五）大学生普遍认为社交媒体在信息与知识提供方面使自己受益

尽管社交媒体在传播过程中存在内容碎片化、信息过载等问题，但基于平台信息发布主体的广泛性与内容的丰富性，大学生普遍认为使用社交媒体在认知层面使自己受益。一方面，使用移动终端能够随时接入社交媒体，浏览信息或追踪新闻事件都能提高大学生的公共知识水平，这种持续且反复跳

---

① 王茜：《批判算法研究视角下微博“热搜”的把关标准考察》，《国际新闻界》2020年第7期。

转的信息摄入状态已成为许多大学生学习生活的常态；另一方面，在平台激励机制以及创作者自身对于社会资本需求的双重驱使下，各种垂直领域的内容生产者纷纷涌入社交媒体，这些意见领袖或知识传播者为大学生提供了丰富而前沿的专业资讯，有助于大学生从多重向度认识社会，破除思维固化，促进学科间的对话。此外，参与网络社交平台的讨论还能有效提高大学生的知识效能，[①] 增强其参与公共事务讨论的自信和热情。简而言之，社交媒体如同一所“社会大学”，为大学生提升知识素养提供了另一条途径，而这也对社交媒体信息生态治理提出了更高的要求，需加大对谣言、伪科学等信息乱象的识别精度与打击力度。

（六）大学生更偏好简短的信息形式，占据过多时间与注意力分散是社交媒体使用困扰大学生的突出问题

调查结果显示，在信息形式偏好上，80%左右的大学生表达了对短视频及短消息的偏爱。一方面，相较于传统媒体，社交媒体平台中的内容生产主体呈现鲜明的“草根化”特征，“短平快”的媒介形式弱化了内容本身的逻辑性与信息含量，从而大大降低了内容创作的门槛与成本。由“草根群体”生产的内容在社交媒体中占据相当体量，成为大学生信息接触的重要组成部分。另一方面，在社交媒体生态中，信息传播具有“引爆效应”，一条简短但“眼球效应”十足的短视频，经过不断转发和二次创作，其热度能迅速蔓延全网。大学生作为社交媒体的积极使用者，在热点信息推陈出新的过程中，扮演着重要的“节点”角色。同时，占据过多时间与扰乱注意力是社交媒体使用过程中最困扰大学生的问题，这些困扰往往与大学生长期碎片化的媒介使用有关，零碎的观看与阅读已成为部分大学生信息消费的常态。对于这种媒介文化，有诸多研究者表达过担忧。例如，有学者认为这种信息消费习惯在为“历史虚无主义”思潮蔓延创

---

① 崔迪：《作为媒介效果的公共事务知识获取与信息效能——一项基于高校学生的调查》，新闻大学，2019 年第 3 期。

造机会,[①] 对培育社会主义核心价值观提出挑战。[②] 对此，高校应重视对大学生的媒介素养教育，可适时开展相关宣讲活动，培养大学生积极健康的媒介使用观念。

① 杨建义:《历史虚无主义的网络传播与应对》,《思想理论教育导刊》2016 年第 1 期。

② 唐平秋、卢尚月:《新媒体环境下大学生社会主义核心价值观培育的思考》,《思想理论教育导刊》2015 年第 4 期。

B.19

河北省主流媒体涉疫应急科普的受众需求与内容演变调查*

张 旭 李 妍 王丽斯**

摘 要： 为研究新冠肺炎疫情发生以来地方主流媒体应急科普的受众需求与报道内容演变特点，本研究以河北新闻网2021年1月1日至2月28日的164篇应急科普报道为研究对象，通过共词分析法，结合各阶段受众需求，对应急科普内容进行语义网络特征分析，总结疫情防控应急科普报道中的内容演变特点，并有针对性地提出提升地方主流媒体应急科普能力的建议。

关键词： 主流媒体 应急科普 共词分析

一 研究缘起

新冠肺炎疫情发生以来，媒体迅速开展各种形式的应急科普，帮助公众科学认识和正确应对疫情。关于应急科普的概念定义，目前学界仍没有达成共识，朱登科强调特定内容——“针对突发事件，根据热点开展的科普”；

---

* 本报告系2020~2021年度河北省社会科学基金项目“新冠肺炎疫情语境下地方主流媒体应急科普方法优化研究”（项目编号：HB20XW007）阶段性成果。

** 张旭，河北省社会科学院新闻与传播学研究所助理研究员，主要研究方向为新媒体、网络舆情；李妍，保定学院美术与设计学院讲师，主要研究方向为品牌传播、艺术传播；王丽斯，石家庄铁路职业技术学院党委组织宣传部干事、讲师，主要研究方向为新媒体传播、广播电视。

石国进强调特定时机——“主体应对的状态、过程或能力”；李红林从受众获知效果角度，概括为“四科一意识两能力”——“使公众树立应急科学知识、方法、思想、科学精神，拥有应急防范意识，应对及参与突发事件相关事务的能力”。[①] 本研究中的应急科普，正是沿用上述研究的概念外延展开的。本研究中的地方主流媒体指的是，以省级党委机关报和各省广播电视台为代表的媒体。在疫情语境下，地方主流媒体应急科普可概述为：地方主流媒体借助政府部门和科学共同体等力量，将有关疫情基本科学概念、致病机理、治疗方案、自我防护、相关政策、释疑辟谣等内容，向公众进行科学普及和传播，以消除公众疑虑，满足公众信息需求，培养公众科学素养和理性思维，提高新冠肺炎疫情防控成效。在新冠肺炎疫情语境下，应急科普成为业界和学界的研究热点，由媒体从抗疫前方获取科普知识再传播给大众显得尤为重要。而针对地方主流媒体的应急科普，相关研究较为薄弱。

2021 年 1 月初，河北省石家庄市、邢台市、廊坊市突发本地疫情，2 月 22 日，包括当时本地疫情中心的藁城区在内的石家庄市全部调整为低风险地区，实行常态化疫情防控。在闭环管理及精准防控期间，疫情发生地的人员流动相对较少，地方主流媒体的新媒体平台及渠道逐渐成为信息传播和应急科普的主要途径，媒体对大众进行科普的内容对于应急科普至关重要，内容的时效性、准确性和针对性直接影响公众面对疫情的处置方式。因此，针对河北主流媒体相关涉疫应急科普报道的分析，有利于了解主流媒体在应对本地疫情时针对受众需求进行应急科普的内容和导向，从相关实践中发现不足，寻找提升地方主流媒体应急科普能力的策略。

---

① 朱登科：《突发公共事件中网络媒体应急科普的作用分析——以人民网、新浪网对汶川地震、甲型 H1N1 流感相关报道为例》，《科技传播》2010 年第 4 期；石国进：《应急条件下的科学传播机制探究》，《中国科技论坛》2009 年第 2 期；李红林：《社区应急科普的探索与思考》，载赵立新、陈玲主编《科普蓝皮书：中国基层科普发展报告（2015～2016）》，社会科学文献出版社，2016。

二　研究内容

（一）研究方法

在这次阶段性涉疫宣传报道中，河北省各级主流媒体聚合各类优质报道和内容资源，做好应急科普报道，成为网上舆论主阵地、社会信息枢纽和综合服务平台。本研究聚焦2021年1月1日至2月28日这一阶段河北主流媒体的涉疫应急科普报道，以河北新闻网为研究对象，借助爬虫方法和社会网络分析软件NETDRAW，采用共词分析的方法，对2021年1月1日至2月28日应急科普报道内容演变特征进行量化分析。

（二）新冠肺炎疫情发展情况

2021年1月2日，河北省本轮新冠肺炎疫情第一例本土病例确诊；1月6日，石家庄市临时实行闭环管理，至1月29日，石家庄实行分区分级精准防控，河北省其他低风险区实行常态化疫情防控；2月22日，河北省全部调整为低风险地区，实行常态化疫情防控；3月3日起，河北省无确诊患者。2021年1~2月河北省疫情状况如图1所示，每日新增确诊病例的增量集中在1月中上旬，每日确诊病例峰值出现在1月下旬，随后疫情逐渐得到控制。到3月3日河北省确诊患者清零。

从主流媒体应急科普报道来看，2021年1月初，河北省各主流媒体对新冠肺炎疫情的报道以国内相关报道为主，本土第一例病例确诊后，各主流媒体阶段性地开展科普报道，并随着疫情的发展，应急科普报道数量逐渐增多；至2月中旬，随着本地疫情得到控制，应急科普报道数量开始下降。

（三）应急科普报道的收集和处理

河北新闻网是由河北日报报业集团主办的新闻门户网站，致力于打造河北新闻资讯发布权威平台和信息库，截至2020年底，在河北省备案的新闻

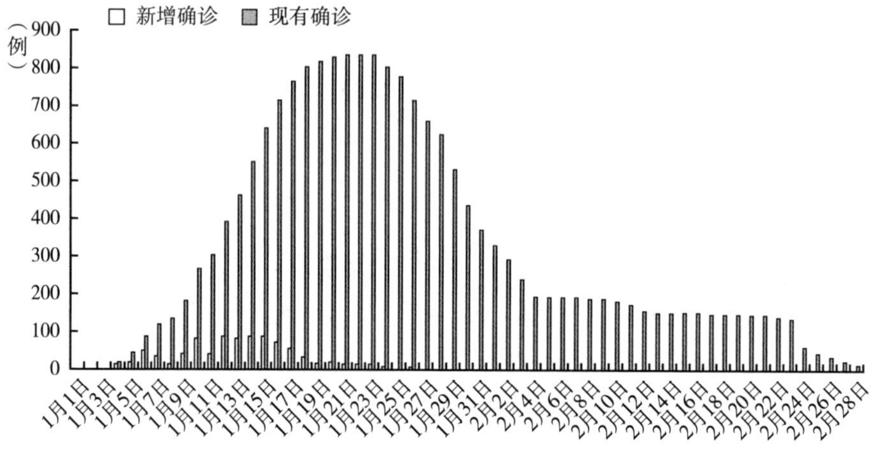

图1　2021 年 1 月 1 日至 2 月 28 日河北省新冠肺炎疫情情况

资料来源：河北省卫生健康委员会网站每日疫情通报。

类网站中，河北新闻网用户规模为 1332.8 万人，在河北省排名第一，① 在河北主流媒体的新媒体矩阵中具有重要地位。综合考虑新闻网站用户规模、应急科普报道的数量及科普内容的广度，本研究选择 2021 年 1 月 1 日至 2 月 28 日河北新闻网在全网发布的应急科普报道进行分析。为了解不同时间段应急科普推文内容上的不同，本研究以约 10 天为一个阶段，将 2021 年 1 月 1 日至 2 月 28 日划分为 6 个时间段，分别为 2021 年 1 月 1 ~10 日、1 月 11 ~20 日、1 月 21 ~31 日、2 月 1 ~10 日、2 月 11 ~20 日、2 月 21 ~28 日。

1 月 1 日至 2 月 28 日，以“疫情”为关键词搜索河北新闻网全网发布的报道共计 4429 篇，包括本地新冠肺炎疫情资讯、各地抗击疫情防控的措施、致敬医护工作者、各地志愿服务暖心瞬间、抗疫评论和应急科普相关的报道及辟谣。本研究通过逐篇阅读，以前文提到的应急科普定义概念涉及的“疫情基本科学概念、致病机理、自我防护、相关政策、释疑辟谣”为内容分类，筛选出与新冠肺炎疫情相关应急科普报道共计 164 篇（见表 1），分析不同时间段应急科普报道内容的网络结构。

① 《2020 年度河北省信息通信行业和互联网发展情况报告发布》，中华人民共和国国家互联网信息办公室网站，2021 年 5 月 19 日，http：//www.cac.gov.cn/2021 -05/19/c_ 1623006722905194.htm。

表1　2021年1月1日至2月28日河北新闻网应急科普报道数量及内容分类

单位：篇

内容分类	1月1~10日	1月11~20日	1月21~31日	2月1~10日	2月11~20日	2月21~28日
疫情基本科学概念	1	2	1	1	0	0
致病机理	7	4	5	2	0	0
自我防护	4	3	7	10	1	2
相关政策	15	29	11	9	0	1
释疑辟谣	10	24	14	1	0	0
合计	37	62	38	23	1	3

资料来源：河北新闻网。

筛选文本后，获取这164篇应急科普报道的全文内容，使用ROST词频分析软件对文本进行拆分，获得高频词汇，再利用社会网络分析软件NETDRAW，通过共词分析的方法，考察词语之间关联度，也就是报道中某两个词之间存在的关联次数。关联度越高，就表明某词在文本关系网络中就越活跃或强势，也就说明该词语语义在报道中更为重要。

共词分析是分析文献中某些“词汇对”共同出现的情况。共词网络中词汇节点之间的远近强度关系，代表各主题之间的关系。[①] 共词分析数据处理分为以下步骤：第一，统计高频词两两出现的频率，形成共词网络，通过共词网络中高频词出现频率的多少形成标签云，标签的字体越大说明该高频词出现频率越高；第二，共词网络形成后，利用社会网络分析软件NETDRAW进行可视化分析和呈现。社会网络分析可将共词网络中高频词之间的结构、关系及其属性可视化展现，每个高频词都用一个节点表示，节点之间的远近距离便可以反映主题内容的亲疏关系。[②] 在同一文献中，某“词汇对”出现的次数越多，表明这个“词汇对”所代表的两个主题之间的关系越紧密，彼此距离越近。

① 喻国明、宋美杰：《中国传媒经济研究的场域分析》，《社会科学战线》2013年第1期。

② 钟伟金、李佳：《共词分析法研究（一）——共词分析的过程与方式》，《情报杂志》2008年第5期。

三　河北省主流媒体涉疫应急科普报道受众需求及内容演变分析

不同时间段河北新闻网发布的应急科普报道数量存在明显变化。2021年1月初，河北石家庄等地新冠肺炎疫情应急科普报道较多，随着新冠肺炎疫情的发展，1月中旬报道量持续增长，在6个时间段内发文最多。1月下旬至2月初，本地疫情得到控制，应急科普报道量显著下降。随着2021年春节的到来和闭环管理地区全面解封，应急科普报道量继续下降（见图2）。

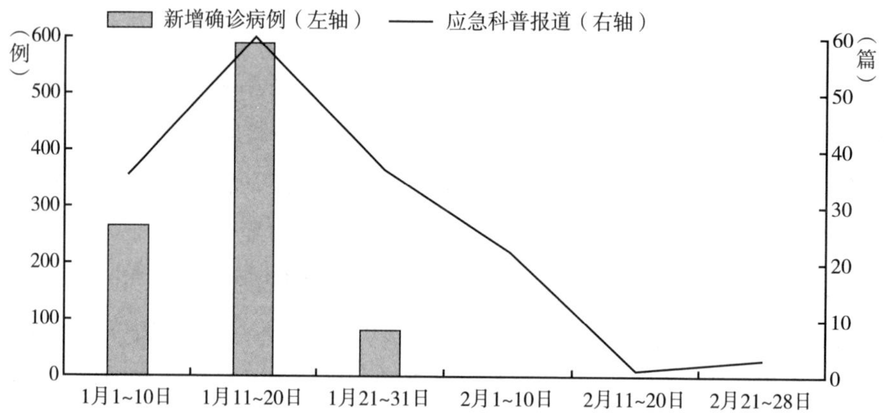

图2　2021年1月1日至2月28日河北省新增确诊病例数量与应急科普报道量对比

（一）1月1~10日应急科普报道高频词及语义网络分析

在1月1~10日样本中，应急科普报道词频最高的是“检测”，较高的是“核酸”“疫情”，防护相关的措施，例如“口罩”“居家”等词频略高（见图3）。

该时间段关键词网络呈现较为密集的网状结构，“症状”“人员”“中心”“检测”“核酸”等词语位于核心位置（见图4）。1月初，公众关心河北疫情进展情况、流调溯源工作进展、病毒基因测序结果、阳性患者的症状

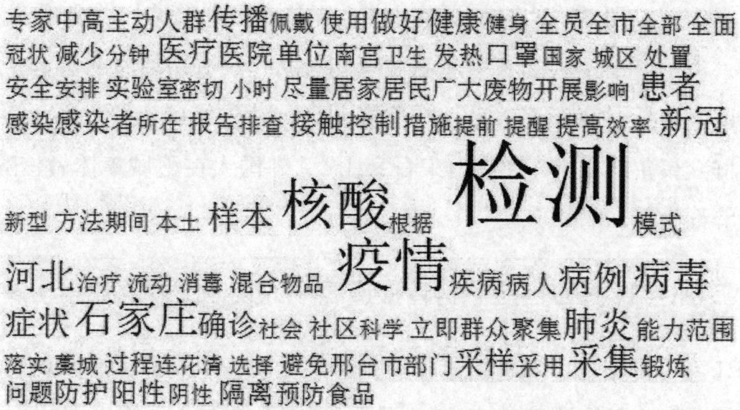

专家中高主动人群传播佩戴使用做好健康健身全员全市全部全面
冠状减少分钟医疗医院单位南宫卫生发热口罩国家城区处置
安全安排实验室密切小时尽量居家居民广大废物开展影响患者
感染感染者所在报告排查接触控制措施提前提醒提高效率新冠
新型方法期间本土样本核酸根据检测模式
河北治疗流动消毒混合物品疫情疾病病人病例病毒
症状石家庄确诊社会社区科学立即群众聚集肺炎能力范围
落实藁城过程连花清选择避免邢台市部门采样采用采集锻炼
问题防护阳性阴性隔离预防食品

图3　1月1～10日应急科普报道高频词标签云

等，主流媒体重点针对上述信息进行科普报道。1月6日起，石家庄开展第一次全员核酸检测，同时启动临时闭环管理，全市小区和村庄限制人员和车辆流动，本地居民的工作、生活被突然按下“暂停键”，公众急需了解全员核酸检测和闭环管理的必要性，以便安心居家隔离，维护社会安定。因此，主流媒体对于全员核酸检测过程中公众应该注意的事项、如何居家做好个人防护等方面展开了较为全面的科普。

过程
居民
采样
全员
避免
立即
传播
开展
注意
患者
阳性
减少
检测
核酸
能力
石家庄
人员
感染
疫情
河北省
病例
病毒
做好
症状
范围
时间
肺炎
中心
地区
新冠
河北
石家庄市
科学
接触
确诊
有效
风险
隔离
医院
控制
报告
疾病

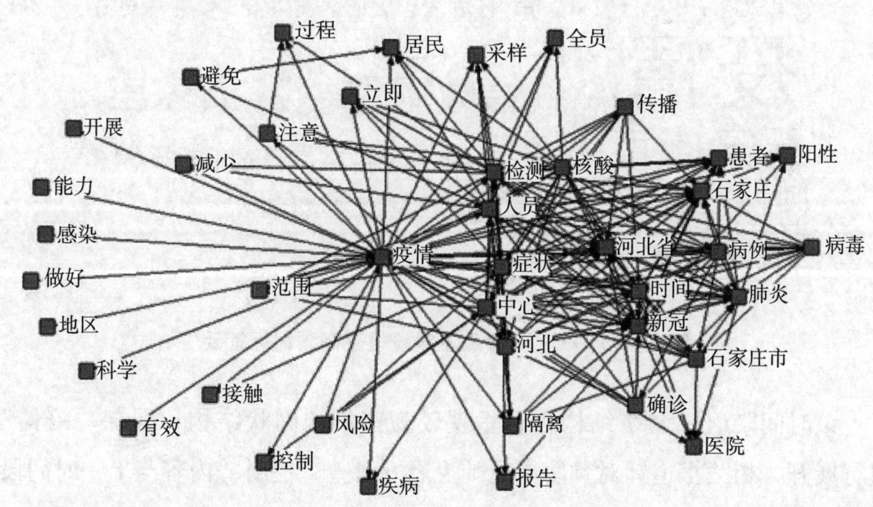

图4　1月1～10日应急科普报道语义网络结构

样本中该阶段37篇应急科普报道主要针对一般公众，大部分人处于居家状态，位于疫情中心的石家庄藁城区是居家公众迫切关注的焦点，相关谣言也在网上传播，如所谓“欧美神父在藁城传教传播病毒”“此次疫情源头与信教群众聚集有关”“钟南山来石家庄”“外国人在藁城集体做核酸”等，该阶段辟谣也是科普重点。

（二）1月11～20日应急科普报道高频词及语义网络分析

2021年1月中旬，随着新冠肺炎疫情的发展，主流媒体应急科普报道数量增多，词频较高的是“疫情”“人员”“检测”“隔离”等（图5），核酸检测、尽量避免接触、减少病毒传播、居家健身等是这一阶段的科普重点。

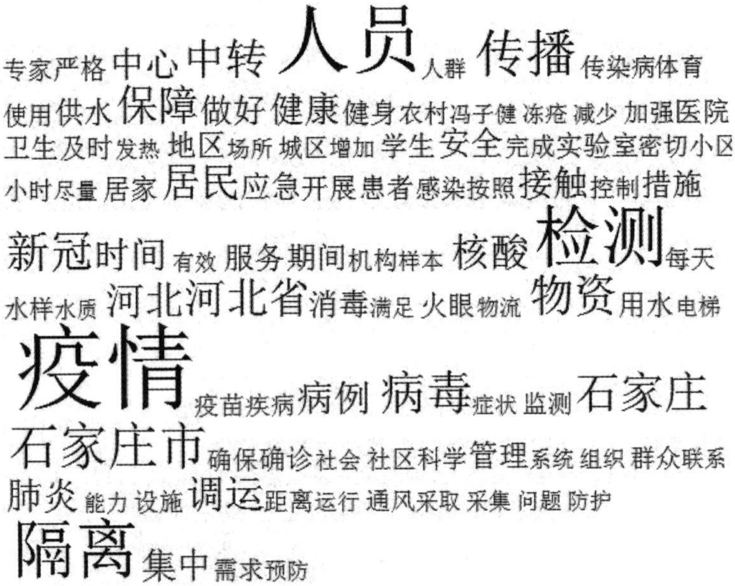

图5　1月11～20日应急科普报道高频词标签云

该时间段语义网络结构仍然呈现较为密集的网状结构，围绕“疫情”进行展开，相关报道针对预防新冠肺炎展开科普，但科普内容与上一时间段存在一些变化。“专家”“冯子健”（中国疾控中心副主任）等高频词处于语义网络较为中心的位置（见图6），与疫情的相关度较高，说明这一阶段主流媒体在报道中重视医学、疾控相关专家的观点，解读专家对疫情的研判。这一时间段，石家庄市藁城区部分村的村民实施整村异地集中隔离措施，公众对整村异地集中隔离措施的关注度提升，有部分公众不理解为什么不能让村民就地居家隔离，还有公众会担心在整村异地隔离的过程中原本健康的村民会不会由于防护不当被感染等，相关话题热度不减，记者现场探访疾控、病毒防治专家及隔离点相关负责人员，为公众解答为何实施集中隔离，隔离点生活如何保障等问题。

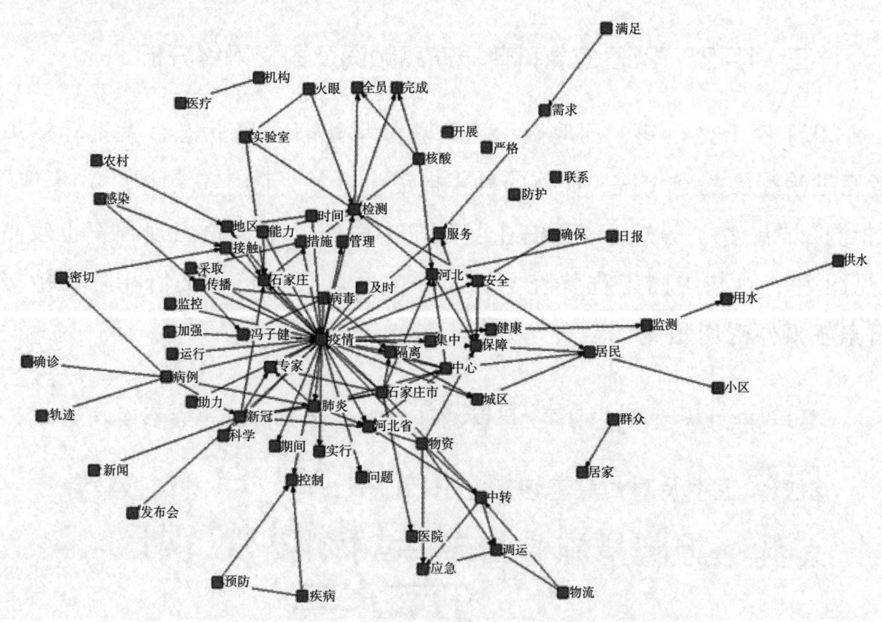

图6　1月11～20日应急科普报道语义网络结构

这一时间段随着确诊病例增多，公众对核酸检测的准确性、病例的行动轨迹、致病原因关注度提升，如石家庄某确诊病例曾经出现5次核酸检测阴性后检出阳性的情况，公众担心身边是否有“假阴性”，核酸检测结果还能否相信，对此，《河北日报》记者向专家一一求证，中低风险地区的民众，按要求做好居家隔离、个人防护和健康监测，可以有效控制疫情传播；再如某确诊病例曾在多地采水样，涉及多个农村地区，有网友担心自来水安全问题，对此，记者专访疾控和水务相关专家，为公众消除疑惑，对相关谣言进行辟谣。

样本中 62 篇应急科普报道主要针对一般公众，对特定群体，如中老年人、慢性病患者等，也有专门的报道，提醒他们在居家隔离、健身活动时要注意的事项。此外，这段时间恰逢高校放寒假，因闭环管理暂时滞留石家庄的学生也成为新的关注对象。这段时间相关谣言较多，主流媒体针对“小区开窗共同唱歌会传播病毒”“街上溜达一律被抓隔离 14 天”“全国封城”“快递不能收”“自来水使用时须静置两个小时以上”等谣言也邀请专家进行解读，缓解公众焦虑。

（三）1月21～31日应急科普报道高频词及语义网络分析

2021 年 1 月下旬，河北确诊病例总数呈逐日下降状态，大批轻症患者经过治疗已病愈出院，媒体的科普报道量开始下降，高频词除“疫情”“检测”“患者”等外，“张伯礼”及“中医药”等词语出现频率也较高（见图 7），这与中国工程院院士、天津中医药大学校长张伯礼院士驰援石家庄事件密切相关。

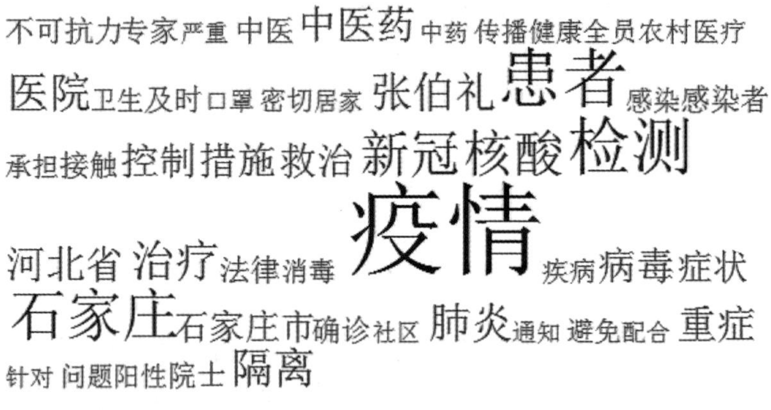

不可抗力 专家 严重 中医 中医药 中药 传播 健康 全员 农村 医疗
医院 卫生 及时 口罩 密切 居家 张伯礼 患者 感染 感染者
承担 接触 控制 措施 救治 新冠 核酸 检测
疫情
河北省 治疗 法律 消毒 疾病 病毒 症状
石家庄 石家庄市 确诊 社区 肺炎 通知 避免 配合 重症
针对 问题 阳性 院士 隔离

图 7　1 月 21～31 日应急科普报道高频词标签云

在该时间段高频词网络中，“新冠”“肺炎”“病例”“治疗”等关键词处于核心地位，但相关的连接词变少（见图 8），科普内容也发生了一定的变化，受众对中医药辅助治疗的关注度有所提升，应急科普报道也着重增加了中医理论和中医药汤剂在治疗相关症状方面的内容。此外，由于闭环管理这一不可抗力因素的影响，一些企业、工厂面临营收减少、工期延误、买卖合同不能履约、辞退员工等问题，针对这些问题，河北新闻网发布了系列报道，通过个案形式邀请专家进行法律方面的科普。

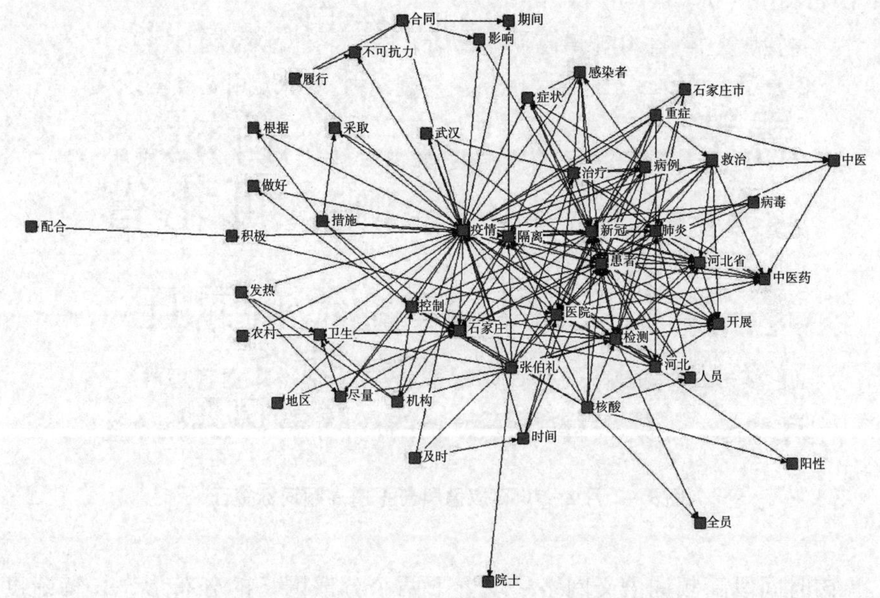

图8　1月21～31日应急科普报道语义网络结构

样本中38篇应急科普报道仍然针对一般公众，该段时间公众对病例的个性化治疗关注较多，因此这方面的科普内容有所增加，且关键词都较为集中。相关谣言仍然与藁城区有关，如“小果庄有村民藏匿没有去集中隔离”“使用一次性筷子会感染病毒”等，媒体对此进行了及时辟谣。1月29日，石家庄实行分区分级管控，逐步科学有序复工，相关公共交通、日常活动如何保证疫情防控工作也成为科普重点内容。

（四）2月1～10日应急科普报道高频词及语义网络分析

1月29日石家庄市多地有序解封后，2月初就进入春运期，除“疫情”“人员”“中医药”等词语出现频率较高外，群众关注有序复工复产后春节交通出行情况，“出行”“离石”“返乡”等词语出现频率也较高（见图9）。

图9　2月1~10日应急科普报道高频词标签云

该时间段高频词语义网络呈现上下两个分散网络的分布形态，稀疏度上，也从前面3个时间段的密集状态转变成较为稀疏的状态（见图10）。2月4日后河北省无新增确诊病例，低风险景区等公共场所陆续开放，这一时间段公众除了对病例治疗、康复情况有较高关注之外，对复工复产相关的外出防护、通勤、健身相关的内容较感兴趣，相关科普报道也着重关注这些内容。

样本中23篇应急科普报道除了针对一般公众外，也注重面向复工复产人群提出有针对性的防护措施；对冠心病等慢性疾病患者、孕妇、幼儿等特定人群也提供了居家防护和适当锻炼的建议。这一时间段的疫情逐渐得到控制，石家庄各地有序恢复生产生活，相关谣言也较上一时间段大幅减少，辟谣类和疑难解答类科普报道也相应减少。

感染者
确诊
病例
症状
中医药
治疗
冠心病
患者
肺炎
新冠
病毒
风险
阴性
有效
措施
核酸
检测
地区
人员
隔离
石家庄
河北省
疫情
出行
机构
当地
做好
防护
河北
健康
政策
群众
体育
健身
科学
广大
增强
引导
居家

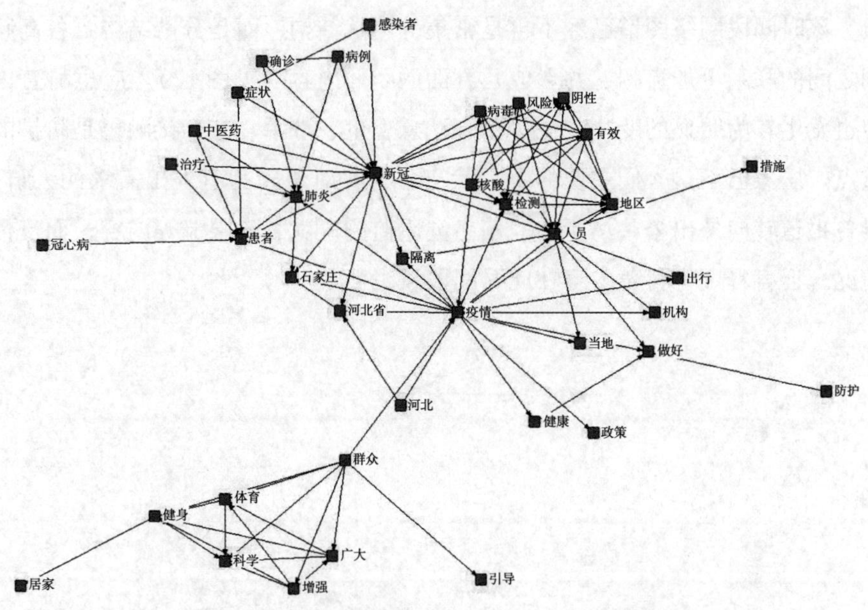

图10　2月1~10日应急科普报道语义网络结构

（五）2月11~28日应急科普报道高频词及语义网络分析

2021年2月起，河北省新冠肺炎疫情得到进一步控制，每日新增病例较少，治愈出院人数显著增加，现有确诊病例平缓减少至个位数。2月11~20日跨过了春节假期，只有1篇应急科普报道涉及在景区和公园等公共场所如何防护，因此将其与2月21~28日的3篇关于锻炼健身的报道合并进行分析。本时间段，“游玩”“景区”“外出”等词语出现频率较高（见图11）。

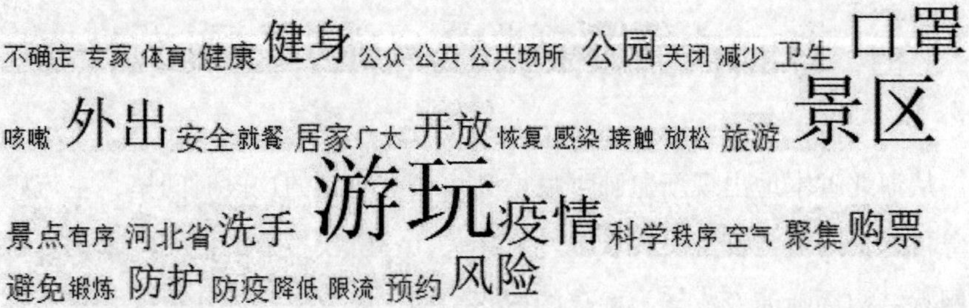

不确定 专家 体育 健康 健身 公众 公共 公共场所 公园 关闭 减少 卫生 口罩
咳嗽 外出 安全就餐 居家 广大 开放 恢复 感染 接触 放松 旅游 景区
景点 有序 河北省 洗手 游玩 疫情 科学 秩序 空气 聚集 购票
避免 锻炼 防护 防疫 降低 限流 预约 风险

图11　2月11~28日应急科普报道高频词标签云

该时间段网络图谱已经不再是密集的网状结构，而是分散结构，各高频词之间的联系更加疏阔，并形成几方面的闭环内容（见图 12）。应急科普内容也发生较为明显的变化，戴口罩、注意卫生、洗手、减少接触仍是防护的重点。居家已不是人们主要的生活状态，科普对象转为有外出需求的人群，科普报道转向外出公共场所的锻炼、健康监测、就餐、限流等内容，而疫情情况、谣言释疑等科普内容在此时间段较少涉及。

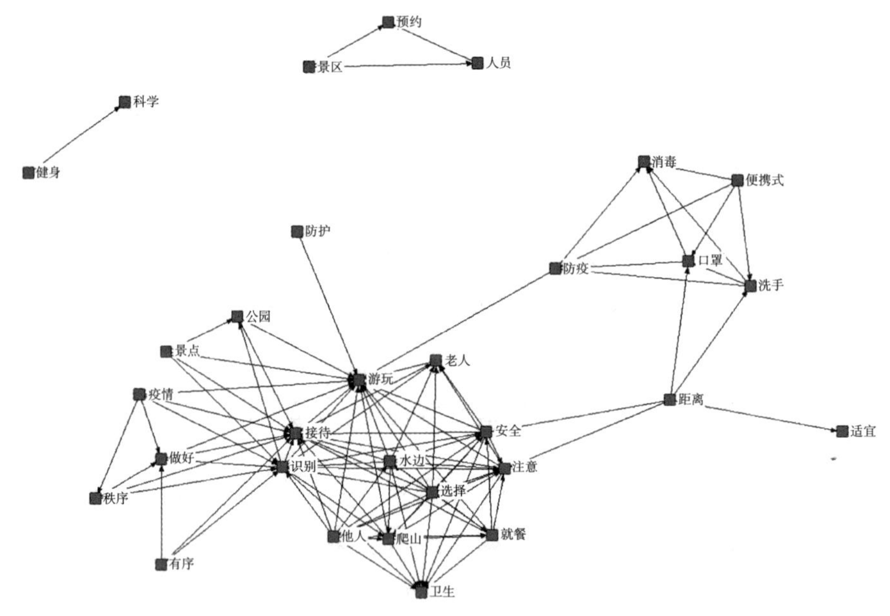

图 12　2 月 11 ~ 28 日应急科普报道语义网络结构

四　河北省主流媒体涉疫应急科普内容演变特点

从河北省本地出现新冠肺炎疫情到疫情被控制的这段时间里，主流媒体应急科普报道量与疫情发展状况呈正相关，各阶段报道的语义网络也从密集的网状结构逐渐演变成较为稀疏的散落结构。应急科普内容根据公众需求有所侧重，具有以下特征。

（一）应急科普内容与受众需求紧密相关

在本地疫情发展的不同时间段，主流媒体发布的应急科普内容随受众需求的不同呈现明显的变化。在1月1~10日，本地受众最关心的问题是疫情是如何发生的、病例之间通过何种途径传播、自己所处环境是否安全、如何确保自身的防护等，因此，主流媒体对病毒溯源、确诊病例流调等相关信息进行非常详尽的介绍，并对防护口罩佩戴方法、洗手消毒步骤等方面进行科普；政府及相关部门及时开展全员核酸检测，主流媒体对于核酸检测原理、必要性及注意事项进行科普；在石家庄等地临时闭环管理期间，媒体为公众提供居家隔离时必要的保健知识和心理疏导。在整个应急科普报道密集发布的时间段内，主流媒体注重对各种健康类、社会类谣言进行及时调查和辟谣，通过客观报道传递科学知识，肃清谣言。本地疫情得到控制后，对病毒机理等相关科普报道逐渐减少，居家隔离报道转变成复工、外出防护方面报道，科普重心逐渐转移。

（二）应急科普内容注重普适性和特殊性的统一

地方主流媒体报道的应急科普内容具有一定普适性，同时针对特定群体展开科普。在特定群体中，关注较高的是患有慢性病的老人，易感染的儿童、孕妇等，此外还有学生、工作人员、可疑症状者、密切接触者等。不同人群的防护措施，居家进行隔离时精神调养、饮食、生活调护的注意事项及相关健身建议等方面有所差别，有针对性的科普内容可以为更多的人群和家庭提供帮助，消除不同人群对病毒的恐惧，疏导公众情绪。

（三）注重医学专家在应急科普中的权威作用

在突发公共卫生事件中，医学专家既是科研主力也是科普主力，他们在本次疫情科普的过程中发挥着重要作用。在样本涉及的6个时间段内始终贯穿科学家的相关观点，尤其是1月1~10日，公众急需了解的是整个疫情研判、病毒致病机理、病例之间的传播轨迹、不同病例临床表现、相关医疗救治情况、疑难解答和肃清谣言等方面的内容，这些都需要依靠疾控等方面的医学专家进行科学研判后才能获得。可以看到，在本次疫情应急科普中，中国疾控中心副主任冯子健，国家卫健委新冠肺炎医疗救治组专家童朝晖，天津中医药大学名誉校长、中国工程院院士张伯礼以及河北省疾控、各级医院的相关医学专家针对病毒溯源、中西医联合诊疗措施、核酸检测类别和注意事项、本次疫情特点、疫情发展情况、基层防控重点、疫情拐点何时到来等方面都做了科学研判，对消除公众恐慌、增强公众自我保护的意识，促进社会共识方面发挥了积极作用。

（四）应急科普在协调机制、议程设置、回应公众、报道呈现等方面存在一定局限

河北省主流媒体在抗击本地疫情报道中，涉及应急科普的内容具有一定的广度和深度，同时也存在一些不足。一是常态化应急科普资源协调机制仍需健全。河北省主流媒体应急科普资源的储备相对不足，缺乏有效的协调机制，对公众关心的热点话题的回应大部分都是对央视《新闻直播间》《新闻1+1》等节目和疫情发布会内容的再次编辑和多样态传播，对权威专家的专访较少，在一定程度上影响地方主流媒体在应急科普方面的影响力和权威性。二是应急科普议程设置较为被动、滞后，缺乏阶段性、体系化的设置。在河北本地疫情发展的不同时间段，公众集中关注的热点话题是动态变化的，而相关引导和解答往往是在一两天之后才会提供，在此期间公众会因信息的不确定而困惑，极易造成公众心理波动和负面舆情。三是对公众质疑的回应仍需加强。从整个传播过程来看，河北省主流媒体应急科普单向发布较多，对公众质疑的反馈较少，易削弱媒体的可信度和影响力。四是应急科普内容占比较小，同质化现象普遍。此次本地疫情发生以来，河北主流媒体针对疫情的相关报道体量非常大，如河北日报报业集团全媒体平台共发布疫情防控方面稿件3.7万余篇（条）、河北广播电视台各平台发稿超3.2万条、长城新媒体刊发各类报道2万余篇，而其中应急科普相关内容占比较小。在指导公众进行科学防护的直播、短视频、图文报道、海报、公益广告等涉及

应急科普内容的作品中，零散化、同质化内容较多，而服务特定人群、急需、专业化的内容相对缺乏。

五 结论与启示

在本地疫情发展的不同时间段，地方主流媒体应急科普报道内容的高频词网络结构从单一核心的密集型转变成多个关键信息形成闭环的稀疏型，应急科普报道的数量结构和疫情的发展呈正相关，呈现先增多后减少的态势。应急科普报道内容在各阶段围绕公众需求展开，提供疫情实时数据解读、病毒感染机制说明、病患治疗方式介绍、社会类谣言辟谣、个人防护知识建议等科普内容，提升公众的科学素养。科普对象主要面向普通公众，同时关注老人、儿童、孕妇和学生等特定群体，科普涉及的场所主要是住宅，随着疫情逐步得到控制，科普涉及场所主要在复工复产后的办公、通勤等公共场所。在此次抗击本地疫情的过程中，医学专家扮演着重要的角色，对科普工作做出了巨大贡献，是主流媒体发布的各种辟谣、疑难解读的主要依据和科普力量。

地方主流媒体在应急科普报道上仍存在一定不足，针对应急科普协调机制不完善、议程设置较被动、互动传播不畅通、同质化较普遍等问题，提出以下建议。

一是建立应急科普常态化协调机制，为内容生产者赋能。地方主流媒体应鼓励科学家和相关专家通过自有渠道发表解读，有效引导科普内容的生产和传播，充分展现媒体应急科普的价值，讲述新时代的科学故事。

二是提高媒体应急科普议程设置能力。主流媒体应有意识地在疫情和舆情发展的不同时间段研判报道议程，策划科普内容重点。如疫情发展初期侧重监测和基本科普宣传来增强公众应急防范意识；进入高峰期后，依靠医学专家及时向公众进行回应、解读；疫情平稳后，注重总结经验，积累科普资源和服务。

三是在报道呈现上要注重互动传播。主流媒体不能满足于单向传播，应正视公众的疑问，对公众质疑和谣言及时回应澄清，强化互动交流，使高质量内容与用户之间的连接更充分，提升公众的科学素养。

四是提高媒体的公信力和增强其使命担当。地方主流媒体从业者要积极关注人民群众关心的问题，通过官方渠道的权威、精准解读，及时为公众解疑释惑，增强使命担当。可针对科技报道准则和已有的实战经验开展相关培训，提升从业者应急科普报道能力，提高媒体的公信力和影响力。

参考文献

张旭、许可：《地方主流媒体应急科普的现实图景与优化策略》，《青年记者》2021年第9期。

彭兰：《我们需要建构什么样的公共信息传播？——对新冠疫情期间新媒体传播的反思》，《新闻界》2020年第5期。

《习近平：坚持党的新闻舆论工作的政治方向》，新华社，2016年2月19日，http：//www. xinhuanet. com//politics/2016－02/19/c_ 1118102868. htm。

严晓梅等：《如何科学地审视新冠肺炎疫情中的社会新闻——基于科学论证的分析框架》，《科普研究》2020年第1期。

汤书昆、樊玉静：《突发疫情应急科普中的媒体传播新特征——以新冠肺炎疫情舆情分析为例》，《科普研究》2020年第1期。

S 基本子库
UB DATABASE

中国社会发展数据库（下设 12 个专题子库）

紧扣人口、政治、外交、法律、教育、医疗卫生、资源环境等 12 个社会发展领域的前沿和热点，全面整合专业著作、智库报告、学术资讯、调研数据等类型资源，帮助用户追踪中国社会发展动态、研究社会发展战略与政策、了解社会热点问题、分析社会发展趋势。

中国经济发展数据库（下设 12 专题子库）

内容涵盖宏观经济、产业经济、工业经济、农业经济、财政金融、房地产经济、城市经济、商业贸易等 12 个重点经济领域，为把握经济运行态势、洞察经济发展规律、研判经济发展趋势、进行经济调控决策提供参考和依据。

中国行业发展数据库（下设 17 个专题子库）

以中国国民经济行业分类为依据，覆盖金融业、旅游业、交通运输业、能源矿产业、制造业等 100 多个行业，跟踪分析国民经济相关行业市场运行状况和政策导向，汇集行业发展前沿资讯，为投资、从业及各种经济决策提供理论支撑和实践指导。

中国区域发展数据库（下设 4 个专题子库）

对中国特定区域内的经济、社会、文化等领域现状与发展情况进行深度分析和预测，涉及省级行政区、城市群、城市、农村等不同维度，研究层级至县及县以下行政区，为学者研究地方经济社会宏观态势、经验模式、发展案例提供支撑，为地方政府决策提供参考。

中国文化传媒数据库（下设 18 个专题子库）

内容覆盖文化产业、新闻传播、电影娱乐、文学艺术、群众文化、图书情报等 18 个重点研究领域，聚焦文化传媒领域发展前沿、热点话题、行业实践，服务用户的教学科研、文化投资、企业规划等需要。

世界经济与国际关系数据库（下设 6 个专题子库）

整合世界经济、国际政治、世界文化与科技、全球性问题、国际组织与国际法、区域研究 6 大领域研究成果，对世界经济形势、国际形势进行连续性深度分析，对年度热点问题进行专题解读，为研判全球发展趋势提供事实和数据支持。

法律声明